会話分析の基礎

Basics of
Conversation Analysis

高木智世・細田由利・森田笑　著
TAKAGI Tomoyo, HOSODA Yuri, MORITA Emi

はしがき

　専門が異なる方に会話分析とは何かを簡潔に説明するとき、しばしば、顕微鏡の喩えを用いる。私（高木）は生物学については高校までの知識しかなく、しかも、そのほとんどは忘却のかなただが、学校の理科室で顕微鏡を覗いたときの驚きは鮮明に記憶している。表面は一面緑色でつるりとしているように見える葉の断面を顕微鏡で見ると細胞が整然と並び、異なる形状の細胞がそれぞれに重要な働きを担っていることが一目瞭然だ。顕微鏡を通して初めてその内側に複雑だが秩序だった構造があることを実感した。会話分析は、私たちが日々当たり前に経験しているなにげない言葉のやりとりを微視的に捉えることによって、そこに、複雑だが秩序があり、その精密な組織の上に日常が成り立っていることを顕にしてくれる顕微鏡なのだ。

　会話分析研究者は、社会的相互行為場面を会話分析という顕微鏡で覗き込んだときに映る像が美しく秩序だっていることに魅了され、感動し、さらなる探究を続けている。そして、その秩序が（「自然の摂理」などではなく）その相互行為に参加している人々自身によって生み出されているという事実は、人間が本質的に社会的存在であることを端的に示しており、「人間とは何か」という壮大なテーマへの手がかりが、今ここで私とあなたが話をするという日常の中にあることに気付く。会話分析研究者は、そのような経験を多かれ少なかれ共有しているように思う。そして、私自身がそうであったように、会話分析研究者の多くは、分析の道具をある程度使えるようになったとき、突然、データをみるのがたまらなく面白くなるという体験もしている。顕微鏡の扱い方がある程度わかり、多少なりとも自分で相互行為秩序の像を映し出すことが出来るようになったときだ。そこに辿り着けば、後は、自分で試行錯誤しながら、あるいは、他の会話分析研究者の知恵を借りながら、どのようにサンプルを取り、どのような姿勢でみれば、自分がみたい対

象の像をより確実に、より鮮明にみることができるのかを学んでいけばよい。会話分析の入り口でハードルの高さを感じる方がいるとすれば、それは恐らく、今まで「顕微鏡の扱い方の基本」を平易に説明してくれる日本語の「取り扱い説明書」が存在しなかったからだろう。

　本書は、そのような「取り扱い説明書」たることをめざしたものだ。読了されたら、ぜひ、ご自身のデータをもう一度みて頂きたい。そして、本書で紹介した分析概念を利用しながら、しかし、あくまでもそのデータの会話参加者自身の経験を掬いとるべく、1つ1つの発話がどのような行為を為し、どのように産出され、相互行為的にどのような事態を生み出しているのかを丹念に追ってみよう。機会があれば、ぜひとも、私たちが「データセッション」と呼ぶ、同じデータを他の会話分析者とともに分析するデータ検討会に積極的に参加して、相互行為を記述するとはどういうことなのか、その感覚を掴んで頂きたい。データセッションの重要性については第2章でも言及するが、データセッションは、関心と志を同じくする者と会話分析の面白さを共有できる至福の場でもある。

　ご自身のデータを会話分析的にみる練習をしたり、データセッションに参加したりする経験を経た上で、今一度本書を読み直して頂くと、わかりづらく思われた部分が難なく理解できるということもあるかと思う。私たち自身もまだそうした学びの過程のさなかにある。自分で自分のデータを何度も分析しなおしたり、データセッションで他の参加者にも分析してもらうことを繰り返して、より精度の高い分析をめざす。難解な論文は何度も読み直す。（特に、会話分析の創始者であるSacks、Schegloff、Jeffersonによる基本論文は何度読んでも新たな発見がある。）そしてまたデータに返る。この繰り返しである。「完璧な分析」など存在しない。ゆえに、会話分析を学ぶことにも終わりはない。ついでながら、本書の執筆も私たち3人にとって重要な学びの場になった。自分の解説やデータの分析に対して他の2人からコメントをもらう。この作業を繰り返す過程で実にたくさんのことを学んだように思う。

　著者3人とも、言語学を学ぶ中で会話分析に出会い、米国留学中に本格

的に会話分析を学び始めた。近年、私たちと同様に、会話分析に関心を持ち、自身の研究に生かしたいと考える言語学や言語教育学の研究者が増えている。本書は、特にそういう方たちに役立ててもらえるようなものにすることを念頭において書かれたものである。授業のテキストとしても、独学用の参考書としても使って頂けるように、各章の章末に「課題」を付け、その章で紹介した分析概念を用いて分析をしたりプロジェクトに取り組んだりして頂けるようにした。より重要で基本的な分析概念からより応用的なものへ進むような章立てになっているので、基本的には、前から順に読んで頂くのが望ましいかと思う。各章の内容は、次のようになっている。

まず、第1章では、そもそもなぜ「日常会話」に着目するのかという点を糸口に会話分析の知的源流と成立を概説する。第2章では会話分析の視点と研究プロセスについて述べる。ここでは、とりわけ談話分析的研究との違いを踏まえて会話分析の視点を明らかにした上で会話分析の研究プロセスと会話データの取扱いに伴う倫理的問題点、および会話分析研究の信頼性、妥当性、客観性について解説する。第1章と第2章は、会話分析に初めて触れる読者にはやはり「ハードルが高い」という印象を与えてしまうかもしれない。それは、今まで自明であると思い込んでいた会話が実は複雑に秩序立っているのだと告げられ、その自明性の向こうにある秩序を掬い取るための手法が、本質的に、自分を含めた「私たち」にとっての「あたりまえ」を解剖していくことを迫る性質のものであることが、(スリリングではあっても) 居心地の良いものに感じられないからかもしれない。しかし、これは、会話分析を自分の研究手法に選んだ者は恐らく誰もが経験する感覚である。とりあえず第3章以降に読み進めて頂いて、最後にもう一度第1・2章を読み直して頂くと多少印象が変わるのではないかと思う。(読み返されたときに、スリリングな魅力が居心地の悪さに勝るように感じられるのであれば嬉しい。) 第3章から第5章にかけては日常会話の基本組織として、順番交替の組織 (第3章)、行為の連鎖の組織と優先組織 (第4章)、および修復の組織 (第5章) を紹介する。これらの章は、単なる専門的概念の解説にとどまるのではなく、丹念に読み進めることによって、自然に会話分析的にデータ

をみるというのはどういうことか、その感覚を掴んで頂くことができるように心がけた。第6章では、日常会話においてしばしば生じる「物語（自分の体験や過去の出来事など）を語るふるまい」について検討する。第7章では、私たちが常に受け手に合わせて発話をデザインしていることについて、特に人や場所の言及に焦点を当てて論じる。さらに、第8章では、相互行為の中で「文法」を捉えるとどのようなことがみえてくるかを明らかにする。従来の言語学的視点との根本的な違いも実感して頂けるだろう。最後に、第9章では、制度的場面の相互行為およびその一例として教室の相互行為に焦点を当てて紹介する。特に言語教育研究に会話分析の手法を用いることに関心を持つ読者に役立ててもらえるよう、外国語の授業における学習の過程を相互行為的視点から捉えた会話分析的研究の知見を紹介する。なお、細田が1章、2章（高木と共同執筆）、5章、6章、7章、9章、高木が2章（細田と共同執筆）、3章、4章、森田が8章の執筆を担当したが、互いの原稿に詳細にコメントして議論を重ね、様々な擦り合わせを行った。そういう意味では、章によって語り口に違いはあるかもしれないが、本書全体が、真に3人の「協働作業」によるものである。また、本書は、会話分析の領域で取り上げられるトピックを網羅的にカバーしているわけではない。紙幅の都合で、割愛せざるをえなかったこともたくさんある。基本的な分析概念についての最新の議論を十分に盛り込むことはできなかった。また、例えば、教室場面以外の制度的場面の相互行為や、教室外での言語学習者の会話、乳幼児を参加者に含む相互行為（本書で用いている日常会話の事例のほとんどは、大人同士の会話である）、相互行為における身体資源の問題についても、すでに会話分析的な研究の蓄積があるにもかかわらず、十分に取り上げることができなかった。これらのトピックについては、読者のみなさんそれぞれの関心に応じて既刊の文献にあたって頂きたい。

　日本語の会話分析のテキストを出版しようという着想から本書の刊行に至るまで大変長い時間がかかった。その長い間、私たちの遅々とした歩みを見守って下さったひつじ書房の松本功社長、最終的に本書の編集に携わって私たちの様々な身勝手な要望に丁寧にご対応下さった海老澤絵莉さんには本当

に感謝している。本書の企画の段階で様々な示唆を下さった鈴木佳奈さん、原稿に丁寧に目を通してたくさんのとても有益なコメントを下さった牧野由紀子さんと居關友里子さん、私たちが日本語の会話分析のテキストの出版することを終始応援し私たち自身の会話分析についての理解を深める数々の助言を下さったJohn Heritage先生と西阪仰先生にも心からお礼申し上げたい。また、著者らの会話分析の授業を受講して会話分析の面白さを知り、ともに相互行為の秩序を探究する道のりを歩んでくれた(くれている)学生のみなさんとのやりとりからもたくさんのヒントを得ている。学生のみなさんが収集してくれたデータも本書でおおいに活用させて頂いた。感謝の気持ちで一杯だ。そして何よりも、会話データの収録にご協力頂き、それを研究に用いてトランスクリプトを公開することを承諾して下さった全ての方々のお陰で、本書のみならず私たちの研究そのものが可能となっていることに深く感謝している。

　読者のみなさんにも、この本を通して会話分析という顕微鏡を手に入れて頂き、人間の社会性や相互行為能力の奥深さに感動する旅を共にして頂けるのであれば、著者としてこれ以上の喜びはない。　　　　　　　　　（高木）

※本書の課題で用いている事例の音声データと課題の解答例、および、本文で提示している事例の一部の音声データは、ひつじ書房HPで公開しています。
　http://www.hituzi.co.jp/hituzibooks/ISBN978-4-89476-826-0.htm

目 次

はしがき ... iii

第1章 「会話」の研究 — 1

1. 日常会話の重要性 ... 1
2. 会話分析の起源 ... 2
3. 会話分析の誕生 ... 5
4. 会話参加者の視点 ... 6
5. 会話分析における「発話」の概念 ... 7

第2章 会話分析の視点と研究プロセス — 9

1. 会話分析の視点 ... 9
    1.1. Schiffrin (1994)の分析 ... 10
    1.2. 会話分析的な視点による再分析 ... 18
    1.3. 会話分析が対象とする「現象」とは何か？ ... 21
2. 会話分析研究のプロセス ... 23
    2.1. データの収集 ... 23
    2.2. データの転写 ... 27
    2.3. データ分析のステップ ... 37
    2.4. データ収集と使用に関する倫理問題 ... 40
    2.5. 会話分析研究の信頼性、妥当性、客観性 ... 41
3. おわりに ... 45

第3章　順番交替の組織 — 49

1. 順番交替システムという社会秩序　49
2. 会話の諸特徴　51
3. Sacks, Schegloff and Jefferson (1974) のモデル　52
   - 3.1. 順番の組み立てに関わる部分　52
   - 3.2. 順番の割り当てに関わる構成部分　60
   - 3.3. 順番交替システムの規則群　66
4. 発話の重なり・間合い・あいづち　71
   - 4.1. 発話の重なり　71
   - 4.2. 間合い　79
5. 日本語会話の分析における問題点　82
6. おわりに　87

第4章　連鎖の組織と優先組織 — 93

1. 連鎖の組織　93
   - 1.1. 行為の連鎖を生み出す順番交替　93
   - 1.2. 隣接ペア　95
   - 1.3. 行為連鎖の拡張　109
   - 1.4. 先行拡張　110
   - 1.5. 挿入拡張　124
   - 1.6. 後続拡張　134
   - 1.7. 行為連鎖を生み出す原理　140
2. 優先組織　148
   - 2.1. 隣接ペアの第2部分における優先性　148
   - 2.2. 参加者の協働作業としての優先的反応の産出　159
   - 2.3. 複数の優先性が交差する場合　162
   - 2.4. タイプ一致型反応　168

	2.5. 第1部分の優先性	170
3.	おわりに	174

第5章 修復の組織 ─── 183

1.	会話分析における修復連鎖	183
2.	修復のタイプ	186
3.	修復開始の位置	190
4.	修復開始の技法	200
	4.1. 自己開始修復	200
	4.2. 他者開始修復	206
5.	自己修復の優先性	215
6.	日本語特有の修復	218
	6.1. 「ていうか」の使用	218
	6.2. 指示代名詞の使用	219
	6.3. 格助詞を含んだ修復	221
7.	まとめ	223

第6章 物語を語ること ─── 229

1.	物語りの始まりと終わり	230
	1.1. 物語りの始まり	230
	1.2. 物語りの終わり	246
2.	物語りの展開	255
3.	物語りと非言語要素	259
4.	まとめ	261

第7章 受け手に合わせたデザインと成員カテゴリー ―― 265

1. 受け手に合わせたデザイン―場所と人への言及 265
   - 1.1. 場所への言及 265
   - 1.2. 人への言及 270
2. 成員カテゴリー 279
   - 2.1. 人への言及と成員カテゴリー 279
   - 2.2. 成員カテゴリー化装置 280
   - 2.3. 成員カテゴリーと文化 285
   - 2.4. 会話における成員カテゴリー使用の分析 288
3. まとめ 292

第8章 相互行為と文法 ―― 295

1. 会話の「文法」とは何か 295
2. 発話産出の実践(プラクティス) 297
   - 2.1. 投射 297
   - 2.2. 発話を区切るための資源 298
3. 行為連鎖の位置により異なる役割を果たす文法 300
   - 3.1. 発話を組み立てる資源としての語順 300
4. 実践(プラクティス)としての文法 305
5. 会話分析的アプローチによる言語研究の姿勢 310
6. まとめ 311

第9章 教室内相互行為―制度的場面の分析 ―― 313

1. 制度的場面の相互行為 313
2. 教室における相互行為 316
   - 2.1. 教室における相互行為の会話分析 316

	2.2. 教室というコンテクスト	317
	2.3. 教室内相互行為における質問と応答	323
	2.4. 教室内相互行為における第3順番	330
	2.5. 会話分析で「学習」を示せるか	334
3.	まとめ	336

参考文献	339
付録A 転写のための記号一覧	353
付録B データ収集に際しての承諾書サンプル	353
索引	355
著者紹介	361

第1章 「会話」の研究

1. 日常会話の重要性

　「日常会話」は人々の社会生活の基盤(the primordial site of sociality)である(Schegloff, 1996b, 2006b)。この社会は日常の何の変哲もない会話、つまり、私たちが日々人と出会い話すことそのことによって成り立っているといっても過言ではないだろう。家庭生活はもとより職場においても会話から、人々は多くの情報を得ている。実際、職場では従業員は他の従業員との普段の会話から、その職場での職場訓練と同じぐらい、もしくはそれ以上のことを学んでいるのではないだろうか。相互行為における言葉のやりとり(talk-in-interaction)には様々な種類がある。例えば、教室や法廷、病院など特定の社会的組織において行われるいわゆる制度的場面でのやりとりもあれば、「インタビュー」、「討論」などといった呼び方でなされるやりとりもある。それらは、それぞれの目的を達成するために様々な方法で行われている。しかしながら、すべての基本となるのは日常会話であり、様々な制度的場面や特定の具体的目的のもとで行われる相互行為はそのバリエーションとも言えるだろう。

　日常会話は人々の社会においても文化においてもその基盤となるものだと考えられる理由は何だろうか。第1に、人々が社会生活を営み人間関係を構築し維持できるのは、日常の会話の積み重ねがあるからに他ならないからである。第2に、人々がこの世に誕生して最初に出会い経験するのも周りの養育者との日常的な会話である。第3に、法廷の反対尋問において弁護

士と証人それぞれが発話できることが限られているように、制度的場面で行われる相互行為では会話参与者ができることが限られているが、日常会話は非常に様々なことが行われる可能性のある場でもある。第4に、日常会話は非常に安定した形の相互行為である。会話に使用される言語そのものは時代とともに変化しているが、話者の交替や行為の形成等の会話の基本的メカニズムや慣習は時代が変わってもほとんど変わっていない。シェイクスピアの演劇などのように何百年も前につくられた演劇を見ると、言語は現在と異なっていても登場人物の会話の仕方の基本原則は現在とさほど変わらないことがうかがえる。それに対して制度的場面におけるやりとりの形態は時代とともに変化してきている。第5に、いかに会話がなされるべきであるかという、つまり日常会話の規範は誰しもが暗黙のうちに了解していることであり、わざわざ意識的に学ぶものではない。この点からもいかに「会話の仕方」というものが、人々の文化に根付いているかわかるだろう。その一方、多くの制度的場面におけるやりとりの仕方は意識的に覚えるものである。一例を挙げると、会社などの組織に就職すると最初にどのように顧客からの電話の受け答えをするべきなのか（例えば「もしもし」と電話を受けるのではなく「はい、○▲社です」などの組織名を言って電話を受け、相手が名乗ったら「お世話になっております」と言うなど）は意識的に覚えるものである。最後に、日常会話は文化が発祥した場であることを付け加えておこう。文化の形成およびその継承の基礎となったのは口語による日常会話である。書き言葉により文化の継承が行われるようになったのはずっと後のことである。

2. 会話分析の起源

　会話分析は、会話を始めとする相互行為の組織（構造）を明らかにする研究分野であり、また相互行為をいかにして分析するべきかという方法論を取り扱う研究分野でもある。その研究範囲は日常会話から様々な制度的場面における相互行為に及ぶ。現在では、世界各地の言語学、応用言語学、教育学、

人類学などの様々な分野で会話分析の手法を取り入れた研究が行われているが、元来はカリフォルニア大学の社会学の分野において 1960 年代に Harvey Sacks と Emanuel A. Schegloff の協働で創案された学問である。

　1960 年代の半ばまで、一般的に社会科学の分野において社会的相互行為を研究対象とすることに、当時の研究者たちは全く関心がなかった。というのは、その当時は、人々の会話は本質的に無秩序で複雑なものであり、会話はより大きな社会的コンテキスト（社会的制度、人々の権力関係など）によって規制されているものだと想定されていたからである。しかしながら、社会学の分野では 1950 年代後半ごろからこれらの想定に相反した研究を行う学者たちが台頭してきた。彼らは日常生活における人々の社会的行動を観察し、その行動を体系的に研究し始めた。その中で後に会話分析と呼ばれるようになるアプローチに特に大きな影響を与えたのは Erving Goffman と Harold Garfinkel の 2 人の社会学者である。

　Goffman は社会人類学の分野でシェットランド島での観察（直接観察とフィールドノート）に基づく研究を博士論文（1959）として発表した。Goffman は時として「演劇」などのメタファーなどを用いながら日常会話的な相互行為を豊かに描写し理論的に解釈した。Goffman の研究の軸となったのは対面的相互行為における自己提示の仕方、つまり自分自身を社会の中でどのように提示するか、の追究である。彼によれば、人はだれでも人前で自分自身を演じており、日常生活において他人が自分をどう受け止めるかを意識的に、または無意識に操作している。それと同時に自分自身を「聖なる物」として「自分の領域」（Goffman, 1971）を確立し、自分の周りに身体あるいは所有物による壁を作り上げるものだとした。Goffman の研究はそれまで社会学の分野では研究する価値がないとされていた人と人との対面的相互行為こそが社会的秩序を見出す場であり、研究を進めていくべき 1 つの独立した領域であるとした。この考え方は当時としてはたいへん画期的なものであった。

　Goffman が最も興味を持って研究を進めたのは「相互行為秩序（interaction order）」（Goffman, 1983）である。Goffman は、相互行為秩序を人々の対面相

互行為の領域における問題と捉えた。私たちが社会生活を送っていく際には他の人たちとの対面やりとりが、好むと好まないにかかわらず、必須であり、そのような社会的状況におけるやりとりには一種独特のやり方があることを示した。Goffman は対面相互行為の領域は、家族、教育現場、政治の場など他の社会的制度の諸領域と同様、それ自体、分析に値するものであると主張した。さらに、他の社会的制度は相互行為を行うことによって成り立っているため、相互行為秩序という制度は他の社会的制度と深いつながりがあるだけでなく、すべての社会的制度の基礎となるものであると提唱した。

また Goffman は、相互行為は社会的制度における単なる情報伝達手段でなく、それ自身が独特の規範を持っていると論じた。Goffman は後期の研究では *Forms of Talk* (1981) でみられるように相互行為における言語の重要性について論じているが、Goffman が生涯を通して研究した相互行為の規範は、相互行為を組織立てる儀礼制度である。Goffman が儀礼制度と呼んだのは社会の中で適切とみなされる行動の規範システムであり、彼の研究の多くは様々な社会的場面における儀礼の解明である。Goffman が研究した儀礼の例として「アクセスの儀礼」(access rituals) (Goffman, 1971)、「修復のためのやりとり」(remedial interchange) (Goffman, 1971)、「回避の儀礼」(avoidance rituals) (Goffman, 1967) などがある。Goffman は個人の様々な行いが時や場面によって違ったとしても、儀礼はほぼ普遍的なものであると論じた。例えば、誰であってもあいさつのやりとりは行うものであるし、他人にぶつかってしまったら謝罪を行うものである。つまり、この考え方でいくと儀礼は普遍的な社会制度の 1 つなのである。このような人が対面する際の規範について解明した Goffman は、相互行為研究の先駆者であり、彼の対面コミュニケーションにおける相互行為秩序と人々の社会生活との関係に関する研究は、その後の会話分析者を含む多くの社会学者に多大な影響を与えた。

一方、Harold Garfinkel はエスノメソドロジーという学術分野の創始者である (Garfinkel, 1967)。Garfinkel も Goffman 同様、対面相互行為に興味を持って研究をしていたが、Goffman とは研究の焦点が異なっていた。Garfinkel がより重要だと感じたのは人々が日々の生活の中で行使する「道理に

かなった手続き」(sense-making procedures) を理解すること、つまり日常生活で人々がいかにして個々の社会的状況を認識してその状況に見合った行為の産出をするのか、ということを把握することである。Garfinkel は「道理にかなったふるまい」をすることが相互行為を可能にする基盤であると考えた。Garfinkel も Goffman 同様、相互行為における儀礼ということに興味を持ったが、Goffman が人々の儀礼そのものの記述をしたのに対し、Garfinkel は人々がいかにしてその儀礼に従うに至るのか、どのようにその儀礼を実行するか、に注目した。彼によれば儀礼を実行するために人々は無意識のうちにその儀礼がどのように行われるべきか前もって理解しているのである。上記の「アクセス儀礼」を例に挙げると、Goffman は人々がその儀礼に基づいて相互行為を始める際にあいさつのやりとりを行うことを記述したが、Garfinkel が究明しようとしたのは、そのような儀礼の規範そのものの記述だけでなく、いつ、どのようにして人々があいさつの連鎖を始めるのか、どのような言語形式を用いてあいさつを産出するのか、相手の言ったことをどのように理解するのかといったことである。人々があいさつをする場合、実際のあいさつに先立ってそのあいさつという儀礼を理解していること、その儀礼に関しての常識を持ち合わせていること、が必要となるのである。人々は自らが持ち合わせている常識というものに基づいて相互行為における行為を道理にかなったものとして産出し、理解するのだと考えたのである。

3. 会話分析の誕生

　会話分析は Goffman と Garfinkel の 2 人の研究を創造的に統合した形で誕生した。Goffman の対面相互行為の秩序を独立した社会組織として取り扱う姿勢と、Garfinkel の相互行為における道理にかなった行為の理解と産出に着目する視点を取り込むことにより会話分析の基礎が出来上がったのである。
　さらに会話分析の創始者である Sacks と Schegloff によって会話分析が確立されるにあたり、実際の自然発生的な相互行為を録音または録画してそれをデータとして分析するという革新的な新しい研究方法が取り入れられた。

これは Goffman も Garfinkel も行わなかったことである。Goffman は主にインタビュー、観察、フィールドノートによるデータ収集を行い、Garfinkel は観察、フィールドノートに加え実験を行ってデータ収集を行った。しかしながら、Sacks と Schegloff は、観察やフィールドノートを相互行為のデータとして取り扱うには様々な問題があると考えた。一番大きな問題点は人の記憶力の問題である。人の記憶力は自然発生的相互行為の詳細を覚えて記録するほどよくないし、記録する際にその人の偏見が入ってしまうこともある。その点、録音録画を行えば、何度でも再生して詳細で正確な観察が行えるのである。更に Gail Jefferson により、相互行為の詳細を表記する方法が開発され、これが現在会話分析で一般に用いられる標準的な転写法 (Atkinson and Heritage (eds.), 1984) となっている (詳しくは第 2 章を参照のこと)。

4. 会話参加者の視点

上述のように会話分析では会話を録音もしくは録画して詳細に分析するが、第 2 章で詳しく解説するように、その分析の視点は他の多くの研究法と大きく異なる。会話分析においては、会話の参加者自身が何に**志向**しているかを捉えることが最も重要である。会話参加者が相互行為の中で生じているある特定の事象を相互行為上有意味なこととして捉えて、それに敏感に反応する仕方でふるまっているとき、その参加者はそのことに志向しているといえる。ただし、会話分析においては、そのような主張は、その参加者のふるまいの中に具体的に観察可能 (従って、記述可能) なことに基づいていなければならない。それゆえ、分析を始めるにあたって、事前に何の仮説も立てずに会話データを観察し (unmotivated observation と呼ぶ)、会話参加者自身が一つ一つのふるまいにおいてどのようなことに志向しどのような行為を成し遂げようとしているのか、ということをデータの中に見出していくことが試みられる。分析者の前提や想像、根拠のない解釈に頼ってしまうと実際の会話で起こり得ることの多くを見逃してしまう。会話の中で参加者が行っていることは分析者の想像力をはるかに超えているのだ。

5. 会話分析における「発話」の概念

　会話分析がその他の研究法と異なる点としてもう1つここで挙げておきたいのは「発話」というものの捉え方である。会話分析における「発話」の概念は他の分野におけるそれと少々異なる。一般的に人々の発話は情報伝達の手段と捉えられることが多い。この考え方でいくと、発話において重要なのはその話が何についてであるかであり、分析の対象となるのはそのメッセージの命題（proposition）、メッセージそのものの描写、およびメッセージのトピックなどである。また、会話の参与者はメッセージの発信者とそのメッセージの受信者に分けられる。

　これに対して、会話分析では、会話を人と人の間の（inter-）行為（action）と捉え、発話を人々が何かを協働で成し遂げるための手段であると考える。よって発話において重要なのはその発話が何についてであるかでなく、話すことによってその人がその会話におけるその瞬間に何をしようとしているのか、ということである。人々は話すことによって依頼をする、謝罪をする、忠告をする、あいさつをする、同意をする、など様々な行為をする。よって会話分析における分析の単位は行為（action）で、会話の参加者は働きかける行為を始める者とその行為を受ける者ということになる。人々は他の人の話を聞くときに、その話のトピックが何であるかということだけでなくその人が話すことによって何をしようとしているのか、ということに志向するものである。というのは、その発話がどんな行為を成し遂げようとしているのかを理解しない限り、自分の話す順番になった時にどのような反応や答えが適切であるのか判断できないからだ。要するに人々は他の人が何かを発話するたびに無意識のうちに「その発話は何を成し遂げようとしているのだろう」という質問を自分自身に問いかけているのである。

　例を挙げてみよう。教室で教員が学生たちに「この部屋は暑いね。」と言ったとする。この発話は学生たちによってどのように理解されるだろうか。会話を単なる情報伝達の手段であると捉えると、教員の発話のトピックは「この部屋」またはその部屋の「気温」のことであり、教員は情報の発信

者としてこの部屋の気温を伝えている、ということになる。しかしこの考え方ではその教員の発話を聞いた学生たちがどのように反応するべきなのかわからない。一方会話を人と人との間の行為と捉えてこの発話を考察すると、その答えがみえてくる。教員は「この部屋は暑いね。」という発話をすることによってどんな行為を成し遂げようとしているのだろうか。まず1つ目の可能性として、もし学生たちが教員の発話をその部屋の状況の「評価」および「不平」であると判断した場合には、「本当にそうですね。」、「この部屋は一番ひどいですね。」などと言って「同意」をするか、「そうですか？ となりの部屋の方がもっと暑いですよ。」などと「非同意」をすることが考えられる。あるいは、学生たちがこの教員の発話を「依頼」と捉えたならば、学生たちは窓を開けるとか冷房をつけるなどをして依頼を「受諾」するであろう。ここでまだもう1つ問題が残る。学生たちはどうしたら、教員の発話を「評価」や「不平」なのか、もしくは「依頼」なのか、判断できるのであろうか。それは「先生はなぜ、今、それを（発話）するのか？ (Why that now?)」という問いを学生たちが自分自身に投げかけるからに他ならない。つまり、その発話が産出された際の様々な内的および外的状況を考慮してみるということである。窓が開かなかったり冷房がつかなかったりする教室で、そして教員も学生たちもそのことを承知している状況でこの発話が産出されたのであれば、この発話は「依頼」でなく「評価」または「不平」である可能性が高いであろうし、その逆にきちんと開く窓があったり冷房装置が機能する教室で、しかも学生たちが窓や冷房装置のスイッチに近い位置にいる状況でこの発話が産出されたのであれば教員の発話は「依頼」である可能性がある。もちろんこの判断が間違ってしまうこともあり得る。しかしながら、会話の中である発話がされると、それを聞いた人はその次に自分がどのような反応をしたらいいのかを判断する時に常になぜその発話者は今その発話をしたのか、ということを考えるものなのである（詳しくは第4章参照のこと）。そしてこの問いかけこそが会話分析の最も根本的な分析の軸であり、分析者たちは常にこの問いかけをしながら研究を進めていく。

　次章以降では具体的な分析の進め方を解説していく。

第2章 会話分析の視点と研究プロセス

　前章で述べたように、会話分析では会話を相互行為状況の基本的な形態と捉え、会話の中で交わされる発話を人々が相互行為的に何かを成し遂げる過程として捉える。従って、各々の発話が何を語っているかということよりも、いかに語っているのか、そして、1つ1つの発話を通していかに行為を達成しているかということに注目して分析を進める。本章では、このような会話分析に独特な立場・視点をより具体的に明らかにする。言語学をバックグラウンドとし、社会言語学的・語用論的研究に関心がある者が会話分析を学び始めたとき、(筆者らもそうであったように)必ずと言っていいほど、「談話分析とどう異なるのか」という疑問に直面するだろう。そこで、まず、談話分析では特に問題とならない視点や分析方法が、会話分析の立場とは相容れない場合があることを明らかにし、その疑問に応えたい。会話分析の立場・視点を具体的に示した上で、会話分析の研究のプロセスや会話データの収集・使用に伴う倫理的問題、会話分析の信頼性・妥当性・客観性について解説する。

1. 会話分析の視点

　会話分析と隣接する学問領域をどのように捉えるかというのは、実は、それほど簡単ではない。会話分析という領域は、この後に述べるように、独自の理論的背景と視点を持ちながら、「会話」にとどまらず、自然発生的な口頭での言葉のやりとりを通して実践される相互行為であれば、おおよそどの

ような場面であっても分析の道具として用いることができる分析手法である。つまり、理論的背景がかなり異なっていても、分析の対象が重なる研究領域は、多少なりとも会話分析という方法を意識せざるをえないほどに、現在、会話分析の有効性が認められ始めているように思われる。一方で、会話分析の手法が確立し、その理解も広まるとともに、これまで立場的に近いとみなされてきた領域との違いも認識されるようになってきた。例えば、会話分析と語用論的研究は、発話を行為として捉え、発話が埋め込まれている状況や文脈が決定的であるというスタンスを共有しているが、状況や文脈、発話者の意図の捉え方や、何をもってどのような行為が為されているとみるかといった点で大きく異なる[1]。社会言語学の一領域として位置づけられることも多い「談話分析」もまた、会話分析との異同がしばしば議論されてきた。本節では、特にこの「談話分析」との違いに着目しながら会話分析の立場・視点を具体的に解説していく。

「談話分析」とひとくくりにすることによって、その下位領域の間の立場や手法、目的、意義などにおける異なりと重なりをないがしろにしているわけではない。その多様性によって、談話分析は多くの知見を提示している重要な領域であることは疑うべくもない。ただ、会話分析の立場・視点は、これまで談話分析の下位領域とみなされてきた諸研究アプローチとは根本的に異なる部分があることを明らかにする本節の目的に鑑みて、ここでは、「談話分析」という言い方を用いたい。

1.1. Schiffrin (1994) の分析

談話分析の視点との違いを捉えるには、具体的なデータの分析における視点の異なりを提示するのが最もわかりやすいだろう。そこで、今も談話分析の初学者に広く読まれている Schiffrin (1994) を例として、会話分析的アプローチによる分析のサンプルとして提示されているものが、実際には、会話分析的な分析とは異なるものであることを指摘しながら、会話分析の立場・視点を明らかにしていきたい。決して Schiffrin の分析の批判が目的ではない。しかし、会話分析の「分析のサンプル」を提示している部分について

は、それを読んだ初学者に会話分析についての誤解や混乱を引き起こす可能性があることは否定できない。Schiffrin (1994) に限らず、これまで会話分析の解説や分析の例として提示されてきたものの一部が、会話分析研究者からすると違和感を感じるものになっている理由は、Schiffrin の分析例が含む問題と重なるように思う。本書の目的と想定される読者層を考えると、それがどのような問題かを特定しておくのは、無駄ではないだろう。

　Schiffrin (1994) は、Blackwell 社から出版されている Textbooks in Linguistics シリーズの1つで、*Approaches to Discourse* というタイトルのもと、言語行為論や語用論、「相互行為の社会言語学」[2]、ことばのエスノグラフィーなどの諸アプローチを章単位で詳細に紹介している。著者の Schiffrin 自身は、主に「相互行為の社会言語学」の立場で精力的に研究を進めている談話分析研究者である。そしてこの本の第7章が会話分析の解説に充てられている。50ページ近くを割いて、会話分析の視点と分析のサンプルを提示するものである[3]。

　Schiffrin は、まず、Heritage (1984) から、会話分析が前提としている次の3点を引用して会話分析の視点を紹介する(訳は筆者による)。

1) 社会的相互行為は、組織立ったものである。
2) 社会的相互行為において為されることはすべて、文脈・状況に志向している。
3) 社会的相互行為におけるいかなる些細なことも、分析に先立って、無意味な出来事として切り捨てることはできない。

これらの前提は、確かに、会話分析研究者の間では、改めて議論されることもないほどに広く深く共有されている認識であり、そのいずれもが、会話分析の目的と方法論を支える基盤である[4]。このように、Schiffrin は、短い概説の中で、最も重要なポイントは押さえているようにみえる。しかし、それに続く実際のデータ分析の提示に関しては、本来の会話分析の関心とは異なる問題設定のもとで議論が展開しており、会話分析のアプローチによる分析

のサンプルとは言い難いものになっている(少なくとも、本書で紹介している、Sacks らによって創始・開発された会話分析の手法による分析の典型例ではない)。紙幅の都合でその全てについて議論することはできないが、まずは、わかりやすい相違点をいくつか取り上げ、その後、分析の具体例の一つに焦点を当て、会話分析との違いを指摘しよう。

　まず、ここで取り上げてある事例のほとんどが、「社会言語学的インタビュー」という場面のやりとりから抜粋してある。著者は、この「社会言語学的インタビュー」は、(就職の面接など)特定の目的が参加者の間で了解されめざされているような制度的な場面のインタビューに比べて、よりインフォーマルな、日常会話的な側面も強いやりとりであるとしている。しかし、参加者は「研究者(社会言語学者)が何らかの目的で研究協力者と面談をしている場面」という理解のもとに相互行為を進めるはずであり、日常会話と一切区別することなく扱うことには、慎重になるべきであろう。とりわけ、会話分析は、第3章で解説する順番交替のシステムが日常会話を組織する基軸であると考えるため、順番の組み立て方や順番交替(つまり、順番の分配)に関して何らかの偏りがあるような仕方で組織されることが予測される制度場面の相互行為については、常にその可能性を念頭において、むしろ、日常会話との違いにも注意を払いながら分析を進める(第9章参照)。インタビューも、程度の差はあれ、基本的にインタビューアーが質問をし、インタビューされる側が答えるという形で相互行為が進むという、日常会話には見られない「偏り」があることは否定できない。Schiffrin の分析は、この点について一切考慮されることなく分析が為されている。また、提示してあるトランスクリプト(発話を転写したもの。本章2.2を参照)の精度も、重要な相違点の1つである。Schiffrin (1994) からの一例をそのまま掲載する (Schiffrin, 1994: 250、ただし訳は筆者による)。IVER がこの「社会言語学的インタビュー」を実施している研究者で、IVEE がインタビューを受けている協力者である。IVEE は、人種的に均衡のとれた学校にするために近隣の学校ではなく、離れたところにある学校へバスで通学させる政策がもたらした問題について語っている。

IVee:	(a)	And this is what the thing is.
		(で、問題はそういうことなんです。)
	(b)	They get in,
		(入学はするけど、)
	(c)	and i- what's it - what's it bein' done for?
		(それが何のためなんだということなんですよね？)
IVer:	(d)	Yeh.
		(そう。)
	(e)	That's right.
		(そうですよね。)
IVee:	(f)	There- I'll tell you.
		(実を言いますとね、)
→	(g)	There's a school down in my mother's town, right?
		(私の母がいる町に、ある学校があったんですよ。)
IVer:	(h)	Right.
		(ええ。)
IVee:	(i)	Strictly colored.
		(完全に、黒人の学校なんですけど。)
	(j)	It's the *newest* school in North Beach.
		(ノースビーチでは、一番新しい学校でした。)
	(k)	It was all colored.
		(黒人ばかりの。)
	(l)	And because of this law of integrating,
		(で、この差別撤廃のための法律のせいで、)
	(m)	these colored children had to go to this white school,
		(その学校にいた黒人の子どもたちは、こちらの別の白人の学校に通わなければならなかったんですよ。)
	(n)	which they didn't want.
		(望んでもいないのに。)

順番交替が実際にどのようなタイミングでなされているかを捉えるのは、会話分析による分析の第一歩（あるいは、「下準備」と呼ぶ方が正確かもしれない）、であるが、実は、今提示したようなトランスクリプトでは、その第一歩が踏み出せない。というのも、トランスクリプトの精度が低いため（表記されているのは、基本的に、発話そのものと、上記の例には含まれていないが、発話の重なりのみである）、順番交替の可能性がある時点がどこで、また、そこでどのような相互行為的な交渉が生じているのかが判断できないのだ。第3章で解説するように、順番交替が適切となる点は、その発話を通して何らかの行為が完結したとみなしうる時点で、受け手がそれに応じる行為を産出すべく順番を取ることが適切となるような区切りである。それがすなわち「順番構成単位」が完結したとみなしうる時点である（第3章参照）。そのような時点は、必ずしも文法的な単位である文や句と一致するわけではなく、その発話が、どのような発話（つまり、行為）の連なりの中で、どのような形で組み立てられ、どのような仕方（韻律や声の大きさ、スピードなど）で産出され、（対面のやりとりであれば）どのような身体的ふるまいを伴っているか、といったことが全て縒り合わせられて認識可能となるが、これらの手がかりとなる情報の大部分が、このトランスクリプトには表記されていないのだ。Schiffrinは、会話分析の分析概念として「順番構成単位」や「順番の移行に適切な場所」についても簡潔に解説し、自身の分析にも用いている。しかし、それが本当に参加者が「順番構成単位」として産出し、志向している（そのような規範性を認識していることを示すふるまいを産出している）ものなのか、その順番構成単位が完結しうる点においてどのような相互行為的交渉が生じうるのかなどが明らかでないまま分析が進められている。つまり、このようなトランスクリプトを用いると、順番構成単位は（節や文といったような）言語構造の単位ではなく「行為」の単位であるという、会話分析において極めて重要かつ基本的な分析のスタンスが適用できない上、分析の正確さも検証できないのである（本章2.5参照）。これは、単に「トランスクリプトの精密さの違い」にとどまらないことは、もはや言うまでもないだろう。

では、Schiffrin が分析を通して主張していることについても検討してみよう。Schiffrin は、具体的な分析例の対象として"there＋BE＋ITEM"という構文 (以下、便宜上、there 構文と呼ぶ) を取り上げている。そして、その使用がどのように順番や行為連鎖の組織と関連しているかを明らかにしようとしている。分析を踏まえていくつかの結論が提示されているが、ここでは、隣接ペアとの関連で主張されていることに限定して検討してみよう。

　Schiffrin は、まず、隣接ペアを「独立的な (independent) 隣接ペア」と「従属的な (dependent) 隣接ペア」に二分し、「先行連鎖 (pre-sequence)」や「挿入連鎖 (insertion sequence)」は後者に属するとみなす。会話分析における「隣接ペア」、「先行連鎖」、「挿入連鎖」の精確な捉え方は第 4 章に譲るが、ここでは、とりあえず、[質問]−[応答]といったような対となる行為の連なりを「隣接ペア」と呼ぶこと、そして、Schiffrin 自身は、この隣接ペアが前後のやりとりとは独立的である場合は「独立的な隣接ペア」、前後のやりとりに依存的である場合は「従属的な隣接ペア」と呼んでいることを了解しておけば十分だろう。

　さて、Schiffrin は、特に[質問]−[応答]の隣接ペアに着目し、次のような結論を導いている。「独立的な隣接ペア」の第 1 部分 (ペアの最初の行為) である質問で there 構文が用いられた場合、それが次の順番における応答の発話に「投射 (project) される」、つまり、応答にも there 構文 (の一部) が現れ、そのことによって、それが質問に応接する応答であることが示されている。一方、「従属的な隣接ペア」である「先行連鎖」や「挿入連鎖」の第 1 部分においてそこで初めて言及される事物 (first mention) が there 構文によって導入された場合、次にその事物への言及 (next mention) が生じるのは、その隣接ペアの第 2 部分ではなく、第 2 部分の後に生じるやりとりにおいてであると指摘する。具体的には、例えば上の断片の分析は以下のように展開する。IVEE の (g) の発話は、「従属的な」「挿入連鎖」(の第 1 部分) であり、school が不定冠詞を伴って初めて導入されている。付加疑問の right? は、受け手の認識を求めていて、かつ、この発話だけでこの school についての言及が終わるわけではないことを示している。そして、IVER が (h) でそれを了

解する反応を産出した後、IVEE によってこの school が「挿入連鎖」の部分を越えて、(i) において省略という形をとったり、(j) と (k) において代名詞に置き換えられたりする形で言及されている。これは、「従属的な隣接ペア」は、それを取り囲むトーク (surrounding talk) に依存しているため、その第 2 部分を超えて第 1 部分において言及された事物が再び言及されうることを示している。つまり、there 構文を用いてある事物に言及し、2 度目以降同じ事物へ言及 (next mention) する際のパターンが、「隣接ペア」の性質 (独立的か従属的かということ) と密接に関連しているというのが Schiffrin の最終的な結論だ。

　この Schiffrin の分析についてまず言えるのは、「独立的な隣接ペア」と「従属的な隣接ペア」という二分法的区別は Schiffrin 独自のものであるということだ。また、IVEE の (g) の発話を「挿入連鎖」の第 1 部分と捉える会話分析研究者はまずいないだろう (その理由は第 4 章の挿入連鎖の説明を読んで頂くと明らかになるだろう)。

　しかし、会話分析における分析概念の用い方とは異なるということそれ自体よりも、むしろ、方法論的に、隣接ペアについて「独立的／従属的であること」という区別を設ける際に、それがどのような意味で会話の参加者自身によって相互行為を組織する、2 つの異なる手続きとして用いられているのかが一切明らかにされてないまま、分析概念として用いられているということが問題だ。Schiffrin は、何に基づいて隣接ペアが「独立的／従属的であること」と区別しているのか、上で述べたこと (つまり、前後のやりとりに構造的かつトピック的に依存しているかどうか) 以上のことは説明していない。参加者自身による区別であることが示されないのであれば、それは、分析者が作り出した区別と捉えざるを得ないだろう。しかし、会話分析においては、分析概念そのものが、経験的データの綿密な分析を経て会話者自身が志向する (自身の行為を産出し、また、相手の行為を理解する際に参照する) 規範性として捉えられたものでなければならない。

　さらに、その分析者が作り出した (「独立的な隣接ペア」「従属的な隣接ペア」という) 区別と「there 構文」という特定の言語形式の使用の分布とを関

連づけようとしている点が会話分析の姿勢とは根本的に異なる。会話分析は、ある言語形式の異なる使用法の分布を分析者が考えた何らかの基準で捉えようとする試みではない。Schiffrin は自身の分析を提示するにあたって、there 構文が、ある事物に連続的に言及する（つまり、単発的な言及ではなく、最初の言及と 2 回目以降の言及が連続して生じるような場合を指していると思われる）という課題に対処するものであること、また、there 構文によって与えられる解決策は、隣接ペアと順番交替という会話の組織と交差する（intersect with）ことを述べている [5] (p.241)。一見、会話分析における研究の出発点として問題がないように思われる。しかし、会話の参加者が、「このモノ・コトについて（発言権を維持して）自分がある程度語り続けるにはどうしたらよいか」ということを相互行為を進める上で解決すべき実践的な「課題」とすることは考えられるが、「このモノ・コトに連続的に言及するにはどうしたらよいか」という問いを持つことは考えにくい。また、当然ながら何かに言及するという行為は、隣接ペアや順番交替という基本的な会話の組織の中で生じるので、there 構文の使用を何らかの形で隣接ペアや順番交替に関連づけて「パターン」をみいだすことはそれほど難しいことではないが、会話分析の分析例である以上、分析によって示された「パターン」が、どのような意味で、会話参加者にとっての相互行為上の課題を解決する方法になっているのかを明らかにする必要がある。つまり、「独立的な隣接ペアの第 1 部分」あるいは、「従属的な隣接ペアの第 1 部分」において there 構文を用いて事物に言及することが、相互行為的に何かを達成するための手続きになっていて、そのような手続きの使用が会話参加者にとって何らかの相互行為上の実践的課題への解決になっていることを示す必要がある。というよりも、むしろ、そこが分析の到達点となるように分析の出発点が設定され、分析の手順が方向付けられるべきなのだ。そのような到達点がめざされないままに、何らかの既存の概念との関連づけで「パターン」がみいだされたとしても、それが相互行為的に意味のある「パターン」なのかは不明のままである。

1.2. 会話分析的な視点による再分析

　会話分析がめざすのは、会話参加者が何らかの実践的な目的のもとで行為や活動を達成する際に会話参加者自身が用いている手続きを厳密に記述することである。行為や活動が発話を通して実現されているのであれば、その発話の1つ1つにおいてどのような行為がどのような仕方で実現されているのか、実現されている行為はどのような合理性のもとに連ねられているのか、そうすることによって、相互行為的に何が達成されているのか、ということを丁寧にみていくことがまずは重要である。その上で、ある特定の言語形式を焦点としたい場合は(もちろん、「特定の言語形式」という水準で切り取られる現象ではない場合も多い。本章1.3参照)、そこで実践されている行為や活動の達成にその形式の使用がどのように寄与しているのかということを、収集した事例の1つ1つについて綿密に解き明かしていく。

　そして、その際に、会話参加者が志向している規範であることがすでに明らかにされていることの便宜的な言い方としての「隣接ペア」や「挿入連鎖」といった分析概念があるのだ。そうした「隣接ペア」や「挿入連鎖」といった言い方で捉えられるような構造が手続きの一部に組み込まれている場合に限って、これらの分析概念を利用して記述を試みるのである。会話分析的研究は、(第3章以降で紹介するような)既存の分析概念を確定・固定的なものとして捉えて特定の言語形式の用法にこれらの分析概念をどう当てはめることができるのか、という問いから始まるのではない。Schiffrinの問いは、やはり、ディスコースの水準で捉えた言語形式の使用の分布について一定のパターンをみいだすことに関心がある談話分析研究者の問いと言えよう。そうした問いの有用性を否定するわけではない。しかし、それは、端的に、会話分析研究における問いとは異なるのだ。

　では、会話分析的な視点で上のインタビューの断片を分析するとどのようなことがみえてくるだろうか。上述のように、トランスクリプトの精度が低いため、分析も荒削りにならざるを得ないし、1つの断片の分析から、there構文の使用が何らかの相互行為的課題の解決の方法として会話参加者に利用可能であるということを証明することは不可能だが、会話分析的な視点が、

Schiffrin の分析の視点とどう異なるかは示すことができるかと思う。

　まず、問題の (g) に至るまで、どのようなやりとりが生じているだろうか。この断片の前の部分で何が話されていたか詳しい説明がないので、確定的な事は述べられないが、(a)〜(c) では、何かその前の部分で提示した問題をまとめあげ、発話者自身の批判的な立場を明らかにしているようである。(d) (e) で受け手はその立場に対して同意を示している。ただし、同意すること以上のことを為すのを控えているようにもみえる。どのような韻律や声の大きさで産出されたのかなどがこのトランスクリプトでは判断できないため、確定的なことは言えないが、(b) (c) の They get in, and i- what's it - what's it bein' done for? という、いわゆる修辞疑問文の形式を用いてかなり強い調子で問題を指摘しているように見えるこの発話に対して、(d) (e) で Yeh. That's right. と端的に反応していることは、最小限の同意を与えるだけでやりすごしているようにみえる。いずれにしても、インタビューなので、IVEE はできるだけ発言して情報を提供することが、少なくとも、一般的な期待としてはあるだろうし（その意味でも、日常会話にはないような、順番交替に関わる偏りがある）、(d) (e) の後に、IVEE が再び順番を取ることが期待されているとすれば、その期待に応じて、何かを語り始めたことを、次の発話の早い時点で示すことは、理にかなっていよう。すぐ後で詳しく述べるが、このような位置で there 構文を用いることは、そのような問題に対処しているように思われる。ここで、IVEE は、There と発するや否や、発話を中断し、I'll tell you. を差し挟む。視覚情報が欠けているため、ここでも何が生じているのかを正確に捉えることはできないが、I'll tell you. という発話はここで相互行為的に何をしていると考えられるだろうか。例えば、発話を開始した時点で発話者の方を見ていないなどの受け手側の問題が明らかになり、一旦 There で語り始めた事を中断し、改めてここで受け手の注意や視線を引きつけるために I'll tell you. を差し挟んだという可能性は十分に考えられる。ともかく、わざわざ発話を中断して I'll tell you. を差し挟んだのは、受け手がきちんと受け手としての態勢をととのえることが期待されるモメントであることを際立たせる何らかの必要が生じたからであろう (Goodwin, 1981)。ま

た、I'll tell you は単に受け手の注意を引くためだけでなく、この後にそれなりのまとまりのある語りを開始することも示唆しているように思う。この直後に産出された次の there 構文の発話 (g) は、もちろん、単にある学校が存在する事実を陳述しているだけとは聞かれない。この発話によって、この後、ここで導入されている school についての語りが続く事が ((f) の位置で産出される場合よりもさらに強く) 予示されている。付加疑問 (right?) によって敢えてここで受け手にこの発話を受け止めたことを示すよう要請しているのは、語りの「舞台」が提示されたこの発話の後に、語りの山場が来るからであろうし、次に続く語り (の山場) の受け手としての用意を促しているといえよう。従って、次の順番における IVER の Right. は、(Schiffrin が示唆するような) その school が存在するという知識を得たことの表明というよりも、直前の発話が語りの「イントロ」であるということを受け止め、IVEE が語りの本題に入ることを承認するものである。このように、何らかの説明や語りが適切となる (期待される) 位置で、まず there 構文である事物の存在を告げることは、その事物についてその後しばらく発言の機会を専有して説明したり語ったりする前に、相手がそうした語りや説明の受け手として適切にふるまうように「態勢を整える」ことを促す手続きにみえる。さらに、先の IVER の同意の示し方 ((d) (e)) が IVEE にとって「十分に熱意のこもった同意」でなかったとすれば、それに対して、まず there 構文によって具体的な実際の場所 (語りの「舞台」) を取り上げ、実例を語ろうとしていることを示すのは、単に自分の考えを述べ続けているのではなく、自分の考えを説得的にサポートするための情報を提示しようとしていることをまずは明らかにしているとも言える。つまり、なぜここで IVEE が there 構文を用いて語りを始めたのか、ということにも、相互行為上の理由が考えられるということだ。

このような視点で、Schiffrin が提示している他の断片も併せてみてみると、ある事物の存在を告げる there 構文は、そのほとんどが (トランスクリプトから判断できる限りにおいて) 受け手の承認を引き出すように付加疑問や上昇イントネーションを伴っており、同様の働きをしていることがわか

る。一方、質問として there 構文が用いられている場合(Are there 〜？や Was there 〜？など)、それは、やはり、単にその事物の存在の有無を尋ねているのではなく、肯定的な応答の場合は、応答者はその事物について説明を加えたり、詳しく語ったりすることが期待される質問に聞こえるし、実際、応答者はそのように志向している。There 構文を用いた質問は、そこで言及されている事物について、最も基本的な知識、つまり、それがそもそも存在するのかどうかという知識が欠けていることを表明し、自らを完全に「知らない者」として位置づける。ゆえに、応答者はその事物について知っていることはおよそいかなることでも語る意義をみいだせるし、語ることが期待されるだろう[6]。だからこそ、肯定的な応答の場合、その応答の中で再びその事物に言及し、説明を加えるふるまいが観察されるのだ[7]。

1.3. 会話分析が対象とする「現象」とは何か？

　会話分析においては、このように、まずは、参加者が1つ1つの発話を通してどのような行為を実現し、受け手は次の行為でそれをどのように受け止めてどのように反応しているのかという問いを軸に、丹念に各事例の分析を積み重ねるのだ。では、そのように事例の分析を積み重ねたところで、結局、どのようなことついてどのような形でまとまった知見、すなわち、「研究の成果」を得ることができるのだろうか。データ分析のプロセス全体の流れについては本章の2.3に譲り、ここでは、会話分析の立場の特徴が顕著に現れる「会話分析はどのような現象を対象とするか」という問題に限定して論じておきたい。

　相互行為参加者の視点で分析するという姿勢を突き詰めると、分析の対象とすべき現象は、データを観察する中から自然と浮上するということになる。例えば、Schegloff(1997: 501)は、繰り返しデータを観察する中で、「似たようなものをどこかでみたことがある(I've seen something like that before!)」という感覚を得たときが次の段階に進むタイミングであると述べている。つまり、次に、その「似たようなもの」を収集するのである。しかし、そのような形で捉えられた「似たようなもの」は、どこがどう似ている

のか、最初はそれほど明確ではないだろう。そもそも、それが相互行為的に何かを達成する方法の実践として現れている現象である可能性についても不確かであろう。事例を収集する過程でその輪郭がみえてくるのだ。いずれにしても、かなりの多くのデータを繰り返し丁寧に観察して、徹底的に、相互
・・・・・・・・
行為参加者はどのような仕方でどのような行為を産出しているのかを追うことによって初めてそのような気付きを得ることができるし、「似たような事例」を収集することも可能になる。「似たような事例」が相当数集まったところで、それが、実際に「相互行為的に何かを達成するやり方」と呼べる可能性を含むものであるかどうか、そうであるならば、それがどのような構成になっていて、どのように用いられているのかを精査していくのだ。このとき、再び、1つ1つの事例の分析を精緻化していくことになる。ゆえに、会話分析における分析のプロセスは、各段階を一直線に進んでいくわけではなく、同じ断片を何度も分析しなおしたり、場合によってはトランスクリプトの手直しにまで戻って分析をやり直したりするなど、「行きつ戻りつ」のプロセスである。

　実際には、ある特定の言語形式が相互行為の組織にどのように関わるかという関心から研究を始めているようにみえる場合も多い。例えば、John Heritage による "oh" の使用に関する一連の研究（Heritage, 1998 など）や、日本語では、WH 質問に対する応答の冒頭で使われる「いや」（串田・林, 2015）、次にどのような行為を産出するのかを予示するとき代用的に用いられる「あれ」（林, 2008）、質問に対する応答の冒頭で用いられる「ええと」（高木・森田, 2015）などの会話分析的研究がある。しかし、これらの研究も、まずは事例を観察・分析し、これらの言語形式がある特定の相互行為的課題の解決に用いられている可能性についてかなり確実な手がかりを得た上で、さらに多くの事例を収集し、分析へと進められたものであることに注意したい（第8章参照）。いずれにしても、会話分析のプログラムは、ある特定の言語形式の使用の分布について、会話分析の既存の分析概念のいずれかで説明できるようなパターンがみいだせるかどうか、という問いから出発することとは全く異なる。

上で述べたような相互行為の当事者にとっての課題とそれに対処する方法を厳密に特定していく手続きを経て得られた会話分析的研究の成果は、同じ会話分析研究者のみならず、他の領域の研究者、ひいては、同じことばを用いる全ての者に対して一定の説得力を持つはずである。会話分析の成果は、結局、そのことばを用いている社会の成員が、相互行為に参加するときに用いている方法、つまり、すでに私たちが日常の相互行為の実践の中で用いている方法を鮮明に洗い出し、定式化しているのだから。

2. 会話分析研究のプロセス

　これまでの解説で会話分析の視点や立場がいくらか見えてきたと思う。それでは実際どのように研究を進めればよいのだろうか。この節では研究の進め方について順を追って解説していきたい。

2.1. データの収集

　会話分析で取り扱うデータは当然ながら人と人との会話、相互行為のデータである。それも分析者が創造した会話でなく、「自然発生的な会話」である。会話分析の手法が生み出されてまもなく(主に1960年代から1970年代にかけて)は電話会話が多数録音された。電話会話では対面会話と違い、会話参加者の音声以外の様々な要素(ジェスチャー、顔の表情、周辺の物理的環境等)が相互行為の組織に影響を与える事はほとんどないので、音声のみで十分な分析ができる。この時期に録音された電話会話データは現在の会話分析研究でも頻繁に使用されている。しかし、最近では、映像技術の発達に伴い、徐々に対面相互行為をビデオ録画してデータとするケースが多くなり、現在行われるデータ収集の大半はビデオ録画によるものといっても過言ではないだろう。もちろんあえて電話会話の分析を行う場合や電話でしか成り立たないタイプの相互行為(110番や119番への通報の電話等)を分析する例もある。

　会話分析ではなぜ自然発生的な会話データを用いるのだろうか。それは、

人(研究者)が相互行為を詳細に渡って創造(想像)するのは不可能なことであるからだ。この点について例えば Heritage (1984) は、会話参加者がある特定のコンテクスト(社会的アイデンティティや周囲状況など)を意識して会話を進める方法は無数にあり、その方法は人の想像力をはるかに超えている、と言っている (p.237)。つまり、研究者の想像力に頼った作例では実際の相互行為で起こり得ることの多くを見逃してしまうということだ。

それではそもそも自然発生的な会話とは何だろうか。まず、自然発生的な会話は「実験的」な会話とは異なる。実験的な会話では、研究者があらかじめ仮説を立て、その仮説に基づいて実験的な会話を実験参加者に遂行してもらう。会話分析では実際の会話を観察する前に前もって仮説を立てることは避けられている。仮説を立てることにより、会話の中での活動や行為が相互行為はこうあるべきであるという分析者の理想の形にすり替えられ、取り返しがつかないほど真正性が失われると考えられるからである (Heritage, 1989)。また、性別などの個人の属性による事前操作も問題であるとされる。性別などの個人の属性は会話参加者が自分自身で会話の中でそのことに志向する可能性はある(志向しない可能性もある)が、事前に会話の仕方と属性との間に関連性があると決めつけて操作されるべきものではないからだ (Schegloff, 1991, 1992a, 1992b; Hutchby and Wooffitt, 1998)。さらに、会話の中で会話参加者が志向する可能性のある属性を研究者が実際のデータを観察する前に予測することは不可能であるともいえる (Heritage, 1984)。加えて、会話分析では、「〜について話してください。」というような課題を与えて1人の実験参加者に一方的に話してもらうことによってデータを収集することも避ける。会話分析で扱うのは、話し手だけでなく、受け手が存在する会話で、後の章で明らかになるように受け手が会話の構築に話し手と同様、時にはそれ以上に貢献しているからである。

研究者によって作り出された会話や実験的な会話とほぼ同様の理由でロールプレイによる会話も自然発生的な会話とは異なる。ロールプレイの場合、研究者がロールプレイを行う被験者の発話の台本を詳細まで用意していなかったとしても、ある役割を演じる人がその場面を「想像」して発話するこ

とになるので、実際に自然発生する会話とは異なってくる。

つまり、会話分析においてデータとなりうる会話とは、私たちの生活世界において実践的な目的を伴って自然に発生する会話であり、研究目的のために意図的に行われたのではない会話である。それは家庭、職場、学校、道端、私たちの周りで日常的に行われており、データを収集していてもいなくても行われている会話である。

ここで1つ懸念されることがある。私たちがそういった自然発生的な会話を録画（または録音）しようとするとデータ収集自体が会話に新しい局面を加えてしまい、結果その新しい局面が会話に影響を与えてしまうのではないか、という心配である。この点は観察研究一般に懸念されることで、Labov (1972) はこれを「観察者の逆説 (observer's paradox)」と称し、いかなる出来事の観察も、観察すること自体によって影響を受ける、としている。単なる観察だけでなく録画や録音をする必要のある会話分析のデータ収集ではこれはさらに大きな問題のように思われる。しかしながら、実際にデータ収集をして分析を行ってみると録音・録画がそれほど大きくは影響しないことがわかる。それは次のような理由からである。

第一に、会話分析のデータ収集では、研究者はビデオ機器やオーディオ機器を設置すると、その場を立ち去り、会話が行われている間はその会話の場にいないことが多い。よって、録音・録画が為されていても、直接研究者が観察しているのに比べ影響力が少ないのである。ここで1つおもしろいエピソードがある。筆者がある英語のクラスを教えていた際に、学生たちに英語でのグループディスカッションを課した。人数が20人ぐらいいたため、5グループに分け、1つのグループにつき1つのカメラを設置し、その模様を録画した。もちろん、カメラは隠しカメラなどでなく、学生の許可を取った上で、学生の目に入るところに設置した。学生たちがディスカッションをしている間、筆者はときおり教室を回ってそれぞれのグループの様子を観に行ったが、基本的には学生たちに自由にディスカッションしてもらった。そしてそのクラスが終わった後、あるグループのディスカッションの様子の録画を観て非常に妙なことに気づいた。学生たちは筆者がそのグループに歩い

て近づいた時のみ英語で話しており、その他の時には主に日本語で話していたのである。すなわち、学生たちの相互行為は筆者の直接観察には影響されていたが、ビデオ機器による撮影には全く影響されていなかったのである。

第二に、録音録画の機器を最初に設置した時にそれらの機器の存在を気にしていた会話参加者も、通常数分後には録音録画されていることを気に掛けなくなることが多い。会話の途中、ふとした瞬間に自分たちの会話が録音録画されていることを意識することがあったとしても、それはたいていの場合一時的なことであり、会話の大半は録音録画されていてもされていなくても行われるべくして行われた会話だ。

第三に、前述のように、会話分析で取り扱う分析の焦点はトピックでなく行為であるということも、会話分析的な分析において録音・録画がそれほど大きな影響を与えない大きな理由の1つとして挙げられる。会話参加者がたとえ「録画されていること」について話していたとしても、その部分の会話の仕方がそれによって変わるわけではなく、同じ相互行為の秩序の中で「録画されていること」を語っているにすぎない。すなわち、話題が何であろうと、会話を生み出している行為の連鎖の分析にはさほど影響がないのである。ある意味で、録画されている会話に参加する者が「録画されていること」について語るのはごく自然なことであり、その点でも、そうした会話を会話分析研究の分析の対象から除く理由はない。

以上のように、会話分析で取り扱うデータは自然発生的な相互行為を録音または録画したデータである。もちろん、日常会話のみならず、制度的場面の相互行為であっても、研究目的のために意図的に行ったわけではなく、データ収集していてもしていなくても行われるべき相互行為であれば、それは実践的であり自然発生的である。例えば、教室内相互行為を録画しようとしたとする。その授業がデータ収集に使われようが使われまいが行われるべき授業であれば、これは教室という場における自然なデータということができるであろう。

さて、自然発生的な相互行為の録音・録画をデータとする会話分析研究においては、録音・録画されたデータを詳細に転写した「トランスクリプト」

を作成することが、緻密な分析を可能にする重要なステップである。次にそのデータ転写法について詳しく述べたい。

2.2. データの転写

　録音・録画されたデータは文字化という形で転写されるが、それは実際に起こった会話の部分的な表示にすぎないことに注意しよう。実際に起こった会話を完全な形で転写することは不可能であるからだ。よって、データを転写した後も、分析段階では転写されたデータ(以下、「トランスクリプト」と称す)と元の録画されたデータを両方観察しながら分析を行っていく必要がある。しかしながら、だからといって、トランスクリプトは大ざっぱに作ればよいというものではない。分析の際、トランスクリプトに目を通してから、興味を持った部分について元の録画データを再び観察していく場合も多い。また第1節で述べたように、そもそも、精度の低いトランスクリプトでは、分析を始めるにあたってまず必要となる順番交替や行為連鎖の適切な観察ができない。分析の質を担保するためにも、トランスクリプトはできるだけ実際に起こった会話に忠実に、そして精確に作りたいものである。

　会話分析における転写法は1960年代後半からGail Jeffersonによって開発されていった。Jeffersonはそれまでの会話のトランスクリプトでは笑いの始まりのタイミングや持続などのように会話分析研究において観察すべき多くの点が欠如していることに気付いた(e.g. Jefferson, 1985)。Jeffersonによって開発された転写法(Atkinson and Heritage, 1984)は社会相互行為で言語やその他の資源がいかに精密に用いられているかを理解するのに非常に役立つものであり、現在では会話分析におけるほぼ全ての研究がこの転写法を基礎として使用している。以下には主にこの転写法を日本語に応用したものを紹介する。また、ここに紹介する転写法を表としてまとめたものを付録Aとして本書の巻末に掲載する。

2.2.1. トランスクリプトの書式

　行番号は通常行ごとに(発話順番ごとではなく)入れ、ページごとに「01」

行目から始める。最初の行番号を「1」としてしまうと、10行以上の2ケタの数字の部分と間隔が合わなくなってしまうので01とするとよい。行間はあまり空けすぎるとオーバーラップなどが見にくくなる。フォントは自動的に間隔調整をしないフォントを用いることが必須で、ローマ字の場合は、courierもしくはcourier new、かな漢字の場合には、慣例としては、MS明朝もしくはMSゴシックを用いる。フォントサイズは10ptから11ptがよい。

　行番号の後には参加者の名前が続くが、使用する名前は個人情報保護の理由からたいていの場合仮名を用いる。便宜上ローマ字1字の記号（例えばA、B、Cなど）を付けることも多いが、参加者に名前をつけると様々なトランスクリプトができたときにどの会話のトランスクリプトなのか区別しやすくなるというメリットがある（下記の例を参照）。

2.2.2. 言葉の転写

　言葉を転写する場合には、どのような言葉であるべきかでなく、実際どのように発話されたかに忠実に転写する必要がある。下記に例を挙げる。

（1）［YH: 15: 03］
01　ユメ：　いまでもわっし宣伝好きよ

（2）［YH: 07: 15–16］
01　ヒロ：　うんまあ役者としてってかまあ人間性は全然知らない
02　　　　　けどさ，もちろん

上記例(1)と(2)ではそれぞれ、「わたし」という言葉が「わっし」、「ていうか」という言葉が「ってか」と発話されている。このように、会話分析のトランスクリプトでは、本来そうであるべき言葉でなく、実際に発話された通りに転写される。

　また、発話の転写は日本語の場合、読者が誰であるかによってかな表記の場合とローマ字表記の場合がある（2.2.9参照）。

2.2.3. 発話のタイミングの転写

発話の順番交替の際に2人以上の話者の発話が重なったり密着したりすることがある。音の重なりは下記の例でみられるように角括弧「［　］」で示される。

（3）［HJ Popular Sports: 12–13］
01　ジーン：　ちがうんで［しょ?］
02　ハル：　　　　　　　［ちがう］の.

上記の例では「しょ?」の部分と「ちがう」の部分が重なって発話されている。

また、発話の密着は等号「＝」で表される。下記の例ではマサの1行目の発話の後途切れがなくビルの発話が始まっている。

（4）［BM ALT: 11–12］
11　マサ：　ああALTか＝
12　ビル：　＝うん.

一方、次の発話が始まる前に何か間があると感じられる場合がある。通常発話と発話の間の間はおよそ0.1秒といわれているが、それ以上空くと参加者は「間が空いた」と感じるだろう。0.2秒以下の短い間は括弧内にピリオドをうって「(.)」と記される。

（5）［YK Old Job: 05］
05　キコ：　なんだっけ例の(.)テレアポの仕事.

0.2秒よりも長い間音が途絶えている場合は下記の例のように実際の秒数を括弧内に記す。

（6）［YH: 30: 24–28］
01　ユメ：　あそうだ．
02　　　　　（0.4）
03　ユメ：　たかのさんっ［て］
04　ヒロ：　　　　　　　［う］ん
05　ユメ：　どうなさいました?

2.2.4. プロソディーの転写

　一般に発話を転写する場合には断定文だと句点「。」を使用し、疑問文であると疑問符「？」を使用するが、会話分析では、その発話が断定文であるか疑問文であるかでなく、発話末尾の音調を捉えて以下のように転写する。

- ．（ピリオド）　語尾の音調が下がっている場合
- ，（カンマ）　　音が少し上がって弾みがついていて続きがあることを予測させる場合
- ？（疑問符）　　語尾の音が上がっている場合
- ¿（逆疑問符）　語尾の音が上記の疑問符を付けるほどには上がっていないが多少上がっている場合

　音の引き伸ばしはコロン「：」で表記される。音の伸びの長さに応じてコロンの数を増やしていく。例えば下記の例では、同じ「ね」の音でも例（7）の「ね」よりも例（8）の「ね」の方が音がより伸びているのがわかる。

（7）［DT: 01: 03］
01　タカ：　怖かったですね::

（8）［NY My Sheltie: 04–05］
01　ユメ：　そうだよね:::=
02　ナン：　=ね:::

音の強調(発話自体の音量が大きいのとは異なる)は下線「＿」で示される。例えば次の例では「予約」という言葉が強く発話されている。

(9)　［NI: 18: 491］
01　イヨ：　そういう予約をとったりとか-するのもた：いへん

発話の音量自体が大きい場合は、かな漢字表記の場合は斜体を用いて音が大きいことを示し、ローマ字表記の場合には大文字で示す。以下に同じ例をかな漢字表記とローマ字表記で示す。なお、いずれの場合もトランスクリプトに示されている「(h)」は後に説明するように呼気音である。

(10)　［SY Germany: 01］
01　ヨネ：　で,そのおじさんについて行って30分ば：：：っと走り
02　　　　　回っ(h)て?

(10')　［SY Germany: 01］
01　Yone: de sono ojisan ni tsuite itte sanjuppun BA::: tto
02　　　　 hashiri mawatt(h)eh?

逆に声が小さい部分は前後を「°」で囲む。

(11)　［YH: 01: 30–02: 05］
01　ユメ：　え：：とジェニファーロペスとかあの：：あれあれ
02　　　　　あれなんだっけ.(.)え：：と(.)う：：：ん(.)
03　　　　　有名な人.郷ひろみがカバーした人.°曲の.°(.)
04　　　　　[°人.°]
05　ヒロ：　[う：ん]
06　　　　　(・)
07　ヒロ：　°知らない.°

発話者はよく何かを言いかけて途中でその言葉を止めて言い直したり、発話を放棄したりすることがある。そのような音の途切れはハイフン「-」で示される。例(12)では「ちょっと」と「おもし」で音が一度途切れている。

(12) ［YK Takarazuka: 01］
01 　ユウコ：　ああでもちょっと- ねえ,おもし-おもしろそうって
02 　　　　　　言ったらあれだけど.

音の調子の急な上昇や下降は、その直前に、それぞれ上向き矢印「↑」と下向き矢印「↓」を挿入する。下記にそれぞれの例を挙げる。(13)では「も」で急に音の調子が上がっており、(14)では「て」や「た」で急な音の下降がみられる。

(13) ［AM2 American English 13–14］
01 　トモ：　中学校でも高校でも大学で教えて↑も.hh アメリカ英語だし:

(14) ［Kanako Murakami 2013 All Japan 28–29］
01 　IR：　そし↓て表彰台が確定し↓たその順位に関し↓て.hh オリンピ
02 　　　　ックも近づいたと思いますがh.

また、他の部分より目立って早いスピードで発話された部分は左開きの不等号と右開きの不等号「＞　＜」で囲まれ、逆に目立って遅いスピードで発話された部分は右開きの不等号と左開きの不等号「＜　＞」で囲まれる。

(15) ［TT Severe Business Condition: 02–03］
01 　トモ：　＞そうするとひとりが＜=
02 　タケ：　=ひとりひとりが負担はかなり

(16) ［TM Oasaka Bakery: 03］
01　トモ：　あの ＜京都弁＞ っていうのはすごく滑らかで:

発話に笑いが含まれているわけではないが、明らかに笑い顔でなされているということがあり、その場合は当該箇所を「￥」で囲む。

(17) ［YH: 06-17-18］
01　ゆめ：　うん.￥もうみんないってますよ[>かなり<￥]
02　ひろ：　　　　　　　　　　　　　　　　［　なにが？　］
03　ゆめ：　￥むかしの私たちの頃のアイドルは￥もうuhhuhhu[hhuh.hhuh　]

発話がかすれた声になった部分はシャープ「#」で囲む。

(18) ［Mao Asada 2013 All Japan: 01:30-02:01］
01　AM：　>°そう.で°<=ま　あの:#::# この(0.3)全日本で:感じた
02　　　　くやしさを:

2.2.5. 言語音以外のスピーチ音の転写
　会話参加者は会話の中で言語音以外の音も発する。会話参加者の発する様々な音の中からここでは特に重要視されていて記述が一般化されているものを挙げる。
　まず、呼気音は「h」で記される。呼気音が長くなるごとにhの数を増やしていく。

(19) ［Miki Ando All Japan: 18-19］
01　MK：　ほんとに:あの::hhB級試合でしたけれども国際試合に
02　　　　出しても出させていただいて.

吸気音は「.h」で示される。吸気音の長さに応じてhの数を調整する。

(20) ［Yuki-Yone: 45: 1025–1026］
01　ユキ：　.hhh あの::::私とかあの::::ノートブック型は高い
02　　　　　あの::::　高いんですけど,

笑いを表すには呼気音の記号用いる。笑いながら産出される発話は、「(h)」を挿入することで示される。

(21) ［YK Old Job: 01–02］
01　ユウコ：　自分が何を話してるんだ(h)かわか(h)らな(h)く(h)
02　　　　　　な(h)っちゃ(h)う時あるでしょ.

話しながらでない笑いも「hh」や「.hh」を組み合わせることで示される。

(22) ［NI: 13: 271–274］
01　イヨ：　病気がよってこ(h)ないの？　［アレルギ(h)ー　がh？］
02　ナエ：　　　　　　　　　　　　　　　［uhhuhhuhhuhhuhhuh］
03　　　　　　　.hhih=
04　イヨ：　=¥ちがうよ::::¥

2.2.6. 聞き取りに問題がある場合の表記

　転写をしていると時折、聞き取ることが困難な部分がでてくる。そのような聞き取り困難な発話はおそらくこうであろうという発話を表記して括弧「(　)」でくくるか、それも無理である場合には括弧の中に点線で示すか括弧を空欄スペースにする。括弧の中の点線の長さやスペースの長さは発話のおよその長さに応じて調整する。

(23) ［NI: 13: 292–295］
01　イヨ：　7時すぎ-7時にはほんとは出たいんだって.おうちを.
02　ナエ：　(寝られなくない？)

03　イヨ：　だ(h)か(h)ら私は起きない．

(24)　［YM: 07: 21–22］
01　ヨウコ：　私みたいなの｡°(………)°
02　マコ：　え::::::そんなことないんだけどどうかな．

2.2.7. 転写する人のコメント
　発話の背景や要約、その他の転写する人のコメントは二重括弧「((　))」で囲まれる。

(25)　［Haru-Jean: 31］
((この直前にハルがジーンに10歳までは宇都宮で野球をやっていたという話をした。))
01　ハル：　で浦和に来たらみんなね:だれもいないの．そういうひと．

2.2.8. 事例のデータIDの表示
　論文等でデータの断片を事例として提示する際には、それがどの会話のトランスクリプトのどの部分からの抜粋であるかが分かるように、(通常は事例番号の横に)トランスクリプトのタイトルとページ番号、行番号を標記しておくことが多い。会話分析的研究では、一度分析した断片を再分析して分析を深めたり、別の視点から分析することがあるので、その断片を含む部分を再分析したり、その部分の音声・映像データを確認する際に便利である。例えば、

［YM: 07: 21–22］

という標記は、「YM」というタイトルが付けられたトランスクリプトの7ページ目の21行目～22行目の抜粋であることを示している。

2.2.9. 英語論文、英語レポートの際のトランスクリプト
　日本語の会話を英語の論文やレポートに示す際にはローマ字で転写をし、

英語訳をつける必要がある。会話分析の研究においては、トランスクリプトを観察するすべての人がトランスクリプトをみて分析をして著者の分析の妥当性、信頼性を確認できるように配慮すべきである。よって、日本語非母語話者が論文やレポートの中のトランスクリプトをみて分析ができるようにするために、単なる意訳だけでなく単語ごとの訳もつける必要がある。結果、下記の例にみられるように、発話自体、単語ごとの訳、意訳の3行がトランスクリプトに記されるのが通常だ。下記の例の単語ごとの訳の中にみられるNomはnominative particle (一が)、Tagはtag question (じゃない、じゃん等)の略である (これらの略語についてはHayashi, 2003a; Mori, 1999; Tanaka, 1999などを参照のこと。著者によって若干の違いがあり、完全に統一されているわけではない)。

```
(26)  [ST Crab Festival: 01]
01  Tomo: <demo hora    Nihhan: ga   aru    janai.
             but   you know Nihhan   Nom exist Tag
             "But you know, there is Nihhan, right?"
02         Urawa ni  aru    jan.
           Urawa in exist Tag
           "in Urawa, right?"
```

2.2.10. ノンバーバル要素の転写

対面会話においてはノンバーバル要素が大変重要な役割を果たすことが多い。よって、対面会話の会話分析研究においてはその会話で大きな役割を持つノンバーバル要素を転写することが増えている。ノンバーバル要素の起きた正確なタイミングや持続性が特に重要でない場合には上記の転写する人のコメントに使用する二重括弧「(( ))」の中に記すことも多い。ノンバーバル要素の記述の仕方は研究者によって様々であり、各研究者が自分の研究の焦点に合わせ、トランスクリプトを観察する読者が理解しやすいように工夫して転写している。ここでは比較的多くの研究者が使用する視線の転写法

(Atkinson and Heritage, 1984)についてのみ、解説しておく。この記述法においては話し手の視線は発話の上に、そして受け手の視線は発話の下に記す。直線は会話参加者が会話相手の方に視線を向けていることを示す。点（...）は視線を向ける動き、コンマ（,,,）は視線をそらす動きを示す。例えば、下記の例においては、話し手は「昨日ね，」という発話をしている間に受け手の方に視線を向け、「だけど」と発話する間に視線を受け手からそらしている。一方受け手は、話し手が「昨日ね，」と言い終えたタイミングで話し手の方に視線を向け始め、その後話し手の順番の最後まで話し手の方に視線を向けている。

(27) ［Invented］
話し手　　.....＿＿＿＿＿＿＿＿＿＿＿＿＿＿,,,,
　　　　　昨日ね，うちの妹と買い物行ったんだけど
受け手　　　　　　　....＿＿＿＿＿＿＿＿＿＿＿＿

視線を記述する方法はこの他にもRossano(2012, 2013)などを参照してほしい。
　またその他のノンバーバル要素の記述については、Atkinson(1984)、Goodwin(1987, 2000)、Heath(1986)など数多くの文献に記されているので参照して自分の研究に最もふさわしい転写法を選択してほしい（例として第6章例(1)、第8章、図1参照）。

2.3. データ分析のステップ

　相互行為データを録音録画することによって収集し、トランスクリプトを作成したら、いよいよ分析に入る。ここで重要なのは、トランスクリプトを作ったからといって、トランスクリプトだけを観て分析をしないということだ。相互行為の詳細を完璧な形でトランスクリプトに転写することは不可能である。よって、トランスクリプトがあっても、元の録音録画されたデータとトランスクリプトの両方を見比べながら分析を進め、必要があればその時点でトランスクリプトを修正する。

さて、分析する際に覚えておきたいのは、観察する前に先入観を持たないということだ。前述のように、会話参加者自身が会話の中で性別や国籍などの個人の属性に志向することはある（当然、しないこともある）が、分析者が事前にある属性がその相互行為に関連性のあるものだと決めつけて分析するべきではない（Schegloff, 1991, 1992b; Hutchby and Wooffitt, 1998）。データを観察し始める時はある特定の現象を探そうといった動機を持たずに観察をするべきである（Psathas, 1995; Sacks, 1984）。

まず1つの短い会話の断片を手に取って特定の観察動機を持たずに観察をしてみよう。観察のポイントはあくまでもその会話に実際に参加している会話参加者の立場に立つことである。会話参加者がそれぞれの瞬間にどんなことに志向しているのか、どのようなことがその会話に関連性があると捉えているのか、そしてどのような会話資源を駆使して行為の産出と理解を達成しているのか、などを観察する。つまり、まずは、1つの断片の分析（single case analysis）を通じて、特定の会話において、会話参加者がその特定の文脈に敏感な仕方で（context-sensitive）いかなる相互行為資源を用いてどのように会話を進めているのかを解明することである。

しかしながら、会話分析の研究は1つの断片の分析に留まらない。ある1つの断片の分析で観察された現象が果たしてその会話の他の部分、またはそれとは別の会話でも起こっているのかどうかを確かめる必要がある。もし、同じような現象、または似たような現象が複数観察できるようであれば、その事例を集めて一般に「コレクション」と呼ばれるものを作る。そして、集めた事例に含まれる現象が、参加者が何らかの相互行為的課題を解決する「方法」として捉えられるかどうかを吟味し、それが方法として捉えられる場合には、特定の文脈や状況に縛られない形（context-free）での定式化を試みるのである。後の章で紹介する会話における順番交替の組織、隣接ペアなどは、そのような、文脈に束縛されない定式化が成功した例とみなすことができる。しかし、常にそのような成功に至るわけではない。1つの断片の分析で観察されて、おそらくこれは他の会話でも起こりうるであろう、と思ったことが必ずしも他の会話で起きているとは限らない。よって、「コレク

ション」を作るつもりで数多くのデータを観察し始めて途中で行き詰まることはよくある。そういった時に、あきらめて、全くちがった現象に目を向けるのか、またはちょっと視点を変えて最初の会話例を見直してみるのかはケースバイケースである。

さて、コレクションを作っていくうちに、たいていの場合どうしても他の例を観察して作成した記述が当てはまらない例が出てくる。このような場合、そうした「逸脱事例」についても詳細な分析を行う (deviant case analysis)。というのも、「逸脱事例」は、未だ現象全体の記述が不十分なために逸脱のようにみえるという可能性もあるからだ。よって、逸脱事例をも含むように記述を修正することにより、より精確に現象を捉えることができ、適切な定式化に至る可能性もあるのである。ここで有名なSchegloffの研究 (Schegloff, 1968) を例に挙げたい。Schegloffは、電話会話の始まりの部分500例を検証して「電話の受け手が先に発話する」という最初の記述をした。しかしながら、その中に1つだけこの記述が当てはまらない例があった。その例では電話の掛け手 (警官) が先に発話していたのである。

(28) ［Police Make Call (Schegloff, 1968)　日本語訳は筆者による］
((受話器が取られて1秒の間が空く))
警官：　　　　　もしもし．
電話の受け手：　アメリカンレッドクロスです．
警官：　　　　　もしもし，警察本部です．あ，ストラットン巡査です．

この例には最初の記述があてはまらなかったのである。ここでSchegloffには2つの選択肢があった。この1例を取るに足らないものとして無視するのか、またはもう1回データ全体を見直して最初の記述が妥当なものであるかどうかを再考慮するか、である。Schegloffは後者を選択し、この逸脱事例を考慮した上で、電話の開始部のやりとりについて「誰が電話に最初に出るか」に着目した記述から、「電話をかけて呼び出し音を鳴らす行為とそれに応じる行為」という見方に変えて、［呼び出し］－［応答］(summons-

answer) という連鎖の発見につなげた。上記の逸脱事例は、この［呼び出し］
－［応答］という行為の連鎖が生じていると見れば、逸脱ではなく、むし
ろ、参加者が同じ規範に志向した結果として理解できる。電話の呼び出し音
が最初の［呼び出し］で、その呼び出し音を聞いた者が受話器を取って応じ
るのが［応答］である。この2つの行為が連鎖するという期待があるとす
れば、もし、1秒経っても受け手が何も言わなければ、［応答］の「不在」
と理解される。つまり、呼び出し音は掛け手による［呼び出し］の行為であ
るがゆえに呼び出し音が鳴ったら受け手はそれに［応答］する、という規範
があるからこそ、応答が欠如していた時にその欠如に電話の掛け手が志向し
て、もう一度今度は言葉（もしもし）による呼び出しを行ったのである。以上
のように、Schegloff は500例の中の1例が最初の記述に当てはまらなかっ
たために、最初の記述を再検討し、500例すべての例に当てはまる記述に書
き換え、そして、（固定）電話会話の開始のみならず、相互行為の開始に関す
るより一般的な秩序を見出したのである。このように、逸脱事例の分析によ
り、会話参加者の相互行為秩序への志向がより明確になることもあるのだ。

2.4. データ収集と使用に関する倫理問題

　会話分析の研究では実際の会話を録音録画してそれをデータとして用いる
ため、データの収集と取扱いは慎重にする必要性がある。調査協力者の人権
の保護は極めて重要で、研究参加者に研究の目的を明確に説明し、事前の合
意を得ることは必須である。データ収録前に承諾書を各参加者に配布し、収
録したデータの使用が予測される諸状況について書面上で使用許可・不許可
の意思を確認する。研究参加者が望まない形でのデータの流出が生じないよ
う、収録済みのDVテープ、電子ファイル、データが保存されたハードディ
スク、トランスクリプト等の資料は厳重に管理する。場面と会話参加者に
よって作成する承諾書は異なるので、前もってどのような承諾書が必要なの
かよく調べてから作成するとよい。日常会話のデータを収集する場合にも最
低限付録Bにあるような承諾書が必要である。近年では、大学や研究組織
が人を対象とする研究についての研究倫理を規定し、研究に着手する前に倫

理委員会の審査を通過することが求められている場合も多いので、所属組織の倫理規定をよく調べた上でデータ収集に取り組むべきだろう。

2.5. 会話分析研究の信頼性、妥当性、客観性

　他の多くの研究領域と同様に、会話分析についても、信頼性、妥当性、客観性について問われることが頻繁にある。そこでこの節では会話分析研究の信頼性 (reliability)、妥当性 (validity)、客観性 (objectivity) について解説しておきたい。会話分析研究では個々の事例を詳細かつ厳密に分析し、記述するので、少数の断片の分析だけで論文としてまとめられる場合もある。そのため、単なるケーススタディであるように思われがちである。しかしながら、実は他の研究方法と比較しても会話分析研究の信頼性、妥当性、客観性は非常に高いと言える。

　会話分析研究は量的研究の要素と質的研究の要素の両方を含んでいる。特定の現象を含む数多くの会話データを収集し体系的に考察するのが基本であるという観点からみると量的研究に近い部分もある。一方、1つの事例をミクロのレベルで検証する (Clayman and Gill, 2012) という側面に注目すると質的研究でもある。そこでここでは信頼性、妥当性、客観性、といった量的研究によく用いられる用語を使って会話分析の研究法の正当化を試みると同時に、質的研究で使用される確実性 (dependability)、信憑性 (credibility)、転用可能性 (transferability)、確証性 (confirmability) にも当てはめて論じていきたいと思う。

2.5.1. 信頼性

　量的研究において信頼性 (reliability) とは研究の結果が一貫して安定的なものであるかどうかを指す (Brown, 1988; Nunan, 1992)。質的研究においてこれに相当するものは「確実性 (dependability)」と言えるだろう。Edge と Richards (Edge and Richards, 1998) によれば、質的研究における確実性とは、予期せぬ状況変化および研究参加者や研究デザインの変更についての情報を十分に提供することによりその研究で得た結果がその研究の文脈内で正当化

しうるものになっているかどうかの程度である (Lincoln and Guba, 1985)。つまり量的研究においても質的研究においても研究結果の安定性ということが求められる。

　信頼性はさらに内部信頼性と外部信頼性に分けられる。内部信頼性とは、データ収集、分析、解釈が一貫したものであると判断されるかどうかのことで、外部信頼性は他の研究者が同様の研究をした時に元の研究と同じような結果を得られるかどうかである。

　会話分析研究では内部信頼性はいくつかのステップを踏むことによって高くなる。第一に、会話分析研究の論文では実際のデータを詳細に転写したトランスクリプトを掲載した上で著者の分析と解釈を論じる。よって読者もそのトランスクリプトを検証して著者の分析と解釈の一貫性を評価することができる (Clayman and Gill, 2012; Heritage, 1984)。第二に、会話分析の研究者は研究を進めていく過程で通常、他の会話分析研究者とデータセッションなどの場で研究の軸となる数々の事例を公開し、そのデータの分析と解釈について意見を交わして自身の解釈を確認したり修正したりを繰り返す。この研究段階は質的研究で研究監査 (inquiry audits) (Lincoln and Guba, 1985) と呼ばれている研究段階に類似している。質的研究では信頼性（確実性）を高めるために外部の研究熟練者の分析と解釈の一貫性を確認してもらう。第三に、会話分析の研究目的そのものが数多くの事例において観察可能な一貫性と規則性を探求することにあるので、会話分析研究における分析結果とその解釈は誰が見ても一貫しているものであるはずである (Schegloff, 1996a; Sacks, Schegloff, and Jefferson, 1974)。

　外部信頼性は、会話分析研究では、まずその論文においてトランスクリプトを提示することによって保証される。さらに、近年では多くの会話分析者がトランスクリプトだけでなくオーディオおよびビデオのデータを公開しており、研究の再現性、つまり外部信頼性は繰り返し立証されている。また、前述のように、会話分析研究では逸脱事例の分析を行うことにより信頼性を高める。一般に研究において最も深刻な問題は研究者の主張や概念に矛盾する現象を無視することである (Maxwell, 1996)。会話分析研究では、逸脱し

た事例を無視するのでなく、そういった事例をも含んだ形での記述を求める。逸脱事例の分析を行うことは真実と現実に正面から向き合うことでもあると同時に、それが確かに人々の方法として志向されていることを確認することになる。よって、他の研究者が同様の研究をした時にもその見い出された人々の方法を観察できる可能性が高くなる。

2.5.2. 妥当性

　研究の妥当性（validity）はその研究から得られた結果が研究の意図に則しているか、ということである（Brown, 1988; Nunan, 1992）。妥当性は内部妥当性と外部妥当性に分けられる。

　量的研究における内部妥当性は研究から得られた結果は純粋にその研究で明示されている変数によるものなのか、つまり変数と研究結果の因果関係が確かなものであるか、ということである（Brown, 1988: 40）。質的研究における内部妥当性（質的研究では一般に「信憑性（credibility）」と称す）はその研究による観察と解釈が、その研究の意図に即して現実を正確に描写しているか、ということである（Davis, 1992, 1995; Lincoln and Guba, 1985）。よって、量的研究でも質的研究でも内部妥当性の根本にあるのは「真実性」ということである。

　外部妥当性は量的研究では研究の結果がどの程度一般的なものであるかの程度を指し、質的研究では研究結果がその研究の参加者以外の人や場所にどの程度あてはまるか（一般に「転用可能性（transferability）」と称されている）を指す。よって、どちらの研究方法においても外部妥当性では研究結果の普遍性が求められる。

　会話分析研究では内部妥当性も確保できる。第一に、会話分析研究においては前もって何について調査するのかを決めて分析を開始するのでなく、調査対象の現象はデータ観察の過程で見出す（本章 1.3 参照）。つまり、何について調査するかを決定する前にデータの観察を行い、性別や母語言語などによる外的な差はデータそのものの中から見出されるものなので、当然ながらそれらの外的な差と研究結果の因果関係は非常に強く、その結びつきは「真

実」である。第二に、会話分析研究では録音・録画された元のデータとそれを転写したトランスクリプトを繰り返し観察して実際にその会話の中で起こったことに基づいて研究結果を発表しているため、その研究による分析や解釈は、その研究を通して観察された現実を正確に捉えているはずである。第三に、会話分析研究は会話参加者が発話とその他の行為（身体の動きなど）によって公然化したことのみにもとづいて分析する。従って、分析を通して主張されることは研究者の考え出した概念や解釈ではなく会話参加者自身が会話の中で志向したことの記述なのである。第四に、会話分析では通常その研究者がその文化の成員として馴染みの深い社会における会話を分析する。よって、会話分析研究では他の質的研究と同様、調査対象の社会への長期間に渡る参加が求められているのである。調査対象の社会への長期間に渡る参加により、研究者はその社会の成員としての知識を駆使して現象の記述と解釈を行うのである。

　外部妥当性とは研究の結果がどの程度一般化できるものであるか、ということである。会話分析研究ではそれぞれの事例を1つずつ詳細に記述するが、研究の目的は集めた多くの事例を包括的に説明しうる記述に至ることである。最終的な目的は収集した事例に観察される現象が相互行為上の問題を解決する何らかの「方法」として捉えられるかどうかを検証し、それが確かに参加者の用いる「方法」だとわかった場合には特定の文脈に縛られない形での定式化に発展させることである。言い換えれば、会話分析研究の主要目的は分析結果の定式化を図ることにより相互行為における秩序とそれを産み出すメカニズムを解明することにあるので、その研究結果は広く一般化できるものである。

2.5.3. 客観性

　量的研究における客観性（objectivity）は研究の調査と結果がどの程度客観的に検証されているのか、ということである。多くの質的研究では客観性は「確証性（confirmability）」と呼ばれている（Davis, 1992, 1995）。確証性は研究者の支持する見解、立場、および価値に沿ってその現象の存在を立証した上

で研究における記述が客観的事実と適合する程度を指す（Edge and Richards, 1998）。

会話分析研究では分析と解釈の元となる抜粋が読者に提供される。つまり分析と解釈の客観性は常に読者の目にさらされるのである。また、研究結果が発表される前の段階でも先に述べたデータセッションの場などで生のデータを他の数多くの会話分析者に公開してデータを客観的に観察して議論を重ねていくため、研究結果が発表される前に客観性は非常に高いものになっている。

以上のように、会話分析において信頼性、妥当性、および客観性を保証することは、その方法論の中に組み込まれていると言えよう。

3. おわりに

本章では、会話分析の立場と分析の視点、および研究のプロセスについて解説した[8]。実際には、会話分析の視点を説明する文章をいろいろと読んでも、いざ自分のデータを用いて自分で会話分析の枠組みで研究を進めようとしたときに、どこからどう初めて何をどうみれば良いのか途方に暮れる、という初学者の悩みをしばしば耳にする。本章では、少しでもこのような悩みの解決につながるよう、どう分析に取り組みどのように研究を進めるか、できるだけ具体的なイメージや感覚を得るのに役立つような解説を試みたつもりだ。

前章と本章を通して、会話分析が何をめざしているのか、またその到達点へ至る道筋として踏まえるべきポイントを提示した。会話分析に「特異」なスタイルと考えられているいくつかのこと（例えば、非常に精密なトランスクリプトを作成することや、1つ1つの事例を実に詳細に分析すること、他の会話分析研究者とデータを検討するデータセッションを重視することなど）が、それぞれ、研究の目的を達成するために重要な役割を担っていることがおわかりだろう。

次章以降で会話分析の分析概念の具体的な解説を読み進めて頂く際には、

本章の第 1 節で Schiffrin の分析を検討したことの意義を常に念頭において頂きたい。データを前にしてまず問うべきことは、常に、「今ここ」の状況でこの発話を通してこの話者はどのような行為を実現しているのか、その行為は受け手にどのように受け止められているのか、ということである。これから(特に第 3 章～第 5 章で)説明していく分析概念は、その問いに対して、できるだけ厳密に答えるための手がかりを与える道具である。また、今みている相互行為がどのように成り立っているのか、その基本的な骨組みを理解するためのガイドでもある。解説を丹念に読み進め、分析概念を正確に把握することに努めていく過程が会話分析的な視点を身につける過程と重なるものとなるように心がけた。そして、会話分析的な視点を身につけることによって、分析概念を適切に利用するための感覚も掴んで頂けるだろう。

注
1 語用論的な立場と会話分析の違いを論じた論考としては、串田(2006b)が参考になる。
2 「相互行為の社会言語学」は、会話分析の視点を援用して文法現象を捉えようとする相互行為言語学(Interactional Linguistics)とは異なるので、注意されたい。相互行為言語学については、第 8 章で解説する。「相互行為の社会言語学」とは、人類学者 John Gumperz と社会学者 Erving Goffman の研究(第 1 章参照)を主な知的源流として、話者が属する文化や性別、社会的地位、相互行為の相手との関係などが相互行為のあり方に反映されるという前提のもと、それらがコンテクストや互いの理解にどのように影響を与えるか、その関係性を探るアプローチである。
3 以下で取り上げる Schiffrin の議論についての批評は、この部分に限定したものであり、この本全体の質や Schiffrin の談話分析研究者としての資質に疑問を呈するものではないことを強調しておきたい。
4 ここで、1)と 2)について詳しく説明する必要はないだろう。というのも、本書全体が、ある意味で、これらの前提の妥当性を、具体例を通して示す試みでもあるからだ。本書を読了された読者が、会話データを質的に分析する方法としての会話分析の有効性を認める場合には、これらの前提はすでに実感として共有されているということになるだろう。3)については、一言補足しておこう。会話分析で

は、相互行為は「余す所なく秩序立っている (order at all points)」(Sacks, 1992: I: 484) と考える。基本的に、人は、相互行為の中で、文字通り「意味不明」なことはしない。(もし「意味不明」なことをすれば、「異常な」事態として際立ち、様々な特別な対応が試みられるだろう。)つまり、相互行為は隅々まで秩序立っているはずである。ゆえに、予め特定の事柄を「観察に値しない」と決めつけることはしないのだ。

5　Schiffrin は、there 構文による事物への言及が、「トピックの管理 (topic management)」とどのように関連付けられるかという問題も取り上げているが、紙幅の都合で、この議論についてはここでは検討しない。

6　予想できることだが、Schiffrin がこの部分で提示している断片において、語りの導入として、ある事物の存在を告げる there 構文はもっぱら IVEE によって、完全に「知らない者」として自身を位置づける質問の there 構文は IVER によって産出されている。

7　Schiffrin による、「独立的な隣接ペア」の応答部分に there 構文が「投射される」という説明 (p.15) と比較されたい。Schiffrin の説明は、既存の構造 (隣接ペア) が特定の言語形式 (there 構文) の使用の分布に反映されていることを示すことを目的としている。一方、会話分析では、ある特定の位置で繰り返しある特定の形式が用いられるのは、相互行為的に繰り返し生じる何らかの課題がその位置でその形式を用いることによって解決されるからであるとみなす。その上で、その相互行為上の課題を特定し、その位置でその形式が用いられることとの関係を明らかにすることをめざす。

8　会話分析の立場や視点を解説する日本語の概論書・入門書がすでにいくらかあるので (好井・山田・西阪, 1999、串田・好井, 2010、串田, 2006a、前田・水川・岡田, 2007 など)、他の、異なる角度や焦点からの解説も是非読んで頂きたい。

第3章 順番交替の組織

　子どもが最初に学ぶ社会的スキルの1つとして、「順番を待つこと」がある。公園の遊具の前や街中で、行列に並んでいる親子連れのやりとりに耳を傾けると、必ずといっていいほど、「じゅんばんこね！」と、待ちきれなくてそわそわしている子どもに親が声をかける。それほどに、「順番」とは、社会秩序の基盤に関わるもので、人は、早くから道徳的規範としてそれを学ぶ。「順番」とは、通常、何らかの次元で価値あるモノや機会を、公平に分配する基本的な社会的組織の1つと言える。

　さて、人が「会話」という言葉のやりとりに参加するとき、「言葉を発する機会」が価値あるものであることに誰も異論はないだろう。また、「言葉を発する機会」は、同時に複数の人には与えられないということも明らかだろう。ならば、「自然な会話」が成り立っている限り、そこでも、何らかの「順番」の交替のシステムが働いていると考えることは、突飛ではない[1]。本章では、会話分析の礎を築いたともいえる、Sacks, Schegloff, Jefferson の3名による日常会話における「順番交替のシステム」の記述 (Sacks, Schegloff and Jefferson (1974)、以下 SSJ) がいかなるものかを詳説していく。

1. 順番交替システムという社会秩序

　会話における「言葉を発する機会」は、他の多くの価値あるモノや機会の分配においては存在しない問題を含んでいる。会話における「言葉を発する機会」は、もちろん、目に見えるモノではないし、何か予め決められた時間

や特定の出来事の生起を参照して順番交替のタイミングを判断できるわけではない。例えば、自分の直前に並んでいた子どもが滑り台を滑り終えて滑り台から離れたら、自分が滑る順番だということは、2〜3歳の子どもでも問題なく理解できる。実際の日常会話の録音データを綿密に書き起こしてみるとすぐに実感できるのだが、発言の順番が交替するタイミングは、一見無秩序で、一体何を契機に順番が交替しているのか、一律の基準を提示するのはおよそ不可能にみえる。

　しかし、本章では、SSJ が提唱した会話における順番交替のシステムの解説を通して、実は、会話の順番交替は、極めて秩序立っていることを示したい。また、SSJ が捉えた**順番交替システム**は、会話という活動にみられる様々な現象のうちの1つというよりも、私たちが慣れ親しんでいるような自然な「日常会話」を生み出す「原動装置」のようなものであることもみえてくるだろう。すなわち、この SSJ で展開されている議論は、徹底的な具体的事例（データ）の観察に基づく分析を通して、会話に参加する者は誰しも経験している発話の順番に関わる事柄の集積を、精密な「装置」のアウトプットとして捉えることができるように、その「装置」の見取り図を提示するものである。これによって、これまで感覚的に捉えられていた様々な現象について、順番交替システムの視点から厳密かつ説得的な説明を与えることが可能になり、会話分析にとどまらず、実際の会話をデータとする質的な研究に対して極めて重大な知見がもたらされる。間違いなく、SSJ は、会話分析の専門的学術論文としては、最初に読むべきものの1つである。しかし、決して読み易い論文ではなく、特に非母語話者には、可能な限り精確な言い回しをねらった文体がさらに難解さを導いているように思われ、議論の趣旨がみえにくいところもあろう。

　会話分析を専門的に学ぼうとする読者は、いずれかの機会で SSJ の原典を精読すべきだが、本章では、そうした将来の会話分析研究者の手引きともなるような解説を日本語会話のデータを用いながら試みる[2]。また本章の最後では、この順番交替システムの考え方を日本語会話の分析に適用する際の注意点について述べておきたい。

2. 会話の諸特徴

　SSJ は膨大な量の英語日常会話の録音データの観察に基づいて、「会話」という活動の特徴として、以下の 14 の点を挙げている。

1. 話し手の交替は繰り返される。少なくとも、1 回は起こる。
2. 1 度に 1 人が話している（つまり、1 人ずつ話している）状況が大半。
3. 1 度に 2 人以上が話している状況も起こるが、短い。
4. とぎれなく、重なることなく話し手が交替する場合がほとんど。
5. 発言の順番はあらかじめ決められていない。
6. 話し手が発言の順番を占める時間的長さはあらかじめ決められていない。
7. 会話自体の長さはあらかじめ決められていない。
8. 会話の参加者が何を言うかということはあらかじめ決められていない。
9. 誰がどれだけ順番を取るか、その割合はあらかじめ決められていない。
10. 会話の参加者の数は様々である。
11. 話が切れ目なく続いたり、途中で途切れたりする。
12. 順番を割り当てる何らかの方法が用いられている。現在の話し手が次の話し手を選択したり、現在の話し手以外の誰かが自ら次の話し手になることを選択して話し始めたりする。
13. 順番を構成する単位は様々である。1 単語であったり、1 文であったりする。
14. 順番交替がうまくいかない場合に修復する手立てが存在する。例えば、2 人が同時に話し始めた場合、そのうちの 1 人が途中で発話を止めることでこのトラブルを修復するというように。

つまり、このような事実がいかなる会話にも観察されるとすれば、順番交替

システムの「モデル」[3]として提示されるべきものは、これらの事実と両立可能である、もしくは、これらの事実を生み出すようなものでなければならない。

ひとまず、上記の諸事実が一様に指し示していることを確認しておこう。それは、会話という活動では、基本的に、参加者の間で、予め取り決められていることが・ない・、ということだ。つまり、順番交替のシステムは、1)会話の当事者(参加者自身)によって実践され、2)局所的に(その都度)適用されるようなものであり、3)相手の現時点における行為に対して、即座に、かつ敏感に対応することを可能にする、というような性質を備えているものでなければならない。すなわち、それは、具体的状況の中で初めて作動する装置である。一方で、それは、誰もが、いつでもどこでも、「会話」をする際に利用できるものでなければならない。この意味において、会話の順番交替システムとは、極めて文脈・状況に敏感に作動するものでありながら、文脈・状況に縛られず、どのような場合でも同様に作動する仕組みを持つはずである。SSJの「モデル」は、そのような一見矛盾するような性質を併せ持つ「装置」の見取り図を見事に描き出していよう。では、SSJが提示した順番交替システムを具体的にみていこう。

3. Sacks, Schegloff and Jefferson (1974)のモデル

SSJは、順番交替システムが、2つの構成部分(つまり、「装置」を構成するパーツ)と1つの規則群(つまり、作動の制御方式)から成っていると捉える。

3.1. 順番の組み立てに関わる部分

話し手は、順番を組み立てている際に、様々な単位タイプ(unit type)を用いる。ここでいう単位タイプは、順番を構成する最小の単位であり、1つの重要な性質を共有している。それは、その単位が、おおむねどのあたりで、どのような形で終わりそうなのかを受け手が予測できるような構造を持って

いる、ということである。このような単位タイプを**順番構成単位**（turn constructional unit、以下 **TCU**）と呼ぶ。単語、句、節、文などの様々な文法的単位が TCU になりうるが、従来の言語学的な文法単位では捉えられないような単位タイプもありうる。文法（つまり、語句の配置に関する規則）は、もちろん、現在産出されている途中の発話について、受け手が「どのあたりで、どのような形で終わりそうなのかを予測」するための重要な手がかりとして利用できるが、TCU が必ず文という単位と一致するわけではなく、また、TCU の構築には文法以外の要素も関わっている。例えば、プロソディーや対面会話においては視線や身体的ふるまいも、TCU の完結点の予測に重要な役割を担っているだろう。会話の参加者は、そのとき、その場で利用できる様々な資源を用いて TCU を構築し、その完結点を予測可能にする。これらの様々な言語的・非言語的資源が一様に指し示す完結点が、ある１つの社会的行為の完結点とみなせる時点と重なるとき、そこがその TCU の**完結可能な点**（possible completion point）として認識される。発話を社会的行為の水準で捉える会話分析において、発話の順番はつまり「行為」の順番であるから（第 1、2、4 章参照）、当然、TCU は行為の単位であり、その完結点は、ある１つの行為が完結したと聞ける時点であるはずだ。そして、このときの「行為」とは、発話（という形で実現されていること）を差し向けられた者が、さらなる相互行為の展開に貢献するべく、それに対する反応として、何らかの「次の」行為を産出することが可能／適切となることが直ちに了解できるような性質を持つものとして捉えられよう。

　話し手は、まずは、１つの TCU を産出する権利を得る。逆にいえば、一度産出を開始したら遮られることなく産出を継続する権利の及ぶ範囲が、順番を構成する単位である。ゆえに、TCU の最初の完結可能な時点が、最初の**順番の移行に適切な場所**（transition relevance place、以下 **TRP**）、つまり現在の話し手以外の者が順番を取って話し始めてもよい場所となる。

　さて、ここで、TCU の完結「可能な」点という言い方をしていることに注意しよう。TCU は、その完結点が予測可能となるような構造を持つと述べたが、その完結点とは、正確には、あくまでも、「完結することが可能な

点」であり、実際にその時点に至ったときに、話し手が、TCU を「延長」することもありうる。次の事例をみてみよう。

(1) [ticket]
((大学通学のために一人暮らしをする娘(D)とその母親(M)が、年末の帰省のために予約する必要のある飛行機の往復チケットやその時期について話している。))
01 　M：で::　そっちから帰ってくるのは？
02 　　（1.5）
03→D：も：(.)まあ：だからびみょう：(.)[だよね.
04 　M：　　　　　　　　　　　　　　　[°うん°なんちごろが？]

Mの最初の質問は、Dが住んでいる場所から実家へ向かう飛行機の便の空席状況について尋ねている。それに対して、Dは「も：(.)まあ：だからびみょう：(.)だよね.」と答えているが、この応答の順番がどのように成り立っているのか、少し詳しくみてみよう。まず、冒頭の「も」は、Mの発話の「そっちから帰ってくるの」の直後に接続するように聞こえる。つまり、Mの発話のこの部分に「寄生」する形で自身の順番を開始しているのである。このように、助詞ではじまる発話のタイプは、この事例だけにみられるわけではなく、自然な日常会話ではしばしば観察される[4]。このような形式を持つ発話を従来の言語学における分析の単位で捉えることはできない。しかし、いずれにしても、この発話が「びみょう：」という部分に至り、短い間隙によって区切られたとき、ここで、DがMの質問に対する応答を完結したように聞こえるのは確かだ。つまり、ここでDが発話を開始してから最初のTCUの完結可能な点に至っているように（まずは、受け手であるMに、そして、分析者にも）聞こえる。すなわち、ここでは、助詞「も」に始まり、「びみょう：」という表現までの部分が、順番を構成しうる1つの単位として立ち現れているのだ。このように、この発話は、先に述べた、「従来の言語学的な文法単位では捉えられない」単位タイプであることを、まずは、押さえておこう。

さて、この時点が最初のTCUの完結可能な点であるとすれば、ここでDが発話を終え、順番がMに移行してもよい時点であるはずだ。しかし、Dは、さらに「だよね」と続け、TCUを「延長」するのである（このような「延長」をSchegloff(1996d)はincrementと呼んでいる）。つまり、TCUの完結可能な点は、あくまでも、完結可能、つまり、完結してもよい点であって、そこでTCUが必ず完結するわけではない。

一方、受け手のMのほうは、やはり、この「びみょ：」の直後をDのTCUの完結可能な点として聞いたはずだ。わずかの間隙のあと、つまり、Dが「びみょ：」でTCUを完結させたとより強く確信できる時点で、自身の順番を開始しているのである。

このように、TCUの完結可能な点に至った後に、あくまでも直前のTCUの延長として、あるいは、直前のTCUのいずれかの位置に埋め込まれるべきものとして、何かを産出することは、実際の会話においては、常にありうる[5]。だからこそ、やはり、「完結可能な点」と呼ぶべきなのだ。しかし、次の順番を取ろうとしている受け手としては、隙間無くスムーズに順番を交替するためには、現在産出されている順番(TCU)が「完結可能」に聞こえる時点で即座に順番を取って自分の発話を開始すべきであろう。ゆえに、やはり、「完結可能な点」が（次の順番を取ろうとする者にとって）「順番の移行が適切となる場所」である。事例(1)にみられるように、仮に現在の話し手がTCUを延長したために発話が重なっても、それは、順番交替のシステムに従ったがゆえの「アクシデント」であり、「割り込み」とは認識されないであろう（この点については、4.1で詳しく取り上げる）。

TCUの完結可能な時点は、あくまでも、順番の移行に「適切な」場所であって、TCUの完結可能な点で実際に必ず順番の移行が生じることを意味するわけでもないということは次のような例からもわかる。

(2) ［nashi_CD］
((姉Hと妹Yの電話会話。))
01→Y：で　.h　そのあれは　シーディーはどうすればいいん？　=もっていいん？

02 H: あげる[:.
03 Y: [あg- 大丈夫[:? もってて.
04 H: [ng-
05 H: うん.

　YはHから家計簿ソフトのCDを借りて自宅のパソコンにそのソフトをインストールすることを試みていた。そのインストールがうまくいったことについて話した後、01行目の質問をする。この発話は、「で .h そのあれはシーディーはどうすればいいん?」の部分が完結した時点で最初のTCUの完結可能な点に至ったといえる。つまり、ここで順番の移行が適切となる場所 (TRP) となるが、Yは、さらに発話を続けるのである。しかし、事例 (1) と異なり、続いて発話された部分は、最初のTCUに文法的に依存するような延長や付け足しではなく、この部分だけで順番を構成しうる、新たなTCUである。この意味において、Yは「どうすればいいん?」といい終えた時点で実際に最初のTCUを完結させ、次のTCUに「走り込ん」で、2つ目のTCUを引き続き産出しているわけである。そして、2つ目のTCUの完結可能な点(かつ、実際の完結点)で順番がHに移行する。このように、最初のTCUが完結するやいなや次のTCUに「走り込むこと (rush-through)」は、話し手が、TCUの完結可能な点が順番の移行が適切となることを認識していることの証明でもある (Schegloff, 1982)。つまり、順番の移行が適切となるからこそ、最初のTCUの完結可能な点で受け手が順番を取って話し始める機会を奪うべく次のTCUを間髪を入れず開始しているわけである。ちなみに、同じ事例 (2) の03行目、直前のTCU「大丈夫?」の冒頭に置かれるはずだった要素として付加されている部分「もってて」も (注5参照)、「走り込む」というほどではないが、最初のTCUの完結後に間合いなく産出されている。ここでも同様に、話し手は、最初のTCUの完結可能な点で受け手が順番を取って話し始める可能性に志向しているといえる。そして、これらのことは、TCUの完結可能な点が、現在の話し手と受け手の間で現在の順番の維持と次の順番への移行をめぐる交渉が行われる焦

点であることを示している。だからこそ、1つの順番を分析する際に、それがいくつのTCUからなるのか、各TCUの完結可能な点はどこか、その時点で受け手はどうふるまっているのか等を丁寧にみていく必要がある。順番は、最初のTCUの完結可能な点に向かって組み立てられる。完結可能な点を超えて順番を取り続けることは、自然に起こることではなく、そこで受け手との間で様々な駆け引きの末、達成されているのである。受け手が順番を取ることを制してまで、現在の話し手が2つ目のTCU（あるいは1つ目のTCUの延長や1つ目のTCUへの付け加え）を産出しようと試みるのは、その時点でそれを産出する理由があるからだ。例えば、事例(2)では、受け手から借りたCDについて、「どうすればいいん?」と尋ねることは、その質問の意味／意図がわかりにくく、やや不躾な印象を与えかねないかもしれない。2つ目のTCUは、「どうすればいい」かというのは、具体的には、借りたCDをそのまま「持っててもいい」のか許可を求めているのだということを明らかにする。最初のTCUの適切な理解を導く2つ目のTCUは、受け手が最初のTCUに対する反応の産出に取りかかる前に、最初のTCUの完結後即座に産出されるべきであろう。

　さて、現在の話し手が最初のTCUの完結可能な点で順番が移行する可能性に対処する方法は、事例(2)でみたような「走り込み」以外にもある。最初から複数のTCUが必要となるような発言を意図する場合には、発言の冒頭でそのこと（これから複数のTCUを用いて発言すること）を示唆するような発話をすることによって、最初のTCUの完結可能な点で受け手が順番を取ることを阻むこともできる。例えば、「方法は3つある。」というような前置きを用いて、その後、（この例の場合は）3つのポイントについて説明することを予告すれば、3つ目のポイントを語り終えたと聞かれる時点に至るまで、受け手は順番を取って発言を開始することを控えるだろう。あるいは、次の例のように、明らかにまだ語るべきことがあることを示唆するようなことを最初のTCUで述べ、2つ目以降のTCUを最初に予示した内容を述べることに用いるというやり方もある。

(3) ［ドライブ］
01　H：あ(.)↑あたしね.hhゴールデンウィーク車運転したの.
02　　（1.0）
03　Y：え(.)↑どうだった？
04　　（0.5）
05　H：.hhうまかった↑[hhhhhhhhhh]
06　Y：　　　　　　　[hhhhそれはなに](.)なにを基準としてうまかったの？
07→H：.hhえっとその前に[ねhhまいちゃんとドライブした[の.
08　Y：　　　　　　　　[うん.　　　　　　　　　　　[うん.
09　　（2.0）
10→H：.hhまいちゃんさ::::けっこうひどいね.hhhhhhhh

　友人同士のYとHの電話会話からの抜粋である。06行目の質問は、Hが自分の運転を「うまかった」と（冗談半分ではあるが）評価する根拠を問うものである。07行目からのHの順番は、その質問に対する「応答」として開始されたと聞かれるだろう。しかし、「まいちゃんとドライブした」ことのみを告げる最初のTCUが完結した時点ではまだ質問に対する応答が完結したとみなすことができない。ゆえに、「まいちゃんとドライブした」ことと自分の運転を「うまい」と評価することとの関係が明らかになり、質問に対する答えとして理解可能な時点に達するまで、受け手であるYは順番を取ることを控えるであろう。実際、この後、Hによる、「まいちゃん」の運転がいかに「ひどい」か、という語りが続く。その語りは、いくつかのTCUで産出されるが、それぞれの完結可能な点で、Yは、「へえ」や「うん」など、受け手としてのふるまい（いわゆる、あいづちの類い。5節参照）を産出するが、実質的に順番を取って話し始めることはしない。このように、ある行為を複数のTCUを用いて組み立てることが必要な場合、まだ「次に来るもの」があることが明確な形で最初のTCUを完結することによって、その時点で受け手が順番を取ること阻止する場合もある。
　さて、事例(2)と(3)では、話し手が、最初のTCUの完結可能な点で受け手が順番を開始することを阻止する手だてを用いることによって、複数の

TCU からなる順番を産出できている。しかし、次のような例もある。

（4）［ticket］
01→M：あの- (0.5) じゃ：： あの：： ホテル：(0.5) 込みにしたら？
02 　 (2.5)
03→M：>そのほう< が安いよ？
04 　D：あ：： ジャルとか (.) アナで：？
05 　M：°ん° そうそうそうそう．

　この事例の参加者は、事例 (1) で登場した親子である。いつも利用する航空会社の便はすでに帰省の候補日全てが満席であるようだという D の報告の後、M が 01 行目で、ホテル宿泊込みのチケットを購入することを提案する。01 行目で質問の形式を用いた提案を為す TCU が完結するが、その後、間合いが生じ (02 行目)、M が 03 行目で引き続き、その提案の理由もしくは利点を明確化する発話 (TCU) を産出する (「>そのほう< が安いよ？」)。つまり、最初の TCU の完結可能な点に至り、実際にそれが完結点となったにもかかわらず、そこで提案という行為の受け手である D が順番を取って発話を開始することなく、2.5 秒もの間合いが生じる。その後、M が再び順番を取って新たな TCU を産出し (間合いの後の 03 行目の M の発話については第 4 章の 2.2 参照)、03 行目の発話 (TCU) が完結する。その直後に D に順番が移行している。その結果、01 行目から 03 行目までが、2 つの TCU からなる M の順番となる。02 行目の間合いは、まずは、D が反応すべき機会で反応していない (反応が遅れている) ことを示す間合いとして理解されるが、最終的に、M の順番の内側に取り込まれたということになる (間合いについては 4.2 で詳しく述べる)[6]。
　このように、話し手が何らかの手だてを用いることによって 2 つ以上の TCU を続けざまに産出する場合だけでなく、話し手が最初の TCU の完結可能な時点で順番の交替の機会をつくっても順番の交替が生じず、結果として複数の TCU を同じ参加者が連続して産出することになる場合もある。い

ずれにしても、TCU の完結可能な時点は、あくまでも、順番の移行に「適切な」場所 (TRP) であって、必ずそこで順番が移行するわけではないが、そこは常に順番の移行が起きる可能性がある場所だということに会話の参加者は志向している (ゆえに、どこが TRP かは、参加者のふるまいから分析者にも観察可能である) ことを、しっかりと押さえておこう。

　TCU の完結可能な点で順番が移行する可能性があるということは、同時に、現在の話し手は、常にそのプレッシャーに晒されながら現在の順番を組み立てているということでもある。これは、いくつかの規則のセットからなる、順番交替システムの「制御方式」を概観すると理解が深まるが、その規則群の説明に入る前に、順番交替システムの 2 つの構成部分 (システムを構成するパーツ) のうちのもう 1 つ、順番の割り当てに関わる構成部分について説明しておこう。

3.2. 順番の割り当てに関わる構成部分

　順番交替システムは、まずは、1 つの TCU を産出する権利をいずれかの会話参加者に割り当てるシステムである。順番の交替が基本的に、間合い無くスムーズに行われているとすれば、その順番の割り当ては、次の順番の開始が可能となる時点に至る前に、何らかの方法で為されているはずである。SSJ は、順番の割り当ては、大きくは次の 2 つのいずれかの方法で為されるとしている。

　i)　現在の話し手が次の話し手を選択する。
　ii)　現在の話し手以外の者が自分自身を次の話し手として選択する。

以下で上記のそれぞれの方法について、具体例をみながら、詳しく説明していく。なお、以下の解説は、3 人以上の会話を想定して読んで頂くのがわかりやすいだろう。2 人の会話には当てはまらないというわけではない。ただ、SSJ の順番交替システムは、3 人以上の会話の順番交替についても説明を与えるモデルとして提示されているがため、受け手が常に 1 人に限定さ

れる2人の会話の場合には関連しない部分も組み込まれているという点に留意しておきたい。

3.2.1. 現在の話し手が次の話し手を選択する方法

まず、「次の話し手を選択する」ということは、厳密にはどういうことなのか、という点から説明を始めたい。「次の話し手を選択する」ということは、次の順番を取る者を指定するということであり、現在の話し手以外のうちの誰が次の順番を取るべきかを指定する、ということである。つまり、それは、誰かに次の順番を取るように要請することであり、かつ、その誰かに次の順番である特定のタイプの反応をすることを期待することである[7]。例えば、「質問」したら、それに応じる「応答」を期待するということである。

つまり、i)の方法を用いて「次の話し手を選択する」ということと、単に「発話を誰かに宛てる」ということとは、必ずしも同一ではない。発話は、次の順番を取るように要請することなく誰かに宛てることも可能である。具体的に例をみてみよう。

（5）［IKMY_正座］
```
01  I: え:? なんで[正座してるの?
02  Y:          [ん:.
03  Y: いや: 正座のほうが楽か(h)な(h) hhhh
04  M: いやい[や.
05  I:       [え:::
```

I、K、M、およびYの4人が、Mの家で、こたつを囲んで座っている。4人が座っている位置の配置は、次の図1のようになっている。

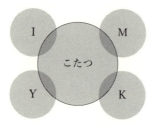

図1　I、K、M、Yの位置関係

　上の断片の前の部分で、Iは、姿勢を変えた拍子に自分の手か足がYの足に触れたのか、突然、こたつ布団を軽く持ち上げ、下の方を見ながらYに向けて、「えユニ氏，足くずした：ら::?」と発話する(「ユニ氏」(仮名)は、Yのニックネームらしい)。この発話の後、Iは、自分がM宅でよく「ひっくり返っている」(つまり、くつろいだ姿勢でいる)ことなどを話すが、再びこたつ布団をめくり上げるような動作とともにYの足を見るような姿勢で、事例(5)の01行目の質問をする。

　この話題の契機となった、Iの「えユニ氏，足くずした：ら::?」という発話は、「ユニ氏」という呼びかけ語によって発話の宛先が明示されている。そして、この発話は、Yに対する提案という行為を為している。このように、明示的な宛先と働きかけの行為(隣接ペア第1部分；第4章参照)という組み合わせによって、この発話はYを次の話し手として選択しているといえる。これに対して、Yはやや小声で「あ::」と提案を受け入れるかどうか明確にしない反応をまずは産出するが、いずれにしても、自分に向けてこの提案がなされたこと、それに対し、自分が次の順番で反応を産出すべきであることについての理解を示す。

　一方、事例(5)の01行目の質問は、明示的にYへの呼びかけを用いているわけではない。しかしその内容から、またIの身体的なふるまいからも、それがYに宛てられたものであることは明らかである。そして、「質問」という行為はそれに応じて「応答」することを要請する[8]。つまり、Iの01行目の質問も、宛先が明確であり、かつ、その宛先に働きかけの行為(隣接ペア第1部分)が向けられているため、現在の話し手であるIが、Yを次の話

し手として選択するものである。これに対し、Yは確かに03行目で「応答」している。そして、よほど特殊な状況でない限り、質問に対する「応答」は、質問者に宛てられていると捉えるのが自然であろう（そうでない場合は、そうでないことがわかるように発話が組み立てられるはずである）。しかし、「応答」はあくまでも「応じる行為」であって、「働きかける行為」ではない。つまり、次の順番で何か特定の反応を要請するような行為ではない。別の言い方をすれば、それに対する反応がないとしても、「応じていない」「無視している」というようにはみなされないような行為である。対して、「質問」や「誘い」という行為に対しては、何らかの反応がなければ、「無視している」とみなされる。あるいは、状況によっては、その「質問」や「誘い」が「聞こえなかった」と捉えられよう（第4章の1.2も参照）。従って、03行目のYの応答は、Iに宛ててはいるが、Iを次の話し手として選択しているわけではない。実際、04行目で直後の順番を取っているのは、発話が宛てられたIではなく、Mである。

　では、働きかける行為に対する反応は、必ず、i) の現在の話し手が次の話し手を選択する方法によってその順番が割り当てられるということなのか。実は、必ずしもそうではない。次の例をみてみよう。

（6）［IKMY_天ぷら］
01　M:　あるよ？　もっていけば？　(.)　天ぷらする人は.
02　　　(0.7)
03　K:　°いい[でしょ(h)°
04　I:　　　［ううう［ん.
05　Y:　　　　　　　［hhhhて(h)んぷらしな[い.
06　I:　　　　　　　　　　　　　　　　　［いい.てんぷらしない.

　事例(5)と同じ参加者の間で生じた事例である。Mの自宅でとれたサツマイモが話題となっているところで、Mが01行目の発話をする。サツマイモを持ち帰るように勧めている発話だが、最後に付加された部分「天ぷらする人

は」は、この発話を「(サツマイモ)を天ぷらにして食べたい人」のカテゴリーに属する者に宛てていることを明示的にしてはいるが、この発話の時点でそのカテゴリーに属する者が特定されているわけではない。つまり、この発話は次の話し手を選択しているわけではない。ゆえに、03 行目以降、K、I、M のそれぞれが、この発話に対する反応(いずれも「断り」)を産出しているが、いずれも、自ら順番を取って話している(つまり ii)の方法を用いている)わけである。

　まとめておこう。発話を宛てることと、働きかけの行為を向けることによって次の順番で特定の行為タイプの反応を要請することは、それぞれ独立的に成立しうるが、i)の現在の話し手が次の話し手を選択する方法は、この２つが結びつくことによって可能となる。そして、「発話を宛てること」は、呼びかけ、視線や身体の向き、(知識の分布状態や、参加者の社会的カテゴリーの違い等を利用して)特定の参加者のみが応じられる行為として組み立てる、など様々な手だてを駆使して実践され、いくつかの手だてが組み合わせられることも多い。注意したいのは、そうした手だては、常に順番の組み立て方から抽出して特定することができるわけではないということだ。例えば、次の例をみてみよう。再び、I、K、M、Y の４人の会話からだ。

(7) ［IKMY_石］
01　M: だってさ::あの石さ::　[茂木まで行ってさ::.h　[拾ってきたんだもん.
02　K:　　　　　　　　　　　[うん.　　　　　　　　[(とったの:?)
03　(0.2)
04　K: [川で:?
05→I: [どこで.
06　(0.2)
07　M: °茂木の:　[(川ぞい.°)
08　K:　　　　　[川じゃな::い?
09　Y: へ::[::

夫が庭づくりに凝っていることを話していたMは、Kが「小川が上手にできてた」とMの夫が小石を埋め込んでつくった庭の「小川」に言及すると、MはKの方を見て01行目を産出する。このとき、Mは、Kの腕に触れ、上体全体をKの方に向けることによって、この発話をKに宛てていることを際立たせている。MがTCUの完結可能な点に至ったとき、Kが、石を拾ってきた場所について推測し、その確認を求める（「川で：?」）と同時にIが05行目の質問をする。このIの質問は、声も大きく、やや驚きを示すような音調で産出され、Iの視線は、Mに向けられている。一方、MはKの方を向いていたためIの視線が自分に向けられていることは捉えられなかったが、質問自体は聞き取れたと思われる。MはIの質問が完結した直後、Iの方を向いて、質問に答える。つまり、Iの質問は、次の話し手としてMを選択し、M も自身が次の話し手として選択されたことを理解して次の順番を取り、応答を産出しているのである。

　Iが質問を産出している間、MはIの視線を捉えていないので、発話を宛てる方法として視線が利用されたわけではない。もっぱら、「どこで」という質問が、Mの直前の発話の中で場所に言及した部分が、Iにとって十分に明確でなかったということを明らかにしているがゆえに、当の発話を産出したMが答えるべき質問という理解が導かれるのだ。つまり、この質問は、（質問者にとって）何らかの問題を含む順番の直後に産出され、それがどのような問題なのか明らかにすることによって、その質問がどの発話を「標的」にしたものかがわかり、その「標的」となった発話の産出者が答えるべき質問であるという理解が導かれる仕組みになっているのだ[9]。つまり、順番の組み立てそれ自体に、発話の宛先が組み込まれているのである。このように、発話の宛先が順番の組み立ての中に深く埋め込まれ、その場の状況や行為連鎖（第4章参照）の位置を参照することによって宛先が明らかにされることもしばしばある。

3.2.2. 現在の話し手以外の者が自分を次の話し手として選択する方法

　順番を割り当てるもう1つの方法は、ⅱ) 現在の話し手以外の者が自分自

身を次の話し手として選択して話し始める、というものだ。3人以上の会話では、現在の話し手以外の者が複数いることになるが、その中で最初に話し始めた者が、基本的には、次の順番を取ることができる。このことは、順番交替システムを動かす規則群(作動の制御方式)に組み込まれているので、この2つ目の順番の割り当て方法については、順番交替の規則群の説明を踏まえながら説明していくことにしよう。

3.3. 順番交替システムの規則群

　SSJは、ここまでみたような順番交替システムの2つの構成部分が、次のような規則群によって相互に関連付けられ、システムとして作動すると考える。この規則群は、「次の順番」が会話参加者のただ1人に割り当てられ、順番と順番の間の重なりや切れ目が最小限になるように、順番の移行を調整する。

1. 現在の発話が最初のTCUの完結可能な点、すなわち、最初の「順番の移行が適切となる場所(TRP)」に至ったとき、以下のルールがこの順序で適用される。

    a) もし現在の話し手がそれまでに次の話し手を選択しているならば、その選択された者が次に順番を取って話す権利と義務を有する。ここで順番が替わる。

    b) もしa)の規則が適用されなかったら(すなわち、それまでに現在の話し手が次の話し手を選択しなかったら)、現在の話し手以外の者が自分で自分を次の話し手として選択してよい(しなくてもよい)。最初に話し始めた者が次の順番を取る権利を有する。ここで順番が替わる。

    c) もしa)もb)も適用されなければ(すなわち、現在の話し手が次の話し手を選択することもなく、現在の話し手以外の者が自分を次の話し手として選択することもなければ)、現在の話し手が話し続けてよい(続けなくてもよい)。

2. 最初の TRP で a) も b) も適用されず、c) が適用されて、現在の話し手が話し続けたとすれば、つぎの TRP で 1a) ～ c) が再び適用される。そして最終的に順番が移行するまで次の TRP で同じことが繰り返される。

1a) の適用については、3.2.1 で詳しくみた。この規則群との関連で重要なのは、現在の話し手が次の話し手を選択する方法は、TCU の完結可能な点に至る前に採用されるべきで、完結可能な点に至った時点で、1b) が適用され、現在の話し手以外の者が自己選択で順番を取って話し始める可能性があるということである。それは、単に、客観的な事実としての蓋然性の高さを指しているのではない。最初の TCU の完結可能な点に至るまでに現在の話し手が次の話し手を選択せず 1a) が適用されなかったとみなされた場合に 1b) が適用されるということは、現在の話し手の順番の組み立て方に重大な影響を与える。特定の受け手に特定の行為タイプの反応を期待する現在の話し手は、完結可能な点に至るまでに、それが明確となるように順番を組み立てるであろうし、特に次の話し手を指定する必要がなくとも、最初の完結可能な点で受け手が (複数いる場合には、先を争って) 話し始める可能性を鑑みた順番の組み立てをするであろう。なぜならば、一旦、TRP で順番が別の参加者に移行したら、その順番の TRP でまた 1a) ～ c) が適用され、そこでさらに別の参加者に順番が移行する可能性があり、その時点で、もはや先の自分の順番をやり直したくてもその機会が失われてしまうからだ。上の規則群が制御するのは、あくまでも、現在産出中の TCU から「次」の TCU への移行に関してのみである。逆にいえば、「次」の TCU から「次の次」の TCU への移行、そして、それ以後については制御しないのが、会話における順番交替なのである。つまり、会話において、順番を取って発言する話し手は、常に、その順番が完結可能な点に至ったときに順番が移行したら、もはや、現在の順番のやり直しや取り消しができなくなる可能性のもとに順番を組み立てざるをえない。だからこそ、3.1 でみたように、2 つ目の TCU を産出しようとする話し手は、しばしば、最初の TCU の完結可能な点で次の TCU に「走り込む」手段を用いたり、最初に、複数の TCU が必要であ

ることを示したりすることによって、最初の TCU の完結可能な点で受け手が順番を取って話し始めることを阻止しようとするのだ。また、最初の完結可能な点を先送りして、その順番で述べるべきことを、完結可能な点に至るまでに出来る限り詰め込むように順番を組み立てることもある。次の事例（8）では、1 つの長い TCU が産出されているが、話し手は、最初の完結可能な点（21 行目の末尾）に至るまでに様々な方法を用いて長い TCU の産出を達成していると言えよう[10]。

（8）［nashi_theft］
01　H：あとは切手とか［::,
02　Y：　　　　　　　［うん
03　H：郵便はがき:?=
04　Y：=うんうん［うん．
05　H：　　　　　［もうほら年賀状出そうと［思って　.hh
06　Y：　　　　　　　　　　　　　　　　　［あ::あ::あ::
07　H：全部　あi-　そ-　(.)　テーブルの上出しといたの［を:,　.hh
08　Y：　　　　　　　　　　　　　　　　　　　　　　　［うん．
09　H：それをそっくり袋ごと持っ［ていかれて::,］
10　Y：　　　　　　　　　　　　［あ::,ほんと　］う::．
11　H：あとは切手も(.)シートで［::
12　Y：　　　　　　　　　　　　［うんうん．
13　H：もう(.)ず::っとシリーズで:,
14　Y：うん．
15　H：あの::::　むかしあの::ちょっと　まえに出た［.hh
16　Y：　　　　　　　　　　　　　　　　　　　　　［うん．
17　H：あの夏目漱石シリーズと［か，きしゃのとか，［.hh
18　Y：　　　　　　　　　　　［うんうん．　　　　［うん．
19　H：あの文化関係のとかいろいろなんがあったんだ［よね．
20　Y：　　　　　　　　　　　　　　　　　　　　　［うん．
21　H：.hh それをぜん:ぶとってったわけ．

22　Y: う::::.

　事例(2)と同じ2人の電話の会話からであるが、この電話の前半部で、Hは、自分の事務所に空き巣が入ったことをYに伝える。Hはその詳細を語り始め、ここでは、盗まれたものを列挙している。この断片の前に盗まれたのは「現金関係」のみであることが述べられ、貯金箱の中身まで盗られという話の後、01行目始まる順番の冒頭で、「あとは切手とか::, 郵便はがき:?」と盗まれた「現金関係」の列挙がさらに続くことが示される。そしてこの2点のそれぞれについて、まずは、「郵便はがき」が、(数枚ではなく)「全部」「袋ごと」盗まれたこと、次に、「切手」は、通常のものではなく記念切手のシリーズという特別なものであったことの詳細が語られる。このような仕方で順番が組み立てられていくとき、先に挙げられた盗まれた物2点のそれぞれについて詳細の説明が終わるまではHは順番を維持するであろうことが予測できるし、途中で発話を区切る際も「‐て」という接続形を用いたり(05行目・09行目の末尾)、文法的に完了させる際には、未だ説明の途中であることが明らかな位置に限定する(19行目)などして、21行目末尾の完結可能な点に到達している。受け手のYも、その間、いわゆる「あいづち」(5節参照)を産出しながら受け手としてふるまい続け、21行目の「それをぜん:ぶとってたわけ.」まで聞いた時点で、ようやく、「う::::.」とHの災難に対する共感のスタンスを示す反応を産出して、Hの報告を受け止めている。

　以上のように、現在の順番を取って発言する者は、先に自分の言いたいこと(メッセージや命題)を思い浮かべ、それを文法的に言語化したものを一気に一方的に産出しているわけではない。そうではなく、受け手のふるまいに注意を向けつつ、(最終的に)発言が何らかの行為として完結するように言語資源を配置し、また、その行為が達成されたと認識できる地点を調整しているのだ。

　一方、現在の順番の受け手として会話に参加している者にとっても、やはり、TRPが、いつ、どのような形で訪れるのかが重大である。現在の話し

手が自分を次の話し手として選択したなら、TRP で即座に適切な反応を産出し始める必要があるし、自分が次の順番を取るつもりであれば、やはり、TRP に至った瞬間に他の参加者に先んじて話し始めなければならない。順番交替システムには、受け手が、現在の順番の刻一刻の展開に注意を向けること、つまり、端的には、現在の話し手の発話にきちんと耳を傾けることの必然性が組み込まれているのだ。

ここまでのところで、SSJ が提唱した順番交替システムのモデルがどのようなものであるか、具体的な事例を通してその基本的な仕組みを紹介してきた。このシステムの重要な点をいくつか確認しておきたい。

まず、1 点目は、SSJ の順番交替システムのモデルは、誰かが発言している限り繰り返し生じる TRP で局所的に作動するということだ。つまり、順番の移行やそれに関わる様々な現象は、TRP とその周辺に集中して、繰り返し生じることになる。2 点目は、このモデルにおいて、事前に具体的に取り決められていることは何一つなく、会話の参加者自身が、具体的な状況において、具体的に発話を組み立てる中で TRP をやりくりし、誰がいつ順番を取るか、その都度取り決めているということである。

もう 1 つ確認しておきたいのは、SSJ のモデルは、もっぱら英語会話データに基づいて生み出されたものだが、ここまで日本語会話データを用いてその概要を説明することが可能であったように、日本語会話と英語会話における順番交替システムの基本的な仕組みに重大な違いはない (Tanaka, 1999)。SSJ のモデルは、特定の言語に依存しないのだ。実際、現在では、様々な言語の会話データが、基本的に SSJ の順番交替システムのモデルを前提とした会話分析の視点で分析され、多くの研究成果が積み上げられている (Stivers et al., 2009 など)。しかし一方で、実際に日本語会話のデータを SSJ のモデルで分析して行く中で、英語会話のデータのみを扱っている限りにおいては問題とならなかったいくつかの課題が見えてきている。とりわけ、TCU の捉え方については、TCU を構築するための主たる資源となる言語的資源がどのようなものであるかが深く関わっているため、日本語会話データの分析においても注意すべき点がある。この点については、5 節で取り上げる。

4. 発話の重なり・間合い・あいづち

　会話データを対象とする研究でしばしば取り上げられる現象のいくつかは、SSJ の順番交替システムを踏まえると、会話参加者にとって意味のある区別に基づいてより厳密に捉え直すことが可能となる。ここでは、発話の重なり（オーバーラップ）、間合い、あいづちについて検討したい。

4.1. 発話の重なり

　SSJ の順番交替システムのモデルによって得られる視点の 1 つは、（順番交替に関わる）ある特定の現象が、TCU の完結可能な点（TRP）との関連において、どのような位置にあるのかという見方であり、それこそが、会話の参加者自身の見方でもあろう。発話の重なり（オーバーラップ）についても、同様に考える必要がある。発話の重なりに関する私たちの日常的な感覚を起点として考えてみよう。自分の発言の途中で受け手に「割り込まれた」と感じた経験は誰しもあるだろう。しかし、それは、特定の相手や状況を思い起こせるほどに、例外的な経験ではなかろうか。つまり、相手が自分の発話に「割り込んできた」と感じるのは、順番交替システムから逸脱したふるまいだからだといえる。となれば、「割り込まれた」という経験は、自分の発話（TCU）が完結可能な点に至らないうちに、つまり、TRP 以外の場所で相手が順番を取って話し始めたという事態であろうことがとりあえず推測できる。実際、次のような事例がある。

(9)　［arasoi］
01　R:　↑じぶ::んだって　そう::↓じゃ::[:ん.
02　K:　　　　　　　　　　　　　　[な::にも [おれ　ゆってやしない=
03→R:　　　　　　　　　　　　　　　　　　[勝手じゃ::ん.
04　K:　=じゃ:ん.

　R は 03 行目で、K が明らかに未だ TCU の産出の途中でもあるにもかかわ

らず、Kの発話に重ねて発話している。もっとも、Kも、Rが1行目で「そう::↓じゃ:::ん.」と発した後に「そう」が何を指しているのかを明らかにするだろうことが十分に予測できる位置で自身の発話を開始している。このように、RとKは、相手がまだ発話を終えていないことが明らかであるにもかかわらず、互いに相手の発話を遮る (interrupt) ようにやり取りを続けている。2人は、音声データで確認しても、あきらかに「口論」しているように聞こえるのだ。このようなやりとりは、やはり、「典型的な日常会話」とは言い難い、例外的なものであろう。では、いわゆる「典型的な日常会話」においては、発話の重なりはほとんど生じないのかというと、必ずしもそうではない。日常会話を録音して書き起こしてみるとすぐにわかるが、発話が重なっている箇所が意外に多いことに気付く。筆者が、授業で、受講生自身が参加した電話会話を書き起こすという課題を課すと、そうした感想が述べられることも多い。しかし、たいていの重なりは、短い上に、さらによく観察すると、重なりが生じている箇所は、多くの場合、順番交替システムの観点から、体系的に重なりが生じ易い位置として説明可能であることがわかる。これらの重なりは、会話参加者には、偶発的な発話の重なり (overlap) として解釈され、会話の最中に特に注意を喚起するようなものではないだろう。(だからこそ、私たちは、会話データを書き起こして初めてそうした重なりに気付くのだ。)

　重なりが体系的に生じるのは、TCUの完結可能な点、つまり、TRPの周辺に集中している。まず、次の順番を取ろうとする受け手が、現在の順番が完結可能となる点を予測し、完結可能な点で自身の順番を開始したところ、実際には、現在の話し手が話し続けたために、次の順番の開始部分と発話が重なることがある。すでに見た事例 (1) の03行目と04行目の重なりが、その具体例だったことを思い出そう。

（1）［ticket］
01　M: で::そっちから帰ってくるのは?
02　　(1.5)

03→D: も:(.)まあ: だから びみょう:(.)[だよね.
04→M: [˚うん˚ なんちごろが?

03 行目は、「びみょう:」で TCU の完結可能な点に至ったかのように聞こえるが、D が「だよね」と続けたがゆえに、その部分が、M の発話の開始部分と重なっていることをすでにみた。次の事例の 02 行目と 03 行目の重なりはどうだろうか。次の事例は親しい友人同士の携帯電話による会話の開始部分である。

(10)　[03_ryo]
01　A: もしも:し.
02　B: ¥もしもし::[:¥
03→A: [あ[:もしもし]
04→B: [¥ごめんね]::[:.¥
05→A: [うん大丈夫　大丈夫:.

03 行目の A の順番の開始は、B の発話のどのような時点と重なっているだろうか。やはり、ここも、B が最初の TCU を完結したと聞こえる時点で A が順番を開始している。実際には、B は、「もしもし」の後に続く 2 つ目の TCU として「¥ごめんね:::.¥」と続けているため(04 行目。別々の行に表記されているが 02 行目と 04 行目の B の発話は途切れることなく続いている)、その部分が、A が開始した 03 行目の順番と重なっている。さて、A は自分の発話と重なっていても、B の 2 つ目の TCU をきちんと聞き取れているようだ。B の 2 つ目の TCU に対する反応を次の順番として産出している(05 行目)。05 行目も、03 行目と同様、B の TCU が完結可能な点に至ったと聞ける時点で開始されている。しかし、いずれの場合も B の直前の TCU の末尾の音が引き延ばされていて、その音の引き延ばしの部分と A の順番の開始部分がわずかに重なっている。このような重なりもよくある。発声の仕方は多様であり、順番の末尾で音が引き延ばされることも多く、ま

た、その引き延ばしの度合いも様々であるため、とりわけこのような形の短い重なりは、むしろ、生じて当然だろう。「もしもし」や「ごめんね」など、定型的な表現で、TCU の完結可能な点がかなり確実に予測できる場合でも、発声の仕方が多様である限り、その末尾の部分の音が延びたときに多少の重なりが生じることは偶発的なものであるし、会話の参加者もそれを意図的な重なり、つまり、割り込み (interruption) とはみなさないだろう。いずれにしても、このような重なりは、会話参加者が、TCU の完結可能な点が TRP であるということに志向しているからこそ生じるのである。

　重なりが TCU の完結可能な点付近で体系的に生じ易いもう 1 つの理由も、SSJ の提唱する順番交替システムのモデルの妥当性を支持している。もう 1 つの理由とは、前述の順番交替システムの規則群の中の 1b) が適用される際に、複数の (現在の話し手以外の) 参加者が、TRP で最初に話し始める者となって次の順番を取る権利を得ようとして競合するために発話の重なりが生じるというものだ。次の事例の後半は、先にみた事例 (5) に続く部分である。

(11)　[IKMY_正座]
01　I：え:?　なんで[正座してるの?
02　Y：　　　　　　　[ん:.
03　Y：いや:正座のほうが楽か(h)な(h)　hhhh
04　M：いやい[や.
05　I：　　　[え:::
06　Y：手(h)も(h)疲れる[し(hh).
07→M：　　　　　　　　[うち-
08→K：　　　　　　　　[あ,そうなの.
09　I：正座のほうが楽なんだ.

先にみたように、I の質問に対し、Y が 03 行目で応答する。その応答は、直ちには肯定的に受け止められない (04 行目・05 行目)。Y は 06 行目で、

正座をしている理由をさらに付け加える。つまり、この発話は 03 行目の応答の付け加えとして産出されているので、次の話し手を選択しているわけではない。となると、この TCU の完結可能な点で、規則群の 1b) が適用され、現在の話し手以外で最も早く話し始めた者が次の順番を取ることができるという規範が喚起される。つまり、現在の話し手が TCU の完結可能な点に至るまでに次の話し手を選択しないことが予測できた時点で、次の順番を取ろうとする者の間に、現在の順番に割り込むことなく（つまり、割り込んだと聞かれないタイミングで）出来るだけ早く話し始めることを競い合う事態が生み出されるのだ。そして、実際、この事例では、07 行目と 08 行目で、それぞれ、M と K が、06 行目の Y の TCU の最後の音が産出されるのと同時に発話を開始している。その結果、Y、M、K の 3 人の発話が、一瞬だけ、重なっているのである。この一瞬の重なりの直後、M は自分の発話を中断することによって、それ以上の重なりを避ける。

　もう 1 つだけ、重なりの現象として、取り上げておくべきものがある。特に日本語会話では、（少なくとも英語に比べると）割合よくみられる現象だ。現在の話し手が未だ TCU の産出の途中であることが明らかな時点で、受け手が発話を開始するが、「割り込み」には聞こえない場合がある。例えば、次のようなケースだ。

(12)　[nashi_theft]
01　　H: そんなのがあればいいね 。なんて [昨日話したところ．°
02　　Y:　　　　　　　　　　　　　[そうだね．う:ん．なるほどね[:.
03　　H:　　　　　　　　　　　　　　　　　　　　　　　　　　　[う:ん．
04→Y: そうだよね．=>°でも°< .h何か(0.5)[講じないとね．
05　　H:　　　　　　　　　　　　　　　　　[考えないとね．
06　　Y: [う:ん．
07　　H: [う:ん．

事例(2)、(8)で登場した姉妹の電話の会話である。事例(8)に続いてしばら

く H の事務所に入った泥棒の話をしていた 2 人だが、車上荒らしにあった知り合いの話や、空き巣は下見に来ることが多いという話などから、これから取り組むべき防犯対策の話に移る。01 行目の「そんなの」とは、この断片の直前で H が説明している個人宅用の防犯カメラを指している。Y は 02 行目で H の発話を受け止める。まず、Y のこの発話が、H の順番が完了しないうちに開始され、H の発話の終わりの部分と重なっている。Y が発話を開始した時点は、H が産出している TCU が完結可能な点には聞こえないだろう。しかし、この発話も、次の話し手が、自分の話したいことを現在の話し手の順番の途中に割り込んで話し始めるものではない。Y が 02 行目で、H の順番が終わる前に開始しているのは、H の発話に対して同意を示し（「そうだね」）、受け止め（「う:ん」）、理解を示す（「なるほどね:」）ことである。このように、現在の話し手の発話に同調するような反応は、TCU の完結可能な点に至る前、比較的早い位置で開始されても、TCU の産出を阻害するような「割り込み」とは受け止められず、むしろ、強い同調を示すものとして理解されるだろう（第 4 章の優先組織の解説も参照）。また、H の 01 行目の発話の前半部分「そんなのがあればいいね」は、そこまでの H の防犯カメラについての説明をまとめ、収束させるものであるし、その直後に急に声を弱めたところで Y が発話を開始していることにも注意しよう。つまり、Y は、TCU として完結はしていないが、H がおおむね言いたいことを言い終えたと聞こえるところで発話を開始しているのである[11]。H が、03 行目で、「う:ん」と 02 行目の Y の発話を受け止めていることも、Y の発話が自分の発話を妨害するようなものではなかったと捉えていることを示していよう。

　さて、ここで注目したいのは、次の 04 行目の Y の発話と 05 行目の H の発話だ。Y は、H との発話の重なりがないところで改めて H の 01 行目の発話に同調を示す TCU を産出するが、すぐに続けて「でも」と新たな TCU を開始する。ここの「でも」は、直前の防犯カメラの話も含めてそこまでの防犯対策の話全体をまとめとして Y 自身のスタンスや感想を述べ始めているように聞こえる（H が、「防犯カメラの話」のまとめとして 01 行目を産出

した後にこの発話が位置づけられていることも、そのように聞こえる理由の1つであろう）。そして、「何か」と発した後、発話を一旦止める。0.5 秒の間合いの後、Y が発話を再開するのと同時に H が 05 行目の発話を開始する。この H の発話は、Y が間合いの後に産出した部分と（少なくともこの状況では）意味が似ている上、間合いの直前に Y が発した「何か」に文法的にも接続できる。つまり、Y が発話を一旦停止した後に産出するであろう部分を推測し、意味的・文法的、そしてタイミング的に重ね合わせるように産出しているのだ。このようなふるまいを Lerner (1996) や Lerner and Takagi (1999) は、**協働的完了・予期的完了**（collaborative completion/anticipatory completion）と呼んでいる。つまり、この H の 05 行目の発話は、H 自身が新たに TCU を開始して Y の発話に割り込んでいるわけではない（割り込みではないという点は、02 行目と同様であるが、02 行目の発話は、Y が自身の TCU として新たに産出しているものである点は 05 行目の H の発話とは異なる）。実は、このような現象は、さほど珍しいものではない。つまり、この H と Y が仲のよい姉妹であるということや、H が特別察しが良いということによって可能になっているわけではなく、このような協働的完了が生じる箇所は、受け手（つまり協働的完了を開始する者）が、その時点で、文法的・意味的に、その後に現在の話し手が産出するであろう発話を十分に予測できる様々な手がかりがあるということを Lerner の一連の研究は明らかにしている。

　このような協働的完了によって、相互行為的に何が達成されているのだろうか。事例 (12) では、04 行目で Y が「>°でも°<」と言った時点で、Y は、H の「事務所が泥棒に入られた話」に端を発して語られた防犯対策の話をまとめとして Y 自身のスタンスや感想を述べ始めているように聞こえると述べた。そして、「何か」と産出された時点で、それは、「何か」に続けることができるフレーズであることも予測可能となる。その直後、現在の話し手である Y が言いよどんだときに、その続きとして予測されるフレーズを産出することは、現在の話し手のそれまでの発話を注意深く聞いていたこと、そして、実際に発話する前に次の部分を具体的に予測できるほどに良く理解できていることを示すことになろう。また、ここでは、そもそも H による

「泥棒に入られた話」からここまでの話題が展開してきたことを踏まえると、語りのまとめがどのようなものになるのか、H自身の言葉でそれを表現する機会としても利用されていると言える。では、次の事例はどうだろうか。

(13)　[MST_Golden Week]
01　M:　だから，渋谷の交差点はいつものように[混んでいたの．
02　N:　　　　　　　　　　　　　　　　　　　[混んでんだよね．

ここでは、Mがゴールデンウィークに渋谷に遊びに行き、渋谷の交差点で出会った高校生の話をしている。Mは、N(Mの親しい友人)にはこの話をすでにしたことに言及した後、もう1人の参加者に向けてその出来事について語り始める。Mはこの断片の直前に、ゴールデンウィークには、都内の者は旅行などにでかけるが、地方から東京に遊びにくる人も多いということを述べている。そして、01行目で、「だから」と、その結論としていえることをこの後に述べようとしていることが予告される。「いつものように」まで聞いたときに、Nは、その後に続くと思われる発話を十分に特定し、具体的に予測することができたのであろう。それが可能であることを実演的に(実際にそうすることによって)示すことによって、一度同じ話を聞いているNは、Mと同じ語り手の側にいて、もう1人の参加者に向けてMと共に語ることが出来る者であることを主張することにもなるだろう(第6章参照)。

　以上みてきたように、発話の重なりは、現在の話し手が産出しているTCUと次の話し手(発話を重ねて来る側の者)が産出しようとしているTCUがどのようなタイミングで、どのような発話として重ねられ、発話を重ねることによって相互行為的に何が生じているのか、あるいは、為されているのかを丁寧にみることが重要である。なぜならば、会話の参加者自身が、発話の重なりにどのように対処し、どのようにその後の相互行為を展開するか、また、敢えて発話を重ねることによって相互行為上どのようなことが達成されているのかなどを、TCUという単位とそれを割り当てる順番交替システ

ムとの関連で理解し、実践しているからだ。

　まとめておこう。会話における発話の重なりとは、一見、一度に1人が話すという事態をスムーズに生み出すべく作動する順番交替システムが一時的な誤作動を起こしているようにみえるが、SSJ の順番交替システムのモデルは、TRP 周辺で生じる偶発的な発話の重なりが体系的に生じうる可能性にも説明を与えるものである。また、TCU の途中で生じる重なりは、現在産出されている TCU の途中で重ねるからこそ、発言権の奪取もしくは共有をめざす行為として理解可能になり、そのときその状況において具体的な相互行為上の意味を持つことになる。いずれにしても、順番交替システムの規範性が志向されているからこそ、そうした理解が可能となるのだ。

4.2. 間合い

　順番交替システムが、一度に1人が話すという事態をスムーズに生み出すシステムであるとすれば、会話の途中で「誰も話していない」状態、つまり、**間合い**（silence）が生じた場合も、一時的な順番交替システムの誤作動にみえるかもしれない。しかし、この場合も、単に不測の要因がシステムの作動に影響を与えたというわけではなく、順番交替システム自体が、どのような間合いなのかということについての説明を与えるのである。先に見た、順番交替システムの規則群 1a) ～ c) および 2) をもう一度見て欲しい (p.66-67)。これらの規則の適用との関連において、間合いを捉えることが可能であるし、会話参加者は、そのような理解の仕方に基づいて、会話の中に生じる間合いに対処しているのだ。どういうことなのか、具体的にみていこう。

　まず、これらの規則が適用される位置（すなわち、TRP）の前、つまり、現在の TCU の途中で生じた間合いは、当然ながら、その TCU を産出している話し手が生み出しているものとみなされる。間合いの中でも、これを特に「一時停止」という意味合いで「**休止**（**pause**）」と呼ぼう[12]。この休止は、現在の話し手に属する間合いだから、基本的には、他の参加者がそこで発話を始めるべきではないと理解されよう。（ただし、現在の話し手が言いよどんで休止が生じた際に、受け手が、4.1 でみたような協働的完了を開始

したり、話し手の代わりに続きを産出して、理解を示したり、助け船を出したりする場合もある。）そして、現在の TCU の完結可能な点、すなわち、TRP に至るまでの間に現在の話し手がそれまでに次の話し手を選択した場合、TRP に至った時点で規則 1a) が適用され、選択された者が次に順番を取って話す権利と義務を有するという事態が生み出される。このとき間合いが生じれば、それは、次の話し手として選択された者が「黙っている」、あるいは、「次の順番の開始を遅らせている」状態として理解される。これも、やはり、今や「現在の話し手」であるべき次の話し手として選択された者が発話を「休止」しているとみなされよう。このような間合いは、スムーズに順番を連ね、行為を交換していくことによって成り立つ会話という相互行為において、次の順番を取って発話を産出すべき者が発話を産出していない（あるいは、産出を遅らせている）逸脱的な事態なので、**「顕著な間合い (noticeable silence)」** と呼ばれることもある。次の話し手に選択された者が、適切な反応をすぐには開始できないながら、「ええと」や「うーん」などのいわゆる「フィラー」類をまず産出することがしばしばあるが、それは、今 TRP であり、自分が次の話し手に選択されているがゆえに、次の順番を取ることが求められているという認識を明らかにし、そうした逸脱的事態を生み出していると見なされることを回避していると言えよう[13]。

さて、現在の TCU が TRP に至るまでに 1a) の規則が適用されなかったら（すなわち、それまでに現在の話し手が次の話し手を選択しなかったら）、1b) の規則が適用され、現在の話し手以外の者が自分で自分を次の話し手として選択してよい（が、しなくてもよい）という事態に至る。このとき、次の話し手として自己選択した者が次の順番を取って発話を開始するまでの間に生じた間合いは、順番と順番の間の **「切れ目 (gap)」** と呼んでよいだろう。順番交替システムは、この「切れ目」が最小限になるように作動する。というのも、1b) の規則に組み込まれている「最初に話し始めた者が次の順番を取る権利を有する。」という規定は、次の順番を取ろうとする者が、TRP に至ったときにできるだけ早く話し始めるような圧力を生み出すからである。しかし、だれも次の話し手に自分を選択せず、1c) が適用され、現在の話し

手が自己選択によって新たに TCU を産出する事態に至った場合、1b) 適用後の時点では「切れ目」とみなされた間合いは、1人の話し手の順番の内側に取り込まれることになるので、最終的に「休止」となる。ここで、3.1 で取り上げた事例(4)を振り返ってみよう。

（4）［ticket］
01→M: あの- (0.5) じゃ:: あの:: ホテル: (0.5)込みにしたら？
02　　(2.5)
03→M: >そのほう< が安いよ？
04　D: あ:: ジャルとか (.) アナで:?
05　M: °ん° そうそうそうそう.

まず、01 行目の M の TCU の途中に生じている 2 つの 0.5 秒の間合いは、いずれも、「休止」であることは、わかりやすいだろう。この TCU は、先にみたように、提案の行為を実現しているため、この行為の受け手である D を次の話し手として選択している。つまり、1a) の規則が適用されている。しかし、TCU の完結可能な点に至った後、02 行目で 2.5 秒の間合いが生じている。これは、D が次の順番を取って発話していない状態として理解される。つまり、D に属する「顕著な間合い」が生み出されている状態だ。しかしながら、03 行目で再び M が発話を始め、01 行目の提案の理由・利点を明らかにする TCU を産出する。この発話によって、結果として、02 行目で順番が移行することなく、03 行目まで M の順番が続くことになる。そのため、02 行目の間合いは、遡及的に M の順番内に生じた「休止」へと変換されるのである。このようなケースは、1a) が適用されて、次の話し手として選択された者が順番を取って発話を開始しないときに、他の会話の参加者は、次の話し手に選択された者が発話し始めるのをいつまでも待つわけではなく、間合いがある程度の長さに至ったときは、それ以上間合いが続いて相互行為の進行が停滞するのを食い止めようと努めることを示している。

　上で述べたように、順番交替システムは、1a) が適用された場合、また、

1a) が適用されなくても、次の順番を取ろうとする者がいる限り、次の順番の開始までの間合いができるだけ短くなるように作動する。しかし、1a) が適用されず、1b) と 1c) いずれにおいても、現在の話し手以外の者による自己選択と現在の話し手による自己選択が行使されないという可能性もある。その場合は、しばらく誰も話さない間合いが続く、会話の**中断**（**lapse**）と呼ぶべき事態が生じたことになる。食事場面の会話や、家族が居間でくつろいでいるときなどの会話は、むしろ、そのような形で語らいが連続したり途切れたりするのが自然だろう。

このように、会話の中で生じる間合いは、順番交替システムとの関連で理解すると、ランダムなものではなく、相互行為の組織においてどのような位置づけにあるものかが厳密に捉えられるし、実際、会話の参加者はそのような水準で間合いに対処（あるいは、なんら対処しないことを選択）しているのだ。

5. 日本語会話の分析における問題点

ここでは、SSJ の順番交替のシステムの考え方を日本語会話データの分析に適用したときに初めて浮き彫りにされる課題、すなわち、TCU をどう捉えるか、という課題について検討しておきたい。TCU の問題は、会話データを対象とする研究においてしばしば取り上げられる、いわゆる「**あいづち**」に焦点を当てたとき、とりわけ悩ましい問題として浮かび上がる。そこで、本節では、「あいづち」とそれに関連する現象を導きの糸として TCU について考えていきたい。

会話分析において、何を「あいづち」と呼ぶか、明確な定義があるわけではないが、多くの場合は、Schegloff (1982) が提唱した**継続子**（**continuer**）[14] に準ずるものを「あいづち」と呼ぶことが多い。ここでもその意味で用いる。Schegloff は次のような例を挙げて継続子を説明している（以下の事例は、わかりやすさを優先させて、原典に提示してあるデータを、ここでの議論に支障がない程度に簡略化している）。この事例は、ラジオのトーク番組

に電話をかけて出演している視聴者Bと番組のホストAとのやりとりである。

(14)　［Schegloff, 1981］
```
01  B: I've listen to all the things that you've said, an' I agree with
02     you so much.
03→    Now, I wanna ask you something.
04     I wrote a letter.
05     (pause)
06  A: Mh hm,
07  B: To the governor.
08  A: Mh hm::,
09  B: telling him what I thought about him!
10 (A): (Sh:::!)
11→B: Will I get an answer do you think,
12  A: Ye:s.
```

まず、注目したいのは、03行目のBの発話である。ここで、Bは、"Now, I wanna ask you something."（で、ちょっとお尋ねしたいことがあるんです。）と、この後に自分がやろうとしている行為を先に宣言し、予告している。Schegloffは、このような発話を**プレ－プレ**（**pre-pre**）と呼んでいる。詳しくは、第4章の1.4.2で取り上げるが、ここでは、この発話は、先に自分が次にやろうとしていることを予告することによって、その後の発言の機会を、その予告した行為に至るまで確保する手だてになっていることだけ押さえておこう。この手だては、まさに、3.1で言及した、順番の最初に複数のTCUが必要であることを予告して、最初のTCUの完結可能な点で受け手が順番を取ることを阻む手だての1つである。確かに、ここでも、03行目で予告された行為、すなわち、「質問」が11行目で産出されるまでの間、受け手のAは、自ら順番を取って話し始めることをせず、TCUの可能な完結点と思われる時点（06行目と08行目。ちなみにBは、09行目までは新た

なTCUを連続で産出するのではなく、"to the governor"、"telling him what I thought about him!"とTCUの完結点以降に発話を付け足していき、TCUを延長している)で、"mh hm"という反応のみ産出している。継続子とは、このように、現在の順番を取っている者が、TCUを延長したり、複数のTCUを用いて発話を産出している途中で、TCUの完結可能な点に至ったとき、受け手が、そこがTCUの完結可能な点であること、しかし、現在の話し手は、引き続き順番を取って発話を続けようとしていしていることの理解を示しているのだ。つまり、受け手は、TCUの完結可能な点で、敢えて"mh hm"とだけ発することによって、現在の話し手がどのような仕方で順番を組み立てているのか、ということも含めて、そこまでの発話を理解したことを示し、その時点で自ら実質的な順番を取って発話を開始する意図はないことを伝えて、現在の話し手が発話を続けることを促すのである。このような継続子は、日本語では、受け手が、現在の話し手の順番の途中に産出する「うん」や「はい」に相当するだろう。これらを、「あいづち」と呼ぶならば、「あいづち」の基本的な働きは、今述べたようなことである。例えば、先にみた事例(3)(07行目以降を以下に再掲)の08行目の2つめの「うん」は、まさに、「継続子」と呼ぶことができよう。

(3) [ドライブ]
07→H: .hhえっとその前日に[ね hhまいちゃんとドライブした[の.
08　Y:　　　　　　　　　　　[うん.　　　　　　　　　　[うん.
09　(2.0)
10→H: .hhまいちゃんさ::::けっこうひどいね.hhhhhhhh

自分の運転を「うまかった」と評価する理由を尋ねられ、Hは、質問に対する応答が期待される位置で、この後に「まいちゃんとドライブした」ときのことを語ることを示す(07行目)。この前置きは、その語りを通して質問に応答することを知らせるものであるため、受け手は、質問に対する応答と聞ける部分が産出されるまでは、Hに順番を譲り続けることになるだろう。

Hの最初のTCUの完結可能な点で、Yは「うん」とだけ産出し、自身のそのような理解を表示しているのだから、これは、継続子に他ならない。

　同じ08行目の最初の「うん」はどうだろうか。一見2つ目の「うん」とさほど変わらない働きをしているように思われる。しかし、この最初の「うん」が産出されている時点は、明らかにHのTCUの途中であり、完結可能な点に近いわけでもない。実は、日本語会話において受け手が産出する「うん」や「はい」は、TCUの完結可能な点のみならず、TCUの途中で産出されることも多い。この意味において、日本語会話における受け手が産出する「うん」や「はい」を仮に「あいづち」と総称したとき、あいづちは、Schegloffの言う継続子とぴたりと重なるものではない。「あいづち」が用いられる位置は、継続子が用いられる位置に比べて、多様なのだ。では、次の事例はどうだろうか。

(15)　[MM_kyosai]
01　H：で::ちょっと聞きたいんやけど::,
02→M：うん.
03　　(0.8)
04　H：あの::::(0.8)石川県の:教採の:
05→M：うん.
06　H：なんか過去問みたいなのって::, 過去問とか− 過去問じゃなくて
07　　　もなんか<対策>みたいのあるやん.
08　　(.)
09　M：うん.
10　H：あれって:::
11　　(1.2)
12　H：どっかに売っとるかな:。
13　M：本屋行きゃあるかもしれんけどあんたこんなもん今なにをゆっ
14　　　とりゃ::いね

　実家を離れて一人暮らしをしている大学生Hが実家の母親Mに電話をし

たときの会話である。01行目の発話は、事例 (14) で Schegloff がプレ－プレと呼ぶ "Now, I wanna ask you something." にそっくりなのはすぐにおわかりだろう。実際、01行目の発話は、プレ－プレと同様に機能している。01行目で予告した「質問」が 10・12 行目で為されるまで H は順番を確保し、受け手の M は、その間「うん」のみを産出し、10・12 行目の質問の後、ようやく実質的に順番を取って「応答」を産出している。プレ－プレに相当する 01 行目の発話に対しても、確かに、「うん」と「あいづち」を産出している。しかし、01 行目の発話は文法的に完結していない上、音調も、発話末尾が完全に下がりきらず、まだ発話が続くように聞こえる。つまり、この 01 行目の発話末の時点は、TCU の完結可能な点には聞こえないのだ。実は、Schegloff のいうプレ－プレに相当するような発話は、日本語では、このように「～だけど」で区切られ、発話の継続を示す音調で産出されることが多い。そして、やはり、そのような発話に対しては、受け手が「うん」などの「あいづち」を産出する。つまり、このことは 1) 日本語におけるプレ－プレは、1 つの独立した TCU としてではなく、TCU の一部として産出されることがあり、2) そのような仕方で産出されたプレ－プレに対しても、基本的に、受け手の反応としての「あいづち」が産出される、ということを示している。05 行目の「うん」も、発話が区切られたところで産出されているが、その区切りは、全く TCU の完結可能な点とは聞けない位置で生じている[15]。

　以上のことは、英語の会話データの分析のもとに積み上げられた会話分析の知見を踏まえて日本語のデータを分析しようとしている私たちに対して重要な課題を提示している。それがどのような課題なのか、ある程度明確にしておきたい。そして、SSJ の順番交替のシステムが提供する分析概念は、そうした課題を含み持つことを認識した上で、日本語データの分析に用いるべきであることを確認しておこう。

6. おわりに

　上述の限定的な意味での日本語の「あいづち」が、TCUの完結可能な点以外ではどのような位置で用いられるか、いまだ体系的に明らかにされていないが、手がかりを与える会話分析的研究はいくつかある。例えば、西阪 (2008) は、発話の途中で、TCUの完結可能な点でも文法的に完結している点でもないのに、単語の（途中ではなく）語尾で、音が引き延ばされたり、「さ」「ね」などを伴ったり、強勢が置かれたりする事によって区切られる場所があり、そのような場所で、受け手の反応（「あいづち」）が観察されるとしている。このような場所を西阪は、**反応機会場**と呼んでいる。また、Morita (2005) は、いわゆる「終助詞」と呼ばれてきた「ね」や「さ」は、文末に用いられるとは限らず、むしろ、TCUの途中で、相互行為上意味のある単位を区切り、その相互行為上の動きを受け手が受け止めた事を示す機会をつくるとしている。高木 (2008) は、心理面接の場面で、カウンセラーがクライアントの語りの途中で、基本的に「うん」という受け手の反応を産出する中で、「はい」という反応に切り替える場所は、相互行為的に重要な焦点となる場所であることを示し、日常会話においても、同様の切り替えがみられることを示唆している。いずれにしても、日本語会話において、現在産出されているTCUの途中で受け手が「あいづち」を産出する場合、それは、相互行為上何らかの焦点となると認識される位置であり、話し手も、そのような位置で敢えて発話を区切り、受け手が反応を産出する機会をつくるということが言えそうである。問題は、TCUの完結可能な点との関連で、「あいづち」が産出されるような「相互行為の焦点となる位置」をどう捉えるべきか、ということである。西阪 (2008) のいうように、発話の途中で（受け手のふるまいも含めた）そのときどきの状況に敏感に対応する1つの手立てとして、発話に区切りをつけ、受け手の反応を引き出す「機会」をつくっているのか、あるいは、Morita (2005) が主張するように、その時点までの自身の発話を相互行為的な単位（interactional unit）として生み出すための区切りなのか。その両方の側面を持つのか。そして、いずれにおいても、その位置

は、「相互行為上の焦点」と呼ぶ以上のいかなる記述が可能なのか。なぜ、日本語ではそのような位置が有標化されるのか。日本語という言語の構造的な特徴との関連性はどうだろうか。SSJ の順番交替システムのモデルの要となる TCU という概念は、日本語に適用しようとしたときに、こうした様々な問題を浮かび上がらせる（もっとも、これは、英語以外の他の言語についても同様かもしれない）。日本語の会話データを分析しようとしている私たちにとって、こうした問題を直視し、日本語の順番交替システムの記述の精緻化をめざすのは、火急の課題であろう。

― ― ― ― ― ― ― ― 課　題 ― ― ― ― ― ― ― ―

下の［ticket］のデータについて、以下の問題に答えてみよう。

基本問題
1. 01 行目の 1.0 秒の間合い、および、22 行目の 1.5 秒の間合いが、それぞれ、どのような位置に生起したどのような間合いかを述べなさい。
2. 02 行目、10 行目、13 行目、16 行目、21 行目、25 行目、28 行目にみられる「うん」（およびその変種型）のそれぞれについて、受け手の反応としての「あいづち」なのか、順番を取って話し手として何らかの行為を産出しているのか、を答えなさい。また、それぞれの答えについて、その理由も述べなさい。

応用問題
1. 3つ以上の TCU からなる順番を抜き出し、TCU の完結可能な点を一重スラッシュ (/)、実際の完結点を二重スラッシュ (//)（完結可能な点と実際の完結点が重なる場合は二重スラッシュのみ）、順番の完結点を * でマークしなさい。また、そのように判断した理由を述べなさい。その上で、話し手が、複数の TCU を連続して産出することを可能にしてい

る手だてとしてどのようなものが用いられているかを明らかにしなさい。
2. 09行目〜21行目で生じていることを、本章で説明した概念や視点を駆使して、できるだけ詳細に記述しなさい。

[ticket]
((大学通学のために一人暮らしをする娘(D)とその母親(M)が、年末の帰省のために予約する必要のある飛行機の往復チケットやその時期について話している。))
01　D: 今ね::ネットで .hh あの::(1.0) 飛行機調べてたとよ.
02　M: うん.
03　D: .hh でもね:(.)あの:スカイネットがわかんない.(.)な- (0.5) あの:: .hh (1.0)
04　　　くうせき::が(.)無いのかもしれんよくわかんない- けど. .hh
05　M: あ:::
06　(0.5)
07　D: ん::[::
08　M: 　　[へ::ほんと::.
09　D: .hh ほかの↑ね:?
10　M: うん.
11　D: あの ジャルとか (ま) アナとか?
12　(.)
13　M: うん.
14　D: [だと::]
15　M: [>全日空?<]
16　D: うん,
17　M: は あるの?
18　D: びみょうね. い- もう- もうすぐやばいかなって感じもう
19　　　.hh [もう
20　M: 　　[もそんなに: (.) 入ってるわけ[:?
21　D: 　　　　　　　　　　　　　　　　　[う::ん
22　(1.5)
23　M: えh:::::?

24　D：ふつか：ね,ふつかの　こうぎゃく::[びん?　[とこでもね =
25　M：　　　　　　　　　　　　　　　　[うん　　[うん
26　D：=結構もう.hhh
27　M：入ってんのね?=
28　D：=う::ん.

注

1　この文脈において「順番」という言い方は特に違和感はないだろう。SSJ における turn を「順番」と訳すのは、このような道筋で考えれば、妥当と思われる。ただ、turn を構成する発話そのものや発話の組み立てという側面について論じるときには、「順番」という訳語はやや座りが悪く、「ターン」というカタカナ表記の方が馴染むように感じられるかもしれない。本章では、一貫して「順番」という訳語を用いるが、文脈によって同じ対象の異なる側面を焦点としていることを念頭において頂きたい。他の章では、順番における発話の構造そのもの等に焦点を当てるときに「ターン」という用語を用いる場合もある。
2　会話分析の初学者は、まずは、西阪仰氏の翻訳(サックス・シェグロフ・ジェファーソン, 2010)を丹念に読まれることをお勧めする。丁寧な訳注が、議論を正確に理解するのに大いに助けになる。
3　SSJ の原著論文でも model という言葉が用いられているが、ここでいう「モデル」とは、仮説検証型研究における「モデル」とは異なることに注意したい。SSJ における「モデル」とは、膨大な量のデータに基づいて引き出された、会話場面に共通してみられる現象を、「会話」という社会的活動を生み出し実践するために人々が用いている様々な手続きの結果として捉え直すことを可能にし、それらの手続きを相互に関連付ける見取り図として提案されたものである。ゆえに、それは、一定の理論的命題にもとづいて分析者が考案した理論的構築物ではなく、会話者参加者が志向している、会話を組織するための規範(手続き)群の相関性を表現する模型という意味での「モデル」である。
4　このような発話タイプが相互行為の中でどのような働きをするのかという点については、林(2005)の興味深い研究がある。
5　後者の例として、次のようなものがある。
　　[HM_演奏会]
　　((娘Dは母Mに、自分のサークルの演奏会に来るように誘っている。))

```
01  D: 無理し[て::
02  M:      [うん.
03  (1.0)
04  D: 来なくてもいいけど::,
05  (0.5)
06  D: (もし[ね)
07  M:     [無理します. ehehhhhhhhhh
08→D: ¥無理しなくていいです[よ別に¥
09  M:                     [hhhhhhhhhhhhhhhh
```

08行目で、Dは、冗談まじりで無理をしてでもDの演奏会に行くことを主張するMに対して、母親が用いた「無理します」という表現を利用して「無理しなくていいですよ」と反論する。この時点でTCUの完結可能な点に至ったと聞くことができるが、Dは「別に」と続ける。この部分は、直前のTCUの末尾に文法的に続くような形で「延長」されているわけではなく、規範的な語順としては直前のTCUの冒頭に置かれるべきものが、最後に付加されているように見える。TCUを「延長」するケースとともに、このようなことが可能な限りにおいて、TCUの完結可能な点は、常に、実際にはそこで完結しない可能性に晒されている。

6 この例からわかるように、会話分析では、「順番」は、基本的に、1人の参加者が実際に話し手としての権利を得て発話を開始した後、別の参加者が次の話者として順番を取るまでの間を指す。つまり、「順番」は事後的に確認できるという性質のものである。一方、TCUは、順番の終了点を予測するために話者自身や受け手が参照する規範的なものである。

7 [質問]-[応答]のように対になる行為を「隣接ペア」と呼び、例えば、[質問]-[応答]の隣接ペアでは、「質問」が隣接ペアの「第1部分」、「応答」が「第2部分」となる。隣接ペアの詳しい説明は第4章に譲るが、現在の話し手が次の話し手を選択する方法を用いる場合、その順番は、必然的に、受け手に働きかけ、特定の反応を要請する行為、つまり、隣接ペアの第1部分となる。

8 ここでは、広く、ある発話に応じて為される発話を「反応」、特定的に、「質問」に応接するものとして、問われたことに対する「答え」を提供する行為を「応答」と呼ぶことにする。「応答」も「反応」の1つのタイプだが、特定的に「質問」に結びつく反応である。

9 このIの質問は、第5章で取り上げる、次の順番における他者による修復の開始である。

10 「達成している」という言い方に違和感を感じる向きもあるかもしれないが、この後も順番交替システムについての解説を読み進めるとより明らかになるように、1人の参加者がTCUを産出し始めて完結可能な点まで至ることができるの

は、その話し手が完結可能な点が予測可能な仕方で TCU を組み立てているからであり、また、受け手もその予測に基づいて、完結可能な点に至るまで自ら順番を取ることを控えるからこそ可能になっているのである。引き延ばされた TCU の場合は、なおのこと、完結可能な点を先送りする手だてが必要であるし、また、完結可能な点を超えて順番を取り続けるには、ここで挙げているような何らかの「技法」が必要となるのだ。その意味において、やはり、順番交替システムの上で会話を進めることは、それが、いかに日常的なとりとめもないおしゃべりであろうとも、「達成」されていることなのだ。

11 Jefferson (1984b) は、発話の重なりの開始点が、ランダムではなく、極めて秩序立っていることを示し、システマティックに重なりの開始が観察される位置の 1 つとして、現在の話し手が何を言おうとしているのかが了解できてその順番の完結可能な点を予測できるような位置を挙げている。実際に完結可能な点に至る前のこのような位置で次の話し手が発話を開始する(すなわち、発話の重なりが開始する)ことを認識的開始 (recognitional onset) と呼んだ。

12 西阪は、SSJ の翻訳(サックス・シェグロフ・ジェファーソン, 2010) において、silence を「沈黙」、pause を「間合い」、gap を「切れ目」、lapse を「中断」と訳している。本章においては、あくまでも筆者の語感に基づく判断だが、端的に、発話されている状態の合間に生じる無音(発話の無い状態)の部分を指す最も中立的な語として「間合い」を(同様の意味合いで用いられている) silence の訳語に充て、「休止」を発話の「一時停止」という意味合いを持つ pause の訳語とした。gap と lapse の訳語は、西阪の訳語に従った。

13 次の話し手に選択された者が、順番を取る際に、まず、いわゆる「フィラー」類を産出する場合は、多かれ少なかれ、そうした目的があるだろう。ただ、「フィラー」類にも「ええと」「うーん」「あのー」「そのー」など様々な表現があり、それらはシステマティックに使い分けられ、すぐに次の順番を取って発話を開始できない理由をも示しているように思われる。(ゆえに、単に「間を埋めるもの」という意味の「フィラー」という呼び方でこれらの表現を一括りにして扱うのは、実は、適切ではない。) 会話分析的立場からフィラー類を分析した研究としては、西阪(1999) や高木・森田(2015) などがある。

14 西阪(2008)の訳語による。

15 ついでながら、09 行目の「うん」は、受け手が現在の話し手に向けて産出する反応としての「あいづち」ではない事に注意しよう。直前の H の順番は「~みたいなのあるやん.」と、その後の質問で言及することになる対象について、M が認識できるか、確認を求めている。09 行目は、それに対して、順番を取ってその確認を与える行為を実現している。同じ言語表現が、行為連鎖上の位置(第 4 章参照)によって全く異なる行為を実現することを示す好例である。

第4章　連鎖の組織と優先組織

　前章で明らかにしたように、わたしたちは、「順番」を取ることによって会話に参加し、「順番」を交替することによって、ひと連なりの、何らかのまとまりのある「会話」を生み出している。この順番の連なり方は、もちろん、でたらめではなく、直前の順番で言われたことを踏まえて次の順番が産出されているはずである。そうでなければ、およそ、理解可能な会話は成立しないであろう。本章では、会話参加者が互いに順番を連ねて連鎖を組織していくことがいかにして可能になっているのかを明らかにしてく。

1.　連鎖の組織

1.1.　行為の連鎖を生み出す順番交替
　さて、今述べた「直前の順番で言われたことを踏まえて」というのは具体的にはどういうことなのか、注意深く考える必要がある。例えば、直前の順番で言われたことについて話せば、会話が成り立つかといえば、必ずしもそうとは限らない。

（1）［作例］
A:　今日一日中テニスしてたの？
B:　たまにはテニスでもやろうよ。

上の例では、AもBもテニスについて話しているが、AとBの発話が連続

して生じても、およそ意味のある「会話」には聞こえないであろう。では、次の例はどうだろうか。Schegloff(2007b)で用いられている実例の一部を抜粋したやりとりである。

（2）　［Schegloff, 2007b; 筆者訳］
A:　今夜は暑いわねえ。どなたかもっとアイスティーはいかが？
B:　あ、氷をもう少しもらおうかな。

(2)では、Bの発話は、「アイスティー」についてではないのに、AとBのやりとりは、とても自然に聞こえる。私たちは、「直前の順番で言われたことを踏まえて」発話を連ねていくとき、「〜について」というトピック的なつながりだけを参照しているわけではない。むしろ、重要なのは、直前の発話は、次に来る反応としてどのようなものを妥当としているのか、ということであり、その妥当性は、「行為」（つまり、その発話によって何をしているのか、ということ）の水準で判断される。(1)のAの発話は、「質問」という行為を為し、質問に対しては、当然、「答え」が妥当な反応として期待される。しかし、(1)のBの発話は、全く、Aの「質問」に対する「答え」には聞こえない。Bは、「テニスをやろう」という「提案」をしているわけで、これは、「質問」と自然に結びつく反応ではない。(2)のAの発話は、アイスティーのおかわりを「勧める」行為である。それに対し、Bの発話は、「勧める行為」に応じることをしつつ、勧められた「アイスティー」よりはむしろ「アイス（氷）」（だけ）を要求している[1]。何かを「勧める」行為に対して、その行為を受け止めつつ、勧められたものとは別の、しかし、それに近いものを代わりに要求する行為は、反応として極めて妥当で、自然なものであろう。

　このように、会話の参加者は、つねに、直前の順番に対して、次の順番ではどのような行為を為すのが妥当か、という問いに直面している。そして、その問いに対する解として、次の順番を生み出しているのである。このような仕方で相互に行為を連ねていくことにより（行為）連鎖が組織される。参加

者の「次の順番でどのような行為が妥当なのか」という問いは、結局、直前の順番で為されている行為について、それは、「いかなる行為か」、そして、相手は「なぜ、今、それをするのか？（Why that now?）」と問うことと同じである。そして、この問いへの解を得るために会話参加者が終始参照しているのが、発話そのものの作られ方（composition）と、各発話の連鎖上の位置（position; 現時点までどのように行為が連ねられ、今産出されている行為は、どのような行為の「次の位置」にあるのか）である[2]。後者については、会話参加者が参照・利用できるような、一般的な連鎖の連ね方（パターン）があり、これを行為連鎖の組織と呼ぶ。本節では、この基本的な連鎖のパターンを紹介していく。

1.2. 隣接ペア
1.2.1. 対（ペア）になる行為

　さて、上で反応として産出された順番が「自然である」、「自然に結びつく」というような言い方をしたが、順番と順番の「自然な連なり方」のなかでも、とりわけ自然で、むしろ、そのような連なりが生じないと不自然に聞こえる、あるいは、「何か特別なことが生じている」と認識されるような連なり方がある。そうした連なりをつくる2つの順番は、もはや、「ペア」とも呼ぶべき強い結びつきを持っている。以下にいくつか事例を示す。

（3）［08_shinjuku］
01　A: 昨日新宿いたんだっけ.
02　(0.6)
03　B: うん.

（3）は、Aが「質問」をし、それに対してBが「答える」という例である。これは、わかりやすいであろう。

(4)　［08_dooisho］
((この会話の録音データを卒論で用いることについて。))
01　A：一応お前の声もはいってっからさ：：
02　B：はい=
03　A：=またあとで同意書みたいなやつ渡すから書いて．
04　(1.0)
05　B：あ，わかりました．

(4)では，01行目から03行目に続くAの順番で「依頼」が為され，05行目でBがそれを「受諾」している。

(5)　［10_夏休み］
((Aが，ある山に登った時の景色がよいことをBに伝えた後で。))
01　A：え：：今度いこう：だから．
02　(0.6)
03　B：いいよ：：．

(5)では，Aが，01行目でBを「誘い」，その前の部分での自分の説明を踏まえてその誘いが妥当であることを主張する（「だから」）。Bは，0.6秒の間合いの後，03行目でそれを「受諾」する。

　今みたような、［質問］-［応答］、［依頼］-［受諾］、［誘い］-［受諾］といったような、強力な結び付きを持ち、ペア（対）を為すような行為の連鎖を、**隣接ペア**（**adjacency pair**; Schegloff and Sacks, 1973）と呼ぶ。その強力な結びつき方は、2番目の発話の言語形式にもあらわれている。「応答」や「受諾」は、「うん」「わかりました」「いいよ」など、ごく簡潔である。つまり、2番目の発話は、最初の行為を為す発話に依存するように作られていて、最初の発話を踏まえて初めて理解可能となるのである。2番目の発話の形式が最初の発話に依存的であることは、日本語の場合は、次のような例においてより先鋭的にあらわれる。

（6）［08_gamen］
01　A：なんか画面切り替わった？
02　B：と思うんだけどね。

Bの「応答」の発話は、Aの「質問」の発話の後に位置づけられているからこそ理解可能である。Bの発話を文脈から切り離してしまうと、それは、従来の言語学的な観点からいえば、文法的な単位さえも構成しない「中途半端」な形式であるが、Aの発話に対する反応としては十分に理解できるものであり、このような発話形式は、実際の日常会話においては、しばしばみられる（第3章事例(1)の解説も参照）。

Schegloff and Sacks（1973）は、今みたような特別強い結びつきを持つ隣接ペアの基本的な特徴を次のように整理した。

1) 2つの発話からなる。
2) この2つの発話は隣接している。
3) この2つの発話はそれぞれ別の話し手によって産出される。
4) ペアの**第1部分**（first pair part: FPP）と**第2部分**（second pair part: SPP）という順序がある。第1部分はやりとりを開始するような発話タイプ（質問、依頼、申し出、誘い、など）であり、第2部分は直前の順番に反応するような発話タイプ（応答、承認、拒否、同意、非同意、など）である。
5) 第1部分はそれを第1部分とするペアのタイプ（［質問］-［応答］のペアタイプ、［依頼］-［受諾］のペアタイプ、［誘い］-［受諾］のペアタイプ、など、ペア自体が類型化されている）の第2部分が産出されることを適切とする。

上のような特徴を持つ隣接ペアは、会話参加者が次のような「規則」に従うことによって生み出される。

第1部分が産出されたならば、その最初の完結可能な時点 (first possible completion) で、第1部分の産出者は発話を止め、次の話し手は同じタイプに属する第2部分を開始する。　　（Schegloff and Sacks, 1973: 296）

　もちろん、実際の会話において、この「規則」に「従わない」という選択肢もありえる（従わないという可能性があるからこそ規則として意味があるわけで、従わないことが不可能な規則というのは存在しない）。そして、この規則に従わない場合は、何らかの逸脱や特別なことが生じているという理解を導く。「規則に従っていない」と認識されるからこそ、このような理解が導かれるのであり、さらにいえば、そのような理解は、規則の存在を前提としているのである。そして、次節で説明するように、会話者は、規則に従わなければそうした理解が導かれるということを利用することもできる。
　また、この規則は、具体的な個々の発話（「トークン」）ではなく、行為の「タイプ」という水準で課せられる制約であることに注意が必要である。つまり、会話の参加者は、実際に特別強い結びつきのある2つの順番の連鎖を生み出す際に、今産出している（されている）発話がどのような「タイプ」の行為なのか、という理解に基づいて上述の規則に志向しているということだ。例えば、「誘い」という行為タイプに属する発話を産出したら、その受け手が次の順番で「受諾」もしくは「拒否」という行為タイプに属する発話をすることを、受け手が誰であるか、実際にどのような表現を用いたか、などにかかわらず一般的期待として持つことができるし、また、受け手は、次の順番で為すことがその「誘い」の「受諾」もしくは「拒否」の行為タイプに属する発話として聞かれることを期待できるのである。この点については、会話分析の強力な分析ツールとなるいくつかの重要な概念と関連してくるので、節を改めて詳しく解説しよう。

1.2.2. 隣接性―「次に来る」ものの特質

　会話における順番の連なりを秩序付ける最も普遍的な原理の1つと言えるのが、「隣接性」である。1つ1つの順番が、しかるべき順序で、隣接し

て次から次へと連ねられることによって相互行為が展開していくわけであるが、このような相互行為の構造は、日常会話においては、前章で説明した順番交替システムが作動することによって生み出される。前章でみたように、このシステムが作動するためには、会話参加者が、直前の順番が次話者として誰かを選択するものであるか、また、直前の順番がどのような行為を為し、どのような反応を要請しているのかということに常に注意を向けている必要がある。そして、これらの問いに対する解として「次の順番」を産出するのである。だとすれば、「次の順番」というのは、否応なしに、直前の順番をどう理解したかということを示すものであり、直前の順番の産出者が、自分の発話が受け手にどう理解されているかを確認する機会でもある。順番交替システムが作動している限り、発話者と発話の受け手は随時交替するので、会話参加者は、相互に、「次の順番」における受け手の反応を聞いて自分の発話がどう理解されているかを確認できる。このようにして、会話参加者は、お互いに、相互行為の進行に支障がないレベルでの相互理解を保証できるわけである[3]。順番交替システムによって進行する会話には、原則としてすべての順番がその直前の順番をどう理解したかを示すべく作られていくという、いわば、強力な遡及的理解チェック機能が内在しているのだ。

　隣接ペアは、さらに強力に、会話の連鎖を秩序づける装置である。隣接ペアにおいては、第2部分の産出者が直前の順番をどのような第1部分として理解したかを示すだけでなく、第1部分の産出者は、誰によってどのような第2部分が生み出されるべきか、極めて強力に制約を課すことができる。また、隣接ペアは、次の順番で実際に生み出されたものが、その制約に従ったものか、それから逸脱したものか、ということを理解する枠組みも与える。さらに、1.2.1で提示した、隣接ペアを生み出すための「規則」は、第1部分が産出された後、即座に第2部分が産出されているかどうかが相互行為上重要な意味を持つことを示している。つまり、第1部分の次の順番で第2部分が産出されたとしても、それが第1部分の完結可能な点に到達した後、即座に産出されていない場合は、規則から逸脱している、すなわち、何か「特別なこと」をしている可能性があることを示すのだ。

このような意味において、隣接ペアは、「規範」でもあるといえるのだ。隣接ペアの規範性があるがゆえに、例えば、私があなたに向けて「質問」をし、その後に数秒間の間合いが生じた場合、それは、あなたが私の質問に「答える」ことをしていないがゆえに生じた間合いだと理解される。実際には、私自身や同じ会話に参加している他の人も含めて、単純に、誰も話していない時間が生じただけであるのに、だ（p.40 の解説も参照）。このように、反応が「不在であることの観察（negative observation）」を可能にするような規範を「**適切性のルール（relevance rule）**」と呼ぶ（Schegloff, 2007b）。

さて、ここで述べていることは、実は、もっと一般的な、私たちが世界を認識する仕方と関わっている。そもそも、ある特定の状況において、ある特定の何かがない、あるいは、為されていない、という気付きは、その状況においては、それがあるべき、あるいは、為されるべき、という規範があるからにほかならない。例えば、ある会議が始まろうとしている場で、「X さんがいない」と言うことができる。その場にいないのは、その場にいる人以外の、この世に存在するすべての人間であるが、ある特定の人についてのみ、その場に「いない」と言うことが適切になる。それは、その場に誰がいるべきか、ということに関わる適切性のルールがあるからこそなのだ。

言語的資源を組織して相互行為の秩序を生み出す実践は、実は、このように、世界を秩序づけて理解し語ることを通して社会を生み出す実践そのものなのである。このことを踏まえると、会話分析研究者が「瑣末なこと」ばかりに注意を向けているという捉え方が妥当でないことも明らかであろう。

1.2.3. 隣接ペアの規範性―「条件付けられた適切性」

適切性のルールの中でも、隣接ペアの第 1 部分と第 2 部分の「強い結びつき」は、特に、「**条件付けられた適切性（conditional relevance）**」として捉えられる（Schegloff, 1968; Schegloff and Sacks, 1973）。あるタイプの第 1 部分が産出されたという条件のもと、同じペアタイプに属する第 2 部分の行為タイプの産出が次の順番で適切となる（relevant）のである。第 1 部分、第 2 部分という呼び方は、単に、それらの発話が置かれる順序を指しているだ

けではなく、第1部分として認識できる発話は、ある特定のタイプの発話をその反応として引き出す行為として認識できるようにデザインされているということであり、第1部分の産出自体が(そしてその産出のとき初めて)、その次の順番で産出されるべき行為に関する「適切性のルール」を喚起するのだ。

　このような性質を持つ隣接ペアは、会話の参加者自身が会話を一貫性のある理解可能なやりとりとして生み出していく際に利用できる「装置」であり、それは、とりもなおさず、会話分析の手法においては、分析者が分析に利用できるものでもある。例えば、第1部分として認識できる発話が産出された時点で、次の順番でどのようなタイプの第2部分が適切となるか会話参加者に「わかる」とすれば、次の順番で実際に産出されている行為は、その理解のもとに産出されているとみなすことができる。「質問」を向けられた者が黙っている場合は、「(即座には)質問に答えないことをしている」とみることができ、このみなしを踏まえて、質問者は、その理由を探し、対処する(質問を繰り返す、質問の仕方を変える、質問した理由を説明する、など)ことができるのである。そして、私たち分析者は、会話者自身のそのようなロジックを辿ることができるからこそ、「質問」-「間合い」-「質問者の次なる行為」という出来事の連なりを、そのようなやりとりとして記述・分析することができるのだ。

　会話分析が記述しようとしているのは、会話参加者はどのような規範に志向してどのように相互行為を組織しているかということなので、会話参加者がしていることの記述が、とりもなおさず、会話分析における「分析」である。つまり、会話参加者自身の目前の相互行為の「分析」と分析者の分析が同一であることがめざされ、分析者は、対象としている発話やふるまいだけでなく、その相互行為で生じているあらゆることを手がかりにその同一性を追求する。この意味において、本書でこれまでの会話分析の成果として紹介している「重要な分析概念」はすべて、「私たちが会話の参加者として会話の具体的状況において用いている、会話を生み出す手続きや規範として確認されたもの」にほかならない。

さて、ごく「普通」に、「質問」に対する「答え」として聞くことができる反応が産出された場合、その「答え」の産出者は、自分に向けられた直前の順番を、そのような答えを求める質問として受け止めたことを明らかにしている。1.2.2で述べたように、それによって、質問者は、自分の質問がきちんと質問として問題なく理解されていることを確認でき、そして、多くの場合は実際問題なく「答え」が返ってくる。しかし「質問」が別の行為として誤解されていたり、次の例のように、どのような質問なのかについて適切に理解されていなかったりすることが、受け手の反応からわかることもある。

（7）［UCSB_memory_hikidemono］
((Tは、自分の出身高校で、自分より2～3年前に卒業した生徒が、卒業記念品(Hは「引き出物」と呼んでいる)としてオリジナルのレコードをもらったことについて話している。))

01　T：でも1人300円の予算としたらで：,
02　H：うん．
03　　(1.0)((Hが飲み物を飲み込む音))
04　T：600枚ゆうたら(3.0)18万円[か．
05　H：　　　　　　　　　　　　[うん．
06　T：18万じゃできんかったやろなんぼ10年- 10何年前ゆうても．
07　　(1.0)
08　H：.hh ¥じゃその前の卒業生は?¥
09　　(0.5)
10　T：一緒や630から650の間やろ[((卒業生の数)．=．
11→H：　　　　　　　　　　　　　[ちがちがちが,.hhその引き出物
12→　　おんなじ物?
13　　(.)
14　T：知らん．

Hは、08行目の自身の質問が「卒業生の数」について尋ねたものだと誤解

されたことを、10行目のTの発話を聞いて気付き、11行目でTの誤解を解くべく自身の質問をやり直している。これが、第5章で解説する第3位置の修復である。

　以上のように、隣接ペアは、第1部分の産出と同時に、その後に生じるべき反応を方向付ける一方で、実際に生じたことについての解釈の枠組みを与える（ただし、隣接ペアが喚起する「適切性のルール」が、次に生じることを決定するわけではないことは、いうまでもない）。「隣接ペア」という概念は、「質問」と「応答」がペアで生起する場合が多い、といったような単純な観察をもとにそのような連なりに対して付けられた「呼び名」や「ラベル」ではなく、上で説明したように、相互行為を秩序づけるための、恐らくは最も普遍的に用いられている強力な装置を指しているのである。

1.2.4. 第1部分に対応する第2部分の種類

　先に隣接ペアの特徴の1つとしてペアが類型化されていることを挙げた際に、「誘い」の第1部分は「受諾」もしくは「拒否」の第2部分を要請する、という言い方をしたように、多くの場合、相反する極性を持つ2つのタイプの第2部分がある。ただし、「おはよう」に対しては「おはよう」という反応がもっとも一般的であるように、［挨拶］－［挨拶］のペアにおいては、第2部分は、諾否のような極性を持たない。また、この場合、実際の発話において用いられる表現形式も、第1部分と同じものが選択されることが多いだろう。いずれにしても、［挨拶］－［挨拶］のペアは、この点において特殊であり、多くの隣接ペアの場合は、第2部分として、プラスとマイナスのいずれの極性を持つ反応が来るのか、あるいは、そのいずれを産出するのかが会話参加者にとって重要な問題となり、この問題に対処するための様々な「仕掛け」が相互行為を組織する資源として用意されている。このことは、第2節で詳しく説明する。

1.2.5. 最小限の隣接ペア連鎖

　さて、後で詳しく説明するが、行為連鎖は、1つの隣接ペアを軸として、

それが拡張される形で展開されることが多く、その場合、1つのまとまりを成す連鎖全体は様々な長さになりえる。しかし、いずれにしても、行為連鎖の最小単位は、2つの順番からなる隣接ペアである。例えば、以下のように、電話の開始部や終了部には2つの順番がペアとなり、そのペアがいくつか積み重ねられることがしばしばある。

（8）［10_gohanya］
01　A：ほいじゃ［ね：．
02　B：　　　　［じゃね：．=
03　A：=は：い．=
04　B：=はい．

(8)は電話の会話の終了部である。01行目と02行目、03行目と04行目がペアになっていて2つの隣接ペアが連続している。次の(9)は固定電話の会話の開始部分である。

（9）［03_morning］
01　((呼び出し音))
02　A：はいもしもし：［：=
03　B：　　　　　　　［もしもし：：？
04　A：は：：い．

この事例のようなやりとりは、何の変哲もない固定電話の出だしのやりとりにみえるであろうし、何ら目新しさはないと感じる読者もいよう。しかしながら、このようなやりとりは、単に形式的な「パターン」として定着していて、AとBもここでそのパターンに従っているだけではない。いくら平凡に見えるやりとりであっても、会話の参加者は、その時その場で生じていることの細部にきちんと対応しながら発話を産出しているのだ。
　そのことを実感するためにも、隣接ペアという考え方に基づいて、事例

(9)のやりとりを少し細かく分析してみよう。まず、呼び出し音が「01行目」として数えられていることに注意しよう。会話分析における連鎖組織は、あくまでも、行為の連鎖の組織を意味する。Bの、電話をかけて電話の向こうの相手を呼び出すという行為が、この2人のやりとりの最初の行為であり、電話の受け手が受話器を取って応える反応を期待しているという意味においては紛れもない第1部分である[4]。したがって、実際に呼び出し音に応えているAの最初の発話は第2部分となる。

　次に、Aの最初の発話が「はい」と「もしもし」の2つの部分からなることに注目しよう。呼び出し音に「応え」ているからこそ「はい」を用いることができる。「はい」の後に切れ目なく「もしもし」と続けているのは、Aにしてみれば誰がかけてきたのかをいち早く確認しなければやりとりを先に進めることができないため、Aからも呼びかけることによって相手の応答を引き出すことを明示的に行っているといえよう。次の順番で相手がどのような応答をするにしろ、少なくとも相手は呼びかけに応じて声を出すはずである。このように、02行目のAの発話は、呼び出し音に対する「応答」（第2部分）と「呼びかけ」（第1部分）という2つの行為を1つの順番内に押し込んで連続して産出しているわけである。必ずしも、1つの順番に1つの行為が割り当てられるというわけではないことに注意しておこう。

　さて、Bは、実際、次の順番を取って発話する。何であれ、この位置で発話していること自体、とりあえず、Aの「もしもし」という呼びかけに応じたことになる。ただし、Aの呼びかけに応じつつも、同時に、やはり「もしもし」という言い方を用いることによって、（今度は呼び出し音ではなく自分の声を用いて）再び相手に呼びかけることをしている。02行目のAの発話は、2つの行為が「はい」と「もしもし」にいわば「分担」されて実現していた。ところが、この03行目のBの発話は、「もしもし」がAの呼びかけ（「もしもし」）に「応じる」と同時にAに「呼びかけ返す」という2つのことを行っているといえる。このように、1つの順番、より厳密には、1つの順番構成単位（TCU、第3章を参照）が複数の行為を同時に行っていることもしばしばある。いずれにしても、Bの03行目の発話も、第2部分で

ありながら第1部分でもあるといえる。ここで、Bが端的に第2部分にのみなりうる発話(例えば、「はい」など)をしていないのには、それなりの理由がある。この電話は、Bが掛け手である。つまり、Bのほうが何らかの用件をAに持ちかけている。もし、03行目の時点で、Bが、例えば、ただ「はい」と応えれば、［Aの呼びかけ(02行目)］－［Bの応答(03行目)］で隣接ペアが完結してしまう。Bがここで順番を完結させ、連鎖を閉じてしまうと、(会話参加者が2人の電話会話では)次の順番でAが発言することが期待されるが、電話の受け手であるAは、ここで何を為すべきか途方にくれるだろう。ここでBが(応答すると同時に)もう一度呼びかけを行うのは、Aがもう一度それに対して応答(に特化した行為)を産出することによって一旦連鎖が閉じられ(04行目)、その次の順番でB自身が新たな連鎖を開始してそもそも電話をした理由、つまり、用件を切り出せるようにやりとりを展開できるからだ。

さらに、Bは、「もしもし」の発し方を通して、単に呼び返す事以上のことをしている。Bの「もしもし」は、発話末が引き伸ばされ、やや上昇調になっている。実際の音声を聞くとわかりやすいのだが、くだけた感じで親密さを伝えるような言い方である。相手の「はいもしもし」という声だけしか聞いていないこの位置でそのような言い方をすることによって、Bは、すでに相手が自分の知っているAであることがわかったことを伝えているし、それはすなわち、自分がAの声を聞くだけでAだとわかるような関係にある者であることをも伝えているのだ。

Aは04行目でBの呼びかけ返しに応じている。つまり、03行目のBの第1部分としての行為に応じる第2部分を産出している。このとき、「は::い」と音をひきのばすことによって打ち解けた感じを出して、Aも、掛け手がだれであるか、その声を聞いただけでわかったことを伝えている[5]。

以上のように、わずか2秒程度のやりとりの中で複数の隣接ペアが噛み合わさるように連なっていて、それぞれのペアにおいて、今述べたように、直前の順番で生じていることの細部に敏感に反応し、直前の順番をどう理解したかを示す仕方で順番が連ねられているのである。

さて、2つの順番からなる隣接ペアが、最小単位として行為連鎖をつくること、そして、それが単に慣習的な決まり文句を取り交わしているだけではないということを、電話会話の開始部や終了部のやりとりを中心にみてきた。隣接ペアが最小単位であることは、会話の開始部や終了部以外の部分のやりとりからも観察できる。事例(10)が生じた電話会話では、会話の最初のほうで、H(姉)が梨の直売店に梨を買いに行こうとY(妹)を誘うが、Yの都合が悪いため、Yの家族の分の梨もHが買ってくることになり、どのような梨をどれくらい買ってくるか、ということについてのやりとりがあった。その後、15分程、様々な事柄について話した後、(10)のやりとりが始まる。

(10) ［nashi_satoimo］
```
01→Y: じゃ[:,.hhあ[と::(.)なし::屋[さんに行ってきたら:連絡くれる?
02  H:     [じゃ-  [(まあi-)       [あん．
03→H: そう[ね．うん．
04→Y:    [(で)そのときに:あの:いつものサトイモ?(0.3)あ[の:
05  H:                                              [うん．
06→Y: おいしいサトイモ[が あるんで[:
07  H:               [うん．     [うんうん．
08→Y: ng- あの：持ってくつもりで >いるん[だけど<
09→H:                                 [はいはいわかりました．
10  H: .hh g-きょうは>だから<まだ(.)あの梨屋さんが電話してないか
11     ら.hh いるかいないか>わからないけど<いれば：(.)今行ってくる．
```

01行目でYが、梨を買ってきたら連絡をするようにHに「依頼」する。03行目でHはこれに応じる。つまり、01行目と03行目が［依頼］−［受諾］の隣接ペアを構成している。そのやりとりを踏まえて(厳密には、Hの「そう」という受諾を示す言語表現が産出された瞬間)、04〜08行目では、Yが、Hが買ってきた梨を受け取りに行く際に、サトイモを持っていくこと

を「申し出」る。そして09行目でHがこれを「受け入れる」という具合に、また別の隣接ペア（［申し出］－［受け入れ］）が続いている。

　(8)～(10)の事例が示すように、2つの順番からなる隣接ペアが完結した時点で、何らかの水準での行為のやりとりが達成されたとみなされる（会話参加者がそのように志向している）ことが観察されるという意味で、隣接ペアが行為連鎖の最小単位であると言えよう。ただ、実際には、次の事例のように、隣接ペアの直後にもう1つの順番が張り付いている場合もよくある。事例(11)は同じYとHの会話の最初の部分でYがHに自分の家族の分の梨も買ってくるように明示的に依頼する部分からの抜粋である。

(11)　[nashi]
01→Y：うん　そ- そしたらうちの分も一緒に=
02　 H：=[うん．
03→Y：=[買ってきてくれるとありがたいんだけど．
04→H：はいはい．
05→Y：うん．
06　　 (.)
07　 H：[あの，↑りょうは：：：，
08　 Y：[それ-
09　 Y：うん．
10　 H：どうする

01・03行目がYが「依頼」をしている発話である。Hはそれを04行目で「受諾」している。そしてさらにYが、05行目で、そのHの「受諾」を聞き届けたことを示している。この場合、05行目の発話は、01・03行目と04行目から成る隣接ペアに付属しているようにみえる。このような連鎖がしばしば生じるので、第1部分と第2部分、そして、第2部分を受け止めたことを示す（第1部分の産出者の）順番からなる3つの順番の連鎖が最小単位とする見方もある。つまり、次のどちらの捉え方が適切か、ということが問

題となりうる。最小単位の隣接ペアに「3つ目の順番」が付加されて、3つの順番がひとまとまりになる場合もある、というべきなのか。それとも、3つの順番から成る最小単位が、何らかの理由で3つ目の順番が欠落して、2つの順番からのみ成る連鎖として出現する場合もある、というべきなのか。日常会話のデータを観察すると、確かに3つの順番がひとまとまりとなっている場合も多いのだが、このような連なりの捉え方としては、前者が適切であろう。なぜならば、後者の捉え方においては、3つ目の順番が「欠落している」という見方をすれば、その都度、その理由が説明できなければならない。しかし、(8)〜(10)の事例からわかるように、3つ目の順番が「欠落」しているようにはみえない場合が多いし、そうであるならば、そのようなケースについてその理由を問うのは、的外れであろう。また、実際には3つ目の順番が生じている(11)の事例においても、仮に3つ目の順番（05行目）がなくても、何かが欠落しているようには聞こえないのではないだろうか。やはり、2つの順番から成る隣接ペアが行為連鎖の最小単位として用いられていると考えるほうが適切といえよう。逆に、3つ目の順番が付随的にしばしば生じる理由については、1つの説明がすでに提示されている。これについては、1.7. で詳しく述べる。

1.3. 行為連鎖の拡張

2つの順番からなる隣接ペアが最小単位であるとすれば、隣接ペアを土台として行為連鎖が拡張される可能性が考えられる[6]。隣接ペアが拡張される場合、その拡張が生じることが可能な位置は、下図のように、3つある。

```
                        ←先行拡張(Pre-Expansion)
           ┌A: FPP
基本(base)連鎖│      ←挿入拡張(Insert Expansion)
           └B: SPP
                        ←後続拡張(Post-Expansion)
```

つまり、土台となる基本連鎖の第1部分の前、第1部分と第2部分の間、第2部分の後の3つの位置である。この3つの位置すべてにおいて拡張される場合もあれば、どこか一箇所だけが拡張される場合もある。また、それぞれの拡張は、やはり隣接ペアを土台とした連鎖としてつくられるので、入れ子のように、拡張の中にさらに拡張が生じることもある。以下では、具体的な事例をもとに、どのように連鎖の拡張が生じるのかをみていこう。まずは、第一部分の前が拡張される**先行拡張**から取り上げる。

1.4. 先行拡張
1.4.1. タイプ特定的先行連鎖

「先行拡張」の「先行」というのは、もちろん、土台となる隣接ペア(基本連鎖)に「先行」して生じるためそう呼ぶわけであるが、会話参加者の立場からみた場合、そもそも、まだ生じていないはずの**基本連鎖**に先行するものだということがなぜわかるのだろうか。その答えをきちんと理解しておくのは会話分析的な視点を身につける上でとても重要である。先行拡張は、何か本題となる基本連鎖の先行、もしくは、準備として生み出されていることが参加者の間でわかるように(認識可能なやり方で)デザインされているのだ。先に述べたように、隣接ペアの第1部分は、第1部分とわかるようにデザインされているが、先行拡張を構成する先行連鎖の第1部分は、単に第1部分であるというだけでなく、何かの準備として為されている第1部分であることがわかるようにデザインされているのである。さらに、本題となる基本連鎖がどのようなタイプの連鎖かということについても、ある程度特定できる場合が多い[7]。そして、先行連鎖の第2部分は、そのことを踏まえて産出される。つまり、先行連鎖の第2部分は、予示された基本連鎖が実際に生じるのか、生じるとすれば、どのような形で生じるのか、などを左右するのである。

では、実際、先行連鎖というのはどのようなものかをみてみよう。以下に、いくつかまとめて提示する。

(12) ［同窓会　20:24］
((Aがお気に入りのバンドのボーカルについて))
01→A: なんかさ::,（.）m- 家にニコニコ動画とか(も)見れる::?
02　　（.）
03⇒B: 見れるよ.=
04　A: =あじゃさ::, 見てみてよ::.（.）すっごいちょうかっこいい
05　　　からさ::.
06　　（.）
07　B: もっかい言って::なまえ::.

(13) ［YH］
((AとBの元同僚について))
01→A: メールアドレスとか知ってる:?
02⇒B: >知ってますよ知ってます< ［もちろん知ってる］
03　A:　　　　　　　　　　　　［今度　教えてよ.］
04　B: う:ん.↑今わかんないけど　うち帰ればわかるから送りますよ.

(14) ［MM_taiiku］
((MとRは大学生で、同じアルバイトをしている。))
01→M: あ，リュウちゃんさ::
02　　（1.0）
03　R: う:ん
04→M: 社長からカード返してもらった?
05　　（1.0）
06⇒R: ああもらった.=おれ部屋にある（.）う［ん.
07　M:　　　　　　　　　　　　　　　　　　［あ:そうなんだじゃあこんど:
08　　（.）
09　R: うん,
10　　（.）
11　M: よろしくね.=

12　R：＝う-(.)うん,いつでもいいよ.とりにきて.

上のいずれの事例においても、最初の質問に対して肯定的な応答が返され、それを踏まえて、最初の質問者が依頼をしている、という展開になっていることが観察できる。最初の質問は、後で依頼をするための条件((12)では、Bが「ニコニコ動画」を家で見ることができること、(13)では、Bが元同僚のメールアドレスを知っていること、(14)では、Rが社長から「カード」を返してもらっていること)が満たされているかどうかを確認している。そして、これらの質問に対する肯定的な応答は、その条件が満たされていることを明らかにしているため、それを踏まえて、最初の質問をした者が次の位置で依頼をしているわけである。このように、これらの事例の最初の質問(→)とそれに対する応答(⇒)が、先行連鎖の第1部分と第2部分となっている。その後に来る依頼とそれに対する(上の事例の場合は)受諾が、本題となる基本連鎖である。先に述べたように、先行連鎖は、それが次に用意されている何らかの行為の準備であることが会話参加者の間でわかるようにデザインされている。そのことが、特に(14)の事例から観察できる。Mの質問に対し、06行目で、Rはカードを返してもらったこと、そして、そのカードがいま自分の部屋にあることを述べる。それを踏まえて、MはRに「よろしく」と頼むが、07～11行目のMのこの依頼をしている順番において、それ以上のこと(何を「よろしく」と頼んでいるのか、など)は、明らかにされていない。しかし、Rは、それが、カードをMがいつ取りに来ても良いように用意しておくようにという依頼であったという理解を次の順番(12行目)で示している。つまり、本題の依頼そのものが、表現としてはきわめて曖昧に為されているにもかかわらず、先行連鎖の第1部分を聞くことによって、それがどのような行為の準備であるかを十分に特定できているわけである。事例(14)では、この会話参加者の2人の間で共有されている背景知識がそうした理解を可能にしていることが、2人のふるまいから(分析者にも)わかる。

次の(15)は、会話参加者に特有の背景知識というよりも、日常的にしば

しば経験するやりとりであるために、先行連鎖の第1部分を聞くだけでほぼ確実に基本連鎖の第1部分が特定できてしまう場合の事例である。このような場合、先行連鎖の第1部分(多くの場合、「質問」)は、基本連鎖の第1部分(多くの場合、「依頼」)に進むための、もはや慣習化された手続きであり、その受け手は、しばしば、先行連鎖の第1部分を基本連鎖の第1部(つまり、本題の依頼そのもの)として扱って反応する。

(15)　［MM_toomorokoshi］
01　T：あ,お母さんいる?
02　O：う:ん.
03　T：あ［:-
04　O：　［ちょっと待って
05　T：あ::はいはい.

固定電話の会話の開始部で、その電話が設置されている家の居住者の誰かが在宅かどうかを尋ねる質問は、肯定的応答の後に、その人を電話口に呼ぶ依頼が為されることを強力に示す。そのため、事例(15)のOのように、掛け手がその依頼を為す前に、その依頼に応じる反応をすることができるのである(04行目)。

　ところで、先行連鎖の第1部分に対する反応(第2部分)が、基本連鎖に進む条件が満たされていないことを示す(多くの場合は否定的な)反応だった場合、どのようなことが生じるのだろうか。事例(16)は、事例(15)と同様、固定電話の開始部で、やり取りの内容はそっくりだが、先行連鎖の第2部分として否定的な反応が為されている。

(16)　［MM_okaasan］
01→Y：あのさ,お母さんいる?
02⇒K：>いない<
03→Y：お父さんは?

04→ K: だれもいない
05　 Y: なんだよ！(.)￥じゃ:いいや￥.
06　 K: はい

　事例(16)では、2つの先行連鎖が連続している。01行目と02行目が1つ目の先行連鎖、03行目と04行目が2つ目の先行連鎖だが、いずれも、Yが話そうと思っている相手が「いない」という反応が返されている。そこでYは05行目で、「なんだよ！」と不平を述べた後、何かをあきらめることを宣言する(「￥じゃ:いいや￥」)。つまり、後に何らかの本題の行為を予定していたこと、そして、そこまでのやりとりを踏まえて(「じゃ:」)それをあきらめざるをえないという認識(「いいや」)を、参加者自身が示しているわけである。そしてもちろん、この事例においては、用意されていた基本連鎖(話したい相手に代わってもらうという「依頼」と「受諾」の連鎖)は生じない。それでも、やはり、04行目までのやりとりは、基本連鎖の準備として生み出されていることが明らかであるし、何よりもまず参加者自身がそのように志向しているという意味で、・先・行・連・鎖なのである。

　上でみたように、先行連鎖第1部分に対する反応(第2部分)には、基本連鎖に進むための条件が満たされていることを示すことによって本題の連鎖に進むことを促す反応と、逆に、条件が満たされていないので、本題の連鎖に進む事を阻止する反応の2つのタイプがある。Schegloff(2007b)は、前者を **go-ahead**、後者を **blocking** と呼んでいる。また、ときに、次の例のように、基本連鎖にすすむ条件が満たされているかどうかを明らかにせず、先行連鎖第1部分の産出者に対して、基本連鎖の第1部分がどのようなものか、先にそれを明らかにすることを要請するような反応もある。Schegloffは、これを **hedging**(特に定着した訳語はないが、hedgeは「言葉をにごす、はぐらかす」の意)と呼んでいる[8]。Schegloff(2007b: 31)から英語の実例をみてみよう(訳は筆者による)。

(17) ［Schegloff 2007b, p.31］
```
01   Jud:  Hi John.
02 → Joh:  Ha you doin-<say what'r you doing.
           (どう- 何してる?)
03 ⇒ Jud:  Well, we're going out. Why.
           (えっと出かけるところだけど.なんで.)
04   Joh:  Oh, I was just gonna say come out and come over
05         here and talk this evening, [but if you're going=
           (いや,今夜こっちきて話でもしないかなと思って.でも)
06   Jud:                              ["Talk," you mean get
                                       (「話す」って,飲もう
07         [drunk don't you?]
           ってことでしょ?)
08   Joh:  =[out you can't very] well do that.
           (出かけるんだったらそれはできないね.)
```

電話会話の開始部に続いて、電話のかけ手が「今何してる?」や「今何かしてるところ?」といったような質問をしたら、多くの場合は、実際に今電話の受け手がやっていることを知ることそれ自体を目的とした質問ではなく、その後に受け手を誘ったり、頼み事をしたりといったような行為が本題として用意されているように聞こえるだろう。03 行目の Judy (Jud) の反応は、02 行目の John (Joh) の質問をまさにそのような先行連鎖の第 1 部分として理解したことを示している。Judy は、その後に John が用意している本題が何であれそれに対応できないことをほのめかす「出かけるところ」という反応を一旦しておきながら、すぐに続けて「なんで」と尋ねる。この「なんで」という質問は、本題で用意している行為を明らかにすることを要請し、その行為がどのようなものであるかによって自分の反応を翻す可能性があることを示唆していよう。

　さて、ここまでみたように、先行連鎖の第 1 部分は、基本連鎖に進むための条件が満たされているかどうかを事前にチェックするために用いられる

場合が多い。このことは、後で詳しく解説する優先組織と関わっているが、ここでは、とりあえず、先行連鎖の第1部分をそのように用いることによって、基本連鎖でやろうとしていることが拒否されることを、事前に、また、体系的に回避することができる、という点を押さえておこう。私たちは、誘ったり、依頼したりした時に「断られる」のは、その人との関係において望ましい事ではないので、できれば避けたいと考えるだろう。もし、断られる可能性が高いことが事前にわかるのであれば、敢えてその誘いや依頼を口にすることはしないのではないだろうか。そういう一般的な認識と、本書で取り上げて解説しているような相互行為上の手続きとは無関係では無いことがもはや明らかであろう。むしろ、私たちが一般的に漠然と認識していることは、相互行為の組織の仕方の細部に組み込まれ、実践されているのである。

ここまで取り上げた先行連鎖の第1部分は、基本連鎖の第1部分としてどのようなタイプのものが用意されているのかある程度特定できるという特徴を備えているので、「**タイプ特定的先行連鎖**(type-specific pre-sequence)」と呼ぶことができる。なので、依頼の先行として産出されているのであれば、「**プレ依頼**(pre-request)」、誘いの先行であれば「**プレ誘い**(pre-invitation)」という言い方も可能である。もちろん、(先行連鎖第1部分の)受け手にとって、正確には、依頼の準備なのか誘いの準備なのかわからなかったり、予測が外れたりすることもあるが、ともかく、何らかの特定のタイプの行為の先行・準備として為されていることがわかるという点が重要である。

タイプ特定的先行連鎖の1つであるが、上で挙げた「プレ依頼」や「プレ誘い」とは少し性質が異なるのが、「**プレ告知**(pre-announcement)」である。つまり、なんらかの出来事などを知らせる発話の準備として為される発話である。「プレ告知」は、**語り**(telling)に先行する「**プレ語り**(pre-telling)」の一種として捉えられよう[9]。実際、その後に何らかの「ニュース」を告げる行為が用意されているのか、「ニュース」ではないが、何らかの物語が用意されているのかは、先行連鎖の時点では区別がつかない事も多いし、先行連鎖第1部分の受け手の反応に応じて、同じ出来事がニュースと

して告知される事もあれば、別の仕方で語られる事もあろう。ただ、「プレ語り」に共通しているのは、会話の参加者が常に志向している1つの原則に特に密接に関わっているという点である。私たちは、基本的に、すでに相手が知っているということがわかっている事柄を、相手が知らない事として、もしくは、ニュースとしてその相手に話すことはしないし、そうしないように気をつけている。何かを語って相手に伝えたり、ニュースとして告知しようとする際には、まさに、この問題が焦点化されるので、先行連鎖(つまり、「プレ語り」)を用いて相手がすでに知っているかどうかチェックするのである。次の事例をみてみよう。

(18)　［12_jikka］
((兄(T)と妹(S)の電話の会話。この断片部分が始まる少し前から二人の祖母のことが話題となっている。))
01　S：ね，聞いた:↑::?　はしごから落ちたって．
02　　(.)
03　T：ああ聞いた聞いた．
04　S：びっくりしたんだけど．
05　　(0.4)
06　T：うん．
07　S：しかも病院行ってないらしいよ::::?

この断片の直前では、Sが、社会人となったTが自分の給料で買った物をもらって祖母が喜んでいたことを報告する。その直後、Sは、唐突に01行目の発話を産出する。この発話のように、プレ告知は、しばしば、その後に告知しようとしているニュースのトピックや要点を端的に言い表す形で為される。受け手は、それを聞いて、告知されようとしているニュースをすでに聞いていたものであるかどうかを判断して、プレ告知に対する反応(先行連鎖第2部分)を適切に産出できる。上の例では、受け手のTは、そのニュースをすでに知っていることを表明している(03行目)。つまり、この場合、

先行連鎖第1部分に対して、blockingの反応を産出し、その後にSが「(祖母が)はしごから落ちた話」をニュースとして告知する事を阻止していることになる(このように、先行連鎖第1部分に対する反応の中には、形式としては肯定の反応がblockingとなり、例えば、「知らない」「いや、聞いてないよ」というような否定の反応がgo-aheadになる場合もあることに注意しよう)。実際、その後に、Sは「(祖母が)はしごから落ちた話」をニュースとして語り始める事はせず、その出来事に対する自分の感想・評価を述べ(04行目)、その出来事自体の説明ではなく、その後日談を述べる形で(07行目)、このトピックを続けている。もし、03行目でTがgo-aheadとなる反応をしていたら、それ以降の展開は全く異なる形で為され、件の話をニュースとして告知する行為も「本題」として達成されたであろう。

次節では、後に用意されている本題の行為を予示している(受け手が予測できるようにしている)という点で「タイプ特定的」ではあるが、本節で取り上げた先行連鎖とは異なる特徴を持つものを取り上げよう。**プレープレ**(**preliminary to preliminary**)という、特殊なタイプ特定的先行連鎖である。

1.4.2. プレープレ

Schegloff(1980)は、"Can I X?" "Let me X" "I want to X" "I would like to X"といった形式を持ち、Xで話し手がその後に行う行為の名前を挙げる発話(例えば、"Can I ask you a question?" など)、あるいは、"Tell me something" "Do me a favor" のように受け手にして欲しい行為を指示する発話があることを指摘している。そして、このような、後に産出される行為を予告する発話(action projection)が相互行為上果たす2つの働きについて報告している。

その働きの1つは、デリケートな(複雑で、扱いにくい)問題に関する質問や振る舞いの前で用いられ、次に来る行為が、そうしたデリケートさを含むものであるという話し手の認識を標示すると同時に、受け手に対してそのことを予告(警告)するという働きをする場合である。例えば、筆者が実際に耳にしたやりとりだが、「ちょっと聞いてもいいですか？」と尋ねたのに対

し、受け手が「はい」と答えたのを踏まえて、「もしかして、下のお子さんができました？」という質問が為された場合、最初の質問は、敢えて「質問することの可否を尋ねる質問」をすることによって、これからしようとしている質問がデリケートな質問であるという認識を示していよう。また、同時に、受け手が質問することを承認したら(つまり、go-ahead の反応をしたら)次にデリケートなことを尋ねる質問が来ることを予告(警告)しているのである[10]。

　もう1つの働きは、本題として用意されている行為を受け手に予め知らせることによって、その本題の行為が産出されるまでの間、本題に至るまでの様々な準備を差し挟む機会を確保するというものである。事例(19)は、第3章でも取り上げた例である。通学のために実家を離れて一人暮らしをしているHが実家の母親(M)に電話をしたときの会話である。

(19)　[MM_kyosai]
01→H: で::ちょっと聞きたいんやけど::,
02　M: うん.
03　(0.8)
04　H: あの:::(0.8)石川県の:教採の:
05　M: うん.
06　H: なんか過去問みたいなのって::, 過去問とか- 過去問じゃ
07　　　なくてもなんか<対策>みたいのあるやん.
08　(.)
09　M: うん.
10　H: あれって:::
11　(1.2)
12　H: どっかに売っとるかな:.
13　(1.0)
14　M: 本屋行きゃあるかもしれんけどあんたこんなもん今な↑に
15　　　をゆっとりゃ::いね
16　H: >いやいやいや< >いやいやいや<　まあまあまあまあ,

17　だってもともと(.)合格する気なかったからいいんだけど.

01行目の発話は、この後に話し手自身がある質問をすることを予告している。ところが、その「聞きたい」ことを聞いている質問は、10・12行目で産出されている。01行目の発話の次のHの発話(04〜07行目)は、相手が「石川県の教採の過去問／対策みたいの」があることを知っているかどうか確認を求める発話であり、それ自体が、01行目で予告している「聞きたいこと」であるようには全く聞こえない。むしろ、Hの04〜07行目の発話は、10・12行目の質問をするための準備だと言えよう。このように、行為を予告する発話が為され、受け手がその行為を行うことに了解を示したとしても、次に為される行為は、当の予告された行為ではないことがしばしばある、というのが、Schegloff(1980)が発見したことである。Schegloffは、その予告された本題の行為の前に差し挟まれるのは、例えば事例(19)のように、本題の行為において言及することになる指示対象を相手が認識できるかを確認するなど、本題の行為を行うための準備、すなわち、「プレ(pre)」である場合が多いということを指摘した。それゆえ、このような環境で用いられる(2つ目の働きをする)行為予告発話を、準備のための準備、「**プレープレ(pre-pre)**」と呼んでいる。ただし、プレープレと本題の行為の間に挟まれるプレは、指示対象の確認とは限らない。次の事例をみてみよう。

(20)　[08_daisetsu]
((イレーヌは、家具・雑貨の店の名前。このやりとりの直後、Aは大きな鏡が欲しいことを述べ、Dは車の運転を引き受ける。))
01　D: じゃあまた2時ごろに:
02　　 (0.8)
03　A: あはい.もう1回[電話します.
04　D: 　　　　　　　[(　　　　　)
05→A: でだいちゃんに[お願いがあってさ::,
06　D: 　　　　　　　[はい,お待ちして-

```
07   (0.8)
08   D:ん::なんだい.
09   A:あ:(0.5)ああそうだ,単位おめでとう.=それの見返りとして
10     [(¥頼みたいの:¥.)
11   D:[ああ,あり(h)が(h)とうあり(h)が(h)と.
12   A:.hh イレーネに(.)つれてって::
13   (0.3)
14   D:イ-イレーネ?=
15   A:=イレーヌ>まちがえた.<=イレーヌ.そ[う.
16   D:                              [なんだ.=
17   D:=ん,オッ[ケオッケオッケー.
18   A:      [でっかい鏡が欲しくて.
```

Aが05行目で「お願い」があること,すなわち,依頼の行為を予告する発話を行っている。08行目でDがその行為に進むことを促している。しかしAは,09行目で一見全く予告された依頼とは関係のない行為を産出する。つまり,Aがある科目の単位を取得できたことを祝う言葉を述べる。この時点では,予告した本題の行為の準備には聞こえず,なぜかAが単位を取得したことをたった今思い出し(「ああそうだ」),敢えてここで祝いの言葉を挟んだように聞こえるかもしれない。しかし,この唐突さの謎はすぐに解ける。Aは,直後に続けて,Dが単位を取れたことの「見返り」として(Dが単位を取れるようにAが何か手助けしたものと推測される),これからDにその「お願い」をすることを述べるのである。つまり,今から行う依頼を,AとDの2人の過去のやりとりに関連付け,その依頼をどのように受け止めるべきか(ひいては,その依頼にどのように対応すべきか)ということについての提案を行っているのだ。したがって,この行為も,本題の行為をよりスムーズに行うための準備(プレ)と言える。

事例(19)(20)では,本題の行為のための準備が,プレ-プレと,プレ-プレによって予告されている本題の行為の間に挟まれる例をみた。ここで,「行為の予告」という行為が,今みたようなプレ-プレとしての働きをする

ことができる理由を考えておこう。話し手は、その後に行う自分の行為（あるいは、自分のふるまいによって相手が行うことになる行為）を表明し、予告することによって、その行為が行われるまで、受け手のその行為への志向を維持することができる。つまり、その行為が行われるまで、受け手は、様子を見て待つようにという期待が課されるのである。それゆえに、話し手は、いわば「安全に」、その行為に先立って様々な予備的行為を差し挟むことができるし、それらの予備的な行為を、予告された行為との関連で理解するように受け手を導くことができるのだ。本章の最初、1.1 で、会話の参加者は常に直前の相手の行為に対して「なぜ、今、それをするのか？（Why that now?)」という問いに晒され、その問いへの解として自らの次の行為を生み出していることを述べた。会話参加者は互いにそのような志向性を持っていることを当てにしながら（当てにしているからこそ）相互行為を進めていくことが可能なのである。そして、プレ−プレは、その直後に来るものについて「なぜ、今、それを」の問いへの答えの手引きとして、話し手が用いることができる資源の１つと捉えることもできる。もっと厳密にいえば、プレ−プレで連鎖を開始する事により、その直後に来ているものについての「なぜ、今、それを？」の解が、本題の行為に至ったときに与えられる事を約束し、受け手は、その約束のもと、プレで差し出された行為にとりあえず協働的に反応して、本題の行為に移る事を促すのである。

1.4.3. 一般的先行連鎖

これまで取り上げてきた先行連鎖のタイプは、いずれも、本題の基本連鎖で行おうとしていることに志向したデザインとなっているという特徴を持ち、そのため、受け手にも、どのような基本連鎖が用意されているのかがある程度予測できるものであった。しかしながら、基本連鎖との関連においてデザインされているわけではなく、むしろ、相互行為の参加者にとって、ごく一般的な問題の解決のために用いられる先行連鎖がある。その一般的な問題とは、相互行為を開始するにあたり、相互行為の相手の注意を確保しなければならないという問題である。相互行為の相手の注意を確保するために用

いられる連鎖タイプが、［呼びかけ］−［応答］の連鎖である。つまり、その後にどのようなやりとりが用意されていたとしても、ともかく何らかのやり取りが為されるための前提条件として相互行為の相手の注意を確保することが必須であり、そのための連鎖が［呼びかけ］−［応答］連鎖である。このような連鎖は、今述べたような意味で、**「一般的先行連鎖」**と呼ぶことができる。［呼びかけ］−［応答］連鎖は、当然ながら、相互行為の冒頭で生じることが多いが、すでに相互行為が進行している途中でも、改めて相手の注意を引く必要が生じた場合などに用いられることもある。

(21) ［ysy_baachan］
01　Y：°マ：マ：°
02　M：°は：い．°
03　Y：°ん：：°
04　(1.0)
05　Y：マ：マ；
06　M：はい！
07　(1.5)
08　M：んん：：：！　((テーブルの上の料理を指差す．))
09　Y：ばあちゃんは：：？
10　(.)
11　M：え？
12　Y：＜°ばあちゃん．°＞

この事例のYは、2歳4ヶ月児である。父・兄・母と4人で昼食を食べている場面で、母親が、兄の「おいしい」という発言に対して「おいしい？」とその発言を受け止めたことを示す発話をした後、しばらく、誰も発言せず、食事を続ける。このしばしの間合の後にYが01行目の呼びかけを行う。母親もこれに応じるが(02行目)、いずれも小声で為されていて、03行目でYは何ら明確な行為を産出することなく一旦連鎖が閉じられる。しかし、約1秒の間合いの後、Yは、今度は、大きな声ではっきりと呼びかけをし直

(05行目)、母親もそれに応じてより強い調子で応答する(06行目)。その後即座にはYから何かを切り出す様子がみられない中、母親はテーブルの上の料理に注意を移して、何かを言い始めようとする(08行目の時点でMは食べ物を噛んでいる最中なので発話を開始することができないが、視線と指差し、および、「んん::!」という発声が、その指差しの対象となっている料理について何かをコメントしようとしていることがわかる)。しかし、その直後、Yが「ばあちゃんは::?」と質問を切り出し、以降、母親とのやりとりを展開していく。つまり、05行目のYの呼びかけは、母親の注意を捉えて、この質問を母親に向けるための準備だったことが(遡及的にだが)わかる。このように、2歳4ヶ月の幼児でも、受け手が目の前にいても受け手の注意の確保が定かではない場合に、まず相手の注意を引く手立てとして呼びかけを用いることができるのである。

　また、電話の開始部のやりとりである事例(9)の解説において、電話の呼び出し音を、隣接ペアの第1部分となる「呼びかけ」として捉えたことを思い出そう。電話をかけて呼び出し音を鳴らすことは、まさに、その後どのような連鎖タイプを開始するかについては何の手がかりも与えず、ともかく、相互行為の相手を電話口に呼び出して確保する行為であるため、[呼びかけ]−[応答]連鎖の「呼びかけ」にほかならない[11]。

　以上、本節では、タイプ特定的な先行連鎖と一般的先行連鎖をみてきたが、これらの先行連鎖が、基本連鎖が現れる前に連続して複数生じる場合も珍しくない。先行連鎖自体が引き伸ばされたり、先行連鎖の間に様々なことが挟まれることにより、基本連鎖に至るまでの部分が長々と続くこともある。そのような場合でも、会話参加者が本題の基本連鎖に向けて相互行為が進行していることを見失って相互行為が破綻することはまずない。私たちの相互行為はそれほど精密に組織されているのである。

1.5. 挿入拡張

　基本連鎖第1部分が産出された後に生じる**挿入拡張**も、先行拡張と同様に、それ自体、隣接ペアを単位とする連鎖から構成されている。つまりそれ

自体、第1部分と第2部分の対になっているものを、**挿入連鎖**（insert sequence）と呼ぶ。この挿入連鎖には、2つのタイプがある。1つは、**ポストファースト**（post-first）挿入連鎖、もうひとつは、**プレセカンド**（pre-second）挿入連鎖と呼ばれるものである。

1.5.1. ポストファースト挿入連鎖

　ポストファースト挿入連鎖とは基本連鎖の第1部分（First; ファースト）の後に来るものとして捉えるべき挿入連鎖である。基本連鎖の第1部分と第2部分の間に生じるのが挿入連鎖なので、第2部分の前に来るものとして捉えることも可能であるが、その挿入連鎖が対処しようとしている問題の性質に注目すれば、基本連鎖第1部分の後と捉えるべきか基本連鎖第2部分の前と捉えるべきかが自ずと区別される。ここでは、まず、基本連鎖第1部分の後と捉えたほうがわかりやすい挿入連鎖のタイプを取り上げ、次項で基本連鎖第2部分の前と捉えたほうがわかりやすいプレセカンド挿入連鎖を取り上げる。

　ポストファースト挿入連鎖で対処される問題は、基本的に、直前の順番の聞き取りや理解の問題に限定される。つまり、ポストファーストの連鎖は、第5章で解説する修復連鎖でもあり、ポストファースト挿入連鎖の第1部分（以後、これを単にポストファーストと呼ぶことにする）は、「他者による修復の開始」である。本章では、連鎖の構造を焦点として、ポストファースト挿入連鎖の事例をみていこう。

(22)　［08_tonai］
01　A：じゃ：, 今度なんか(0.3)どっか都内でも出ようぜ.
02　　 (0.4)
03→B：うん?
04→A：都内でも(.)出ようよ.
05　　 (.)
06　B：そうやな.

07　A:　[ん
08　B:　[めし食いに行こうか.=
09　A:　=あ:めし食いに行ったり(.)しよう.

　Aは、01行目でBを誘うことによって連鎖を開始している(つまり、隣接対の第1部分を産出している)。しかし、この誘いに対して、Bは、「うん?」と反応することによって01行目のAの発話をきちんと理解する、もしくは、聞き取ることができなかったことを示す。そこでAは、誘いをやり直し、Bは、06行目でようやく誘いに対する受諾の反応を産出している。つまり、01行目と06行目が基本連鎖の隣接ペアであり、その第1部分と第2部分の間に、03行目と04行目の隣接対が挿入されているのである。

　「うん?」や「ん?」「え?」などのポストファーストは、第5章で述べるように、基本連鎖第1部分のどこに問題があったかを一切特定しない。ゆえに、このようなポストファーストの受け手(基本連鎖第1部分産出者)は、この例のように、しばしば、とりあえずは発話全体の聞き取りもしくは理解の問題として受け止めて、先の発話の重要な部分を繰り返すことで、このタイプのポストファーストに応じる。

　もちろん、聞き取りではなく理解の問題が生じたことを示すポストファーストもある。次の事例(23)では、事例(22)よりもやや複雑な連鎖組織の中で2つのポストファーストが生じている。

(23)　[12_飲み会]
((Sが、最近練習していないうえに、12月の駅伝までに体力を戻す時間もないという話の後))
01　T:　え(h)き(h)で(h)ん(.)えき(h)で(h)んでも::(.)お(h)そ(h)
02　　　いよいちお(h)う(h)こと(h)し(h).
03　　(0.5)
04→S:　なに::?　　　　　　　　　　　　　　　┐　<<PF1>>
05　T:　¥駅伝遅くなかったっけ今日.¥(.)あ今年.─┘　<<PF1に対するS>>

06   (1.6)
07→S: 駅伝が:(.) 遅い? ┐ <<PF2>>
08   T: あの:(0.5)日にち? ┘ <<PF2に対するS>>
09   (1.2)
10   T: い[つもは12月の10日とかだ(h)けど:(hh)(1.0) =
11   S: [あ:あ:あ:あ:
12   T: =いちお(h)う(h)2週か(h)ん(h)ぐ(h)らい遅いんだよねあれ.¥

　Tは、笑いながら今年の駅伝の実施日が例年より遅いことをSに告げることを通して、冗談まじりで体力を戻す時間が多少はあることを示唆する。04行目のSの発話は、(22)の03行目の「うん?」のように、先行発話の聞き取りもしくは理解に何らかのトラブルがあったことを示すが、やはり、どのようなトラブルなのかは特定しない。Tはこの発話を受け、先の自らの発話をやり直す(05行目)。このとき、01行目の「遅いよ」という断定的に告げる言い方が「遅くなかったっけ」という、いわゆる「否定疑問文」を用いて確信の度合いを引き下げた言い方に変更されている点も注目に値するが(このような現象については、2.2で詳しく説明する)、ここでは、まずは、04行目のポストファースト(<<PF1>>)に対して05行目が応接する形でポストファースト連鎖が作られていることを押さえておこう。さて、ポストファースト連鎖が完結したら、もともとの基本連鎖の第1部分に対応する基本連鎖第2部分の産出が期待されるが、その位置で、この事例では、長い間合いが生じる(06行目)。そのあと、Sは、再度、質問のイントネーションで発話する。この発話は、05行目のTの発話の一部を繰り返すことによってその部分に何らかのトラブルがあったことを示している(<<PF2>>)。Sのこの発話は、05行目のTの発話の一部をそのまま繰り返しているわけではないことに注目しよう。格助詞の「が」を補い、さらに、その部分の音を引き伸ばしたのち、一瞬の間合いの後に「遅い?」と産出する仕方は、慎重に、この部分の意味を自分なりに解釈しながら(ゆえに、その結果として「が」という格助詞を補うことができたわけである)繰り返していることを示

している。つまり、適切に理解しようと努めていることを示すことによって、理解のトラブルに直面していることを伝えているのである。Sのこの発話を受けて、Tは、08行目で、何について「遅い」と述べているのかを明確にする発話を産出する。Tも、確かに、Sの発話は理解のトラブルを示しているものとして扱っているわけである。しかし、08行目の発話が完結した時点でもまだSの理解（の表示）が得られないため（09行目の間合い）、Tは10行目でさらに続けて説明し始める。それとほぼ同時にSは「あː」を繰り返して、理解できたことを示す。このように、この断片では、2つのポストファースト連鎖（04-05行目、07-08・10行目）が並列的に生じている。2つ目のポストファーストは、1つ目のポストファーストが引き出した応答に対して為されているが、いずれも、つまるところ、最初の基本連鎖第1部分の理解のトラブルを解決するために産出されている。

　今見た事例のように、ポストファーストが連続して産出されることはしばしばある。しかし、次の事例にみられるようなポストファーストの連続は、事例（23）において並列的にポストファーストが産出されている場合とは構造的に異なる。

(24)　［MM_バイトのシフト］
((Aは自分のアルバイト先の店舗に電話をしている。))
01　A: ちょ来週ːの(.)<自分のちょっと>予定を教えてもらいたいん
02　　　ですけど°いいです[か°
03→B:　　　　　　　　　　[シフトː?
04　　(.)
05→A: はい?
06→B: シフトでしょ?
07　A: はい.
08　B: ちょっと待ってねːː?
09　S: はい.

Aの「予定」を教えて欲しいという依頼に対して、Bは、依頼に応じる前に、「シフト」のことを指しているのか、確認を求めるポストファーストを産出する。このBのポストファーストに対して、Aは、聞き取りもしくは理解の問題が生じたことを示し、やり直しを求める「はい？」というポストファースト（つまり、Bのポストファーストに対するポストファースト）を産出する。まず、Bが、このAのポストファーストに応じることによって、Aによって05行目で開始された挿入連鎖を閉じる（06行目）。この06行目は、同時に、03行目のBのポストファーストのやり直しであるため、これにAが応じることによって、Bが03行目で開始しし挿入連鎖を閉じることになる。ここでようやくBは、Aの依頼に応接するSを産出することができるのである。この連鎖の構造を図式的に捉えると、以下のようになる。

(24) ［MM_バイトのシフト］[12]
01　A: ちょ来しゅう:の(.)<自分のちょっと>予定を教えてもらいたいん
02　　　ですけど°いいです[か°　　　　　　《基本連鎖第1部分＝Fb》
03　B:　　　　　　　　　［シフト:?　　　　《Fbに対するPF＝Fi》
04　　(.)
05　A: はい？　　　　　　　　　　　　　　《Fiに対するPF＝Fii》
06　B: シフトでしょ？　　　　　　　　　　《Fiiに対する第2部分＝Sii(＝Fi)》
07　A: はい．　　　　　　　　　　　　　　《Fiに対する第2部分＝Si》
08　B: ちょっと待ってね::？　　　　　　　《Fbに対する第2部分＝Sb》
09　S: はい．

つまり、2つポストファースト連鎖が入れ子構造を為しているわけである。1つの基本連鎖第1部分の聞き取り・理解のトラブルの解決に向けて複数のポストファーストが連続して産出される場合とは連鎖の組織のされ方が異なることがわかるだろう。ポストファーストの産出者が誰なのかということに着目すると、その違いはさらに明らかである。入れ子構造の場合は、まずポストファーストのみが参加者の間で交互に立て続けに産出される（事例(24)

の場合は、03行目と05行目)のに対して、並列的なポストファースト連鎖は、基本連鎖第1部分の受け手がポストファーストを産出し、第1部分の産出者がそれに応じるという隣接ペアが連続して繰り返される(事例(23)の04行目–05行目、07行目–08・10行目)という決定的な違いがある。

　こうした事例は、一般的な感覚では「ミスコミュニケーション」が生じていて、やりとりがうまくいっていないように思われるであろう。しかし、今見たように、コミュニケーション上のトラブルも、極めて秩序だった仕方で解決が図られているのである。人間の相互行為には、そうした精密な「安全装置」が組み込まれていることを示していよう。

1.5.2. プレセカンド挿入連鎖

　ポストファーストは、直前の順番において生じた理解や聞き取りの問題の解決を図るものであり、それが生じている基本連鎖のタイプに関係なく、同様の言語的資源や、基本連鎖第1部分についての問題を特定する手続きが用いられる。その意味で、遡及的である。それに対し、プレセカンドは、基本連鎖のタイプに特定的で、基本連鎖第1部分の産出によって特定のタイプの基本連鎖第2部分が次の順番で期待される事態において、基本連鎖第1部分の理解や聞き取りには問題はないが、その第2部分を産出するために先に解決すべき事柄を取り扱う。それゆえ、プレセカンドは前向きに働くと言える。つまり、基本連鎖第2部分(Second; セカンド)に先行し、セカンドを産出するための準備として為されるという意味で「**プレセカンド**」なのである。

(25)　[MM_tomorokoshi]
((一人暮らしをしているSが母親Mにとうもろこしの調理方法を聞くために実家に電話した。))
01　S:あのさ::,
02　　(0.4)
03　M:う:ん.

04　S：とうもろこしの調理方法おしえてくれ．
05　　（．）
06→M：あんたもらったの::?
07　S：うん5個もらった(h)．
08　　（．）
09　M：ふ::ん．
10　　（．）
11　M：あ(ん/れ)はゆ- ゆd- う:ふかし鍋ねえからゆでればいいん
12　　　じゃねえの．

SがMに対して、「とうもろこしの調理方法をおしえてくれ」という依頼をするが、Mは即座にはその依頼に応じず、06行目の質問を発する。この質問は、ポストファーストとは異なり、Sの発話についての聞き取りや理解の問題を取り扱っているわけではない。むしろ、この「あんたもらったの::?」という質問は、Sの発話をきちんと聞き取り理解したことを示している。ここでMが志向しているのは、どのような仕方で調理方法を教えるのが適切か、ということだろう。例えば、Mが自分で食べるために自分で調理をしなければならない状況にあるのか、それとも、何らかの理由で一般的な知識としてとうもろこしの調理方法を知る必要があるのか、によって調理方法の教え方は異なるだろう。後者の可能性はやや考えにくいかもしれないが、とうもろこしの「調理方法」というやや改まった言い方が、そのような可能性を含んでいるようにも聞こえる。Mの質問とSの応答（07行目）はその点を明らかにし、Mはその答えを受け止めたことを示した（09行目）後、先のSの依頼（基本連鎖第1部分）に応じて、基本連鎖第2部分となる、とうもろこしの調理法の説明を始める。Mのこの説明は、挿入連鎖のやりとりで明らかになったことを踏まえて、「ふかし鍋ねえからゆでればいいんじゃねえの」と、M自身が、今住んでいる所で調理することを踏まえた仕方で為されているのである。

　次の例をみてみよう。02・03行目のMの発話がプレセカンドである。

(26)　[08_冷蔵庫_27:59]
((AとM(Aの母)とMの友人は翌日に一緒に観劇に行く予定らしい．MとMの友人が浅草で昼食をとったあと，夕方に有楽町の劇場に向かうことを話した後のやりとりである．))
01　A：夜はじゃあ私は,(.).hh <ディナーは合流してよいのかしら.>
02→M：.hhhディナーまで来れる:=あんた何時くらいに：　(0.8)
03→　　有楽町来れるの?=
04　A：=それが:, じゅぎょうが::,
05　　(0.5)
06　M：[°うん.°
07　A：[よ:- うんとね, 明日初めての:(.)授業のやつだから::,
08　　(.)
09　M：う:[ん.
10　A：　　[先生が:,
11　　(.)
12　M：う:ん.=
13　A：=じゃあこの授業はだいたいこんなことやるから::(.)じゃ,
14　　今日はこれで終わりにしようっ<ていうか:::>,
15　M：[う:ん.
16　A：[最初の授業からしっかり授業するか<にも>よる(h)ん(h)
17　　だけ(h)[ど::(hhh)
18　M：　　　　[う:ん.
19　　(.)
20　M：じゃあ, 授業受けといでじゃあ　hh[hhahahahahaha
21　A：　　　　　　　　　　　　　　　　　[hahaha

01行目で、母親(M)が友人と観劇の前に予定している夕食に「合流」してもよいのか、娘(A)がややおどけた調子で改まった言い方を用いて許可を求めたのに対し、Mは許可を与える(もしくは、与えない)行為を産出せずに、夕食の予定時間までに来ることができるのか、何時頃に予定している場所に来ることができるのかを尋ねる。つまり、02・03行目は、Aの許可を求め

る行為に応じて、許可を与える行為を産出する際に確認しておくべきことを尋ねるプレセカンドである。夕食の後に観劇をする予定であれば、Aの都合に合わせて夕食の時間を決めるにしても制約があるだろう。先にAが合流できる時間を確認してから、夕食を共にするかどうかを決めるのが合理的であり、Mの質問は、その合理性に基づいた、基本連鎖第2部分を産出する準備として為されていることが、この発話が産出された時点で（受け手のAにも）わかるだろう。このMの質問に対するAの反応は、「それが：」という開始の仕方や、発話を区切りつつ、核心部分を遅延するような産出の仕方を通して、「端的には答えられない事情がある」ことを示しており、実際、最終的に、この会話の時点では明示的に合流可能な時間を告げることができないことを明らかにしている。Aの反応の産出の仕方に埋め込まれた「躊躇」は、Aが応じようとしているMの質問が、そもそも、A自身の許可を求める行為に同調的に応じられるかどうかを確認するためのものであることを理解しているがゆえともいえる。というのも、ここでMの期待に沿う反応ができなければ、（基本連鎖第1部分として産出した）自身の許可を求める行為に対して（基本連鎖第2部分として）Mから同調的な反応を得ることが難しい可能性があることが、行為連鎖の構造上、この時点でAにも明らかなはずだからだ。このAの応答を踏まえ、Mは、20行目で、「授業受けといで」と笑いを伴って発することで、Aの夕食に合流する許可を求める行為（基本連鎖第1部分）に対する否定的な反応（基本連鎖第2部分）を冗談めいた仕方で産出するのである。

　以上、挿入拡張を構成する2つの連鎖のタイプ、ポストファーストとプレセカンドについて見てきた。留意しておきたいのは、挿入連鎖は、基本連鎖第1部分と基本連鎖第2部分の間に差し挟まれるため、必然的に、基本連鎖第2部分の産出を遅延するということである。ただ、このことは、優先組織との関連において押さえておくべきなので、第2節で取り上げる。次の1.6では、隣接ペア第2部分の後に拡張が生じる後続拡張について説明する。

1.6. 後続拡張

1.2.5 で述べたように、連鎖の最小限の単位が隣接ペアだとすれば、隣接ペア第 1 部分が産出され、それに応接する隣接ペア第 2 部分の産出が完結した時点で、その連鎖自体が完結に至ったと認識され、次の順番で新たな連鎖が開始される場合がしばしばある。とりわけ、1.2.5 の具体例でもみたように、「挨拶」など、第 1 部分と第 2 部分が同種の形式からなる連鎖の場合は、第 2 部分の産出完結をもって連鎖が完結することが強く志向されるようだ。それに対し、例えば、「質問」の第 1 部分に対して「応答」の第 2 部分が返された場合、「質問」の産出者が次の順番で、その応答を受け止めたことを示す発話(「ふーん」など)を続けることもよくある。本節では、このように第 2 部分が産出された後にその隣接ペアの拡張として 3 つ目(以降)の順番が生じうることについて検討したい[13]。

1.6.1. 最小限の後続拡張

最小限の後続拡張とは、すなわち、第 2 部分の後に、順番が 1 つ付加されて、そこで連鎖が閉じる、というものである。つまり、第 1 部分から数えて、3 つ目の順番で連鎖が完結する。このような、隣接ペアに付加され、そこで連鎖を閉じるような順番を sequence closing third (SCT) と呼ぶこともある。ただし、重要なのは、実際に連鎖が 3 つの順番で終わっているかどうか、ということよりも、その 3 つめの付加的な順番が、それ以上、さらなる連鎖の拡張を招かないようにデザインされているかどうか、ということである。例えば、先行連鎖の第 1 部分が、実際には基本連鎖の第 1 部分が生じるかどうかということに関わりなく、それが産出された時点で先行連鎖の第 1 部分であるとみなしうる仕方で産出されている限りにおいて「先行連鎖」の第 1 部分であることを上で述べた。同じように、SCT も、実際にはその後さらに連鎖が拡張されていても、それ以上の連鎖の拡張を引き起こさないというデザインのされ方において、SCT と呼ぶことができるのであって、実際にそれ以上連鎖が拡張されたとしても、その 3 つ目の順番がSCT として産出されたことには変わりない(ゆえに、そのようなケースにお

いては、「SCTが産出されたにもかかわらず、連鎖が引き延ばされている」という理解が可能になる）。

　このようなSCTを構成することの多い言語形式としては、英語では、単独で用いられる'oh'や'okay'、あるいは'good'など評価を示す表現が挙げられている。また、この3つの形式が組み合わせられることもよくある。日本語では、「ふーん」「へえ」「そう」「うん」などや、これらの形式が組み合わせられたもの、あるいは、「あ（あ）」といったような感動詞等と組み合わせられたものなどがあり、かなり多様である。Schegloff(2007b)は、'oh'は、直前の発話（つまり隣接ペアの第2部分）を、自分にとって新たな情報を提供するものとして受け止めたことを表示し、'okay'は、直前の発話が為す行為やそこで示されている話者のスタンスを受け入れたことを表示するとしている。また、評価的な表現形式は、第2部分で為された行為に対する話者（つまり、第1部分産出者）のスタンスを明示するものであるとしている。大雑把には、日本語の「ふうん」や「へえ」、「ああ」や、「あ」と「そう」の組み合わせである「あ、そう」などが'oh'と重なる働きをし、'okay'と同様の働きをするのは「うん」「よかった」「わかった」などであるといえるかもしれない。しかし、もちろん、これらの形式の間でも様々に使い分けられていて、この使い分けの実態を経験的研究によって明らかにする必要がある。ここでは、いくつかの比較的わかりやすい事例を取り上げて、それぞれの事例においてSCTとして用いられる形式が、どのような仕方で連鎖を閉じているのかを確認しておこう。

　以下の事例(27)・(28)はいずれも電話の会話である。事例(27)ではMの01行目の質問に対する応答が為されたのに対し、質問者のMが、その応答を新たな情報を提供したものとして受け止めたことを示す「ふ::::ん」を用いている。短い間合いの後、Mは次の質問をすることによって新たな連鎖を開始している(05行目)。つまり、01行目で開始された連鎖は、03行目の発話で完結したという認識を、04行目で順番を取ることを差し控えたTと05行目で新たな連鎖を開始したMの双方が示しているといえよう。

(27)　［10_gohanyasan］
01　M：いま：は何してんの：：：？
02　T：いまはちょっと：(1.0)ネットしてる．
03→M：ふ：：：：ん．
04　　　(.)
05　M：じゅんび：：？

次の事例では、引っ越しの手伝いを申し出る第1部分に対して申し出を受け入れる第2部分が産出された後に、やや引き延ばされた「うん」が、SCTとして用いられている。

(28)　［10_hikkoshi］
((現在Yが住んでいる寮が改築されるため、近いうちに寮を出るように言われる可能性があることをAに伝えたあとで。))
01　A：まあ．hh引っ越し(て)欲しいっちゃあ手伝いに行くで：．
02　Y：あ：：うん，(.)　おねがいし［ます．
03→A：　　　　　　　　　　　　　　［う：：ん．
04　Y：まあ，まだわからんけど：．

事例(29)は、電話会話の終了に近い部分で生じたやりとりである。EはIが授業の課題としてこの会話を録音しなければならないことを知っており、会話が比較的短かったため、01行目で、十分な長さの録音ができたのかを尋ねる。

(29)　［08_e_atena］
01　E：うんうん，大丈夫そう？
02　I：うん，大丈夫［そう．
03→E：　　　　　　　［ああそうか，それなら：よかった．＝なんかこの状況で
04　　　ひとり電話でh-しゃべってるのが．hh割とすごいシュールなんじゃな

05　　　いかって気が,

Eの「大丈夫そう?」という確認を求める発話に対してIは「うん, 大丈夫そう」と確認を与える。それを受けて、Eは、「ああそうか」とまずはIの反応を新たな情報として受け止めたことを示し、それを踏まえて(「それなら」)、「よかった」と評価的な表現を用いてこの連鎖を完結させる。そして、この会話をしている間自分がどのような状況にあったのかを述べ始める。つまり、録音の長さが「大丈夫か」どうかを確認する連鎖のSCT、「ああそうか, それなら: よかった.」の部分と、次の連鎖を開始する部分がトランスクリプト上で同じ行に表記され、また、実際の発話も前者から後者へほとんど間隙なく移行しているが、その間に連鎖の区切りがきているのである。連鎖の組織は、一連の発話の連なりを行為の連なりとしてどのように構造化しているか、という問題であり、必ずしも物理的な間合いの有無、長さなどによって連鎖上の「区切り」が作られるわけではないということを念のため強調しておきたい。

　また、事例(29)のSCTは、「ああそうか」と「それなら: よかった」という2つの部分からなることにも注意しておこう。このような「複合的」なSCTは、例えば、ohとokayの組み合わせである"oh okay"など、英語の会話でもしばしばみられるが、日本語会話においても同様のことがいえよう。重要なのは、「複合的」なSCTは偶然的に生じるものではなく、SCTの産出者が、第1部分としてどのような行為を産出していたかということと密接に関連しているのである。事例(29)の場合、Eの「大丈夫そう?」という発話は、端的に質問であるだけでなく、もし「大丈夫でない」、つまり、録音時間が短すぎるという場合には、さらに会話を続ける、といったことを申し出る用意があることを示す発話(pre-offer)とも聞くことができる。だからこそ、「うん, 大丈夫そう.」という第2部分を聞いて、まず、「ああそうか」と、「大丈夫である」という確認を得たことを示し、「それなら」会話を(無理に)続ける必要もなく録音の課題を達成できて「よかった」と評価できるのである。事例(27)においては、「ふーん」がSCTとして用いられ

ることによって、第1部分はもっぱら情報を要求する質問であったこと、そして、第2部分がその要求された情報を提供したことを（遡及的に）示すし、また、第1部分の受け手、すなわち、第2部分産出者は、自分の第2部分が、確かに第1部分の情報要求に応じるものであったことを確認できるのである。つまり、SCTにおいてどのような形式が用いられ、どのように組み立てられるかということは、第1部分をどのような行為としてどのようなスタンスで受け手に差し出したのか、また、第2部分はその第1部分に対してどのような反応を返したのか、ということについての（第1部分とSCTの）産出者の認識や理解を示しているのである。

1.6.2. さらなる連鎖を展開する後続拡張

さて、後続拡張のもう1つのタイプは、その直前の隣接ペアが拡張され、第2部分を受け止める順番として産出されているものの、それ自体が、受け手の反応を要請する第1部分となっている発話である。「受け手の反応を要請する第1部分」となっていることが最もわかりやすいのは、第3の位置にある発話が、第2部分に対して修復を要請（開始）する（第5章参照）ケースであろう。次の事例をみてみよう。Kがアルバイトをしているサンドイッチ店のことについてMが尋ねている場面である。

(30) ［12_k_muika］
01　M：なんかただで食べれるんだっけ::?
02　K：シフト一回入れば::,
03　M：°うん°
04　K：サンドイッチ(0.6)作れる.
05→M：自分で::?
06　K：うん.［だからなんか好きなぶんだけ塗り放題だよ.
07　M：　　　　［↑え::いいね::.

01行目の質問は、Kが、アルバイト先の仕事が最近は忙しくはないと述べ

た後に為されており、やや、唐突ではあるが、アルバイト先のまかない食として、サンドイッチを食べることができることについて確認を求めている。それに対して、Kが、02・04行目で答えている。Mはその答えに対して、05行目で、「自分で：：?」と、Mの答えに含意されていた可能性はあるが明確に述べられていなかった点について、明確化を求めている。これは、第5章で取り上げる「修復」を開始する発話である。この発話を向けられた受け手は、何らかの仕方で修復を行うことが求められている。Kは、まず、「自分で」作るのか、という確認要請に対して「うん」という確認を与え、さらに「だからなんか好きなぶんだけ塗り放題だよ．」と説明を加える。このように、05行目のMの行為は、修復の要請である以上、その受け手であり直前の第2部分産出者であるKに対し、次の順番において修復を行うことを求める。つまり、Mの05行目の後続拡張の発言は、それ自体、反応を要請する第1部分であり、さらなる連鎖を生み出すものである。

　さらなる連鎖を生み出す後続拡張の発話には、第2部分を即座に受け入れず、疑問を提示するようなものもある。次の断片は、母と一人暮らしをする大学生の息子の電話会話である。母親は、米の蓄えがなくなったという息子のアパートに米を持っていくことを申し出る。（このやりとりの後の部分で明らかにされるのだが、母親は、翌日、息子が住んでいる地域に出かける予定がある。）息子は「めんどくさい」という理由を述べることによってその申し出を拒否する。

(31)　［12_kome］
01　M：じゃあお米を：持っていってあげる．
02　　（0.5）
03　S：いや，それはちょっとめんどくさいh．
04　　（0.5）
05→M：なんで：?
06　　（1.0）
07　S：だっていろいろ予定あるもん．

［申し出］-［拒否］の隣接ペアのあと、母親(M)は拒否の理由として提示されたことについて、さらに「なんで:?」と理由を尋ねる。この発言も、隣接ペアの後の位置で、直前の第2部分について、それを端的に受け止めるのではなく、第2部分産出者によるさらなる説明を要請するものである。この事例においても、やはり、隣接ペアの直後の位置で、第1部分によって開始された連鎖を完結させるのではなく、さらに引き延ばすような発話が産出され、基本となる隣接ペアが拡張されているのである[14]。

1.7. 行為連鎖を生み出す原理
1.7.1. 行為連鎖の「分析」とは

さて、本章のここまでの説明を踏まえて、次の断片の連鎖の組織を分析してみよう。

事例(32)は、3歳4ヶ月の男児(S)、その妹(B；2ヶ月児)と母(M)との間の絵本を介したやりとりである。2ヶ月の乳児は、もちろん言葉を発することはなく、床に座っている母親の膝の上に抱っこされている。兄は、絵本を持って、母と妹とともに眺めることができる位置（つまり、母・妹の真向かいではなく、斜め前）に座っている（図1参照）。この絵本は、見開きの左側のページに描かれている物が、右側のページに描かれている動物の絵の中に隠されているという構成の隠し絵の絵本であり、兄は、ページをめくっては、妹に向けて、隠されている絵がどこにあるのか「質問」することを繰り返している。母親は、乳児の代わりに兄の「質問」に答えながら、乳児の手を握って絵本の隠し絵のページの一部分に触れさせ、あたかも、物が隠されている部分を乳児が指しているかのように乳児の手を操作している[15]。

図 1　S、M、乳児の間での絵本を用いたクイズ遊び

(32)　[cci_s_dokokana]
01　S：自転車はど::::こだ:?　((開いたページをBのほうに向ける))
02　(1.0)
03　M：°え::>どこだ<°　ここ:::　((Bの手を動かして絵本に触る))
04→S：はい.
05　(1.5)
06　S：これなに::?　((左側のページの絵を指差しながらMを見る))
07　M：はた
08　(0.7)
09　S：はたど::::こだ:?　((開いたページをBのほうに向ける))
10　M：°どこかな°　ここ::::::　((Bの手を動かして絵本の一部を差す))
11　(.)
12　M：ここ::::::　((Bの手の位置をわずかに動かす))
13→S：せいか::い(で)-.

　では、基本的な連鎖組織を確認しておこう。まず、絵本のページを新たにめくった後に乳児に向けて発せられた 01 行目の発話は、端的に、「質問」であり、03 行目で母親が乳児の代わりに「応答」を産出、つまり、01 行目と 03 行目が隣接ペアをなしており、04 行目は、「応答」を受け止めたことを示して 01 行目に開始された連鎖を閉じる「最小限の後続拡張」である。次に、兄が母に向けて産出した 06 行目の質問は、母の 07 行目の応答によっ

て完結し、最小限の隣接ペアとなっている。さらに、09行目の乳児に向けられた「質問」に対して、やはり、代わりに母が「応答」し(10・12行目)、それに対して、13行目の最小限の後続拡張によって、09行目に始まる3つめの連鎖が完結している。

　ここまでは、特に問題なく「分析」できるであろう。ここで注意しておこう。会話分析における「分析」とは、このように、既に学んだ何らかの分析概念に「当てはめる」ことや連鎖の構造を明らかにすることだとみなし、そこで会話分析の「分析を終えた」と考え、みいだした構造やパターンを研究者があらかじめ用意した枠組みに基づいて分類したり分布や頻度をみたりする作業へ進むとすれば、それは、会話分析的研究ではない。もちろん、会話分析の分析概念をそのように利用すること自体は可能であるし、そのことを一律に否定するわけでもない。ただ、会話分析において連鎖や順番の組織を明らかにすることは、あくまでも、分析の出発点に過ぎないということを認識しておくべきであるし、会話分析の概念を利用する場合にはその認識のもとに自身の研究を位置づけるべきであろう。

　会話分析の分析方法は、緻密な分析を可能にする。人々がその緻密さで相互行為秩序を生み出しているから、分析の方法もその精密さを引き出せるものであるべきなのだ。しかし、一方で、人々は、その緻密さを常に意識しているわけではなく、端的に、「会話」をしたり、「相談」をしたり、「会議」をしたり、といったレベルで、今ここの相互行為に参加しているのだ。参加者たちは、何をしているのか。何をしているものとして理解して相互行為を進めているのか。当事者がみているそれを生み出すべく相互行為が緻密に組織されているのであり、会話分析が明らかにしようとしているのは、会話の参加者がそれと認識する相互行為を生み出す「仕組み」である。順番や連鎖の組織をまずは明らかにするのは、その「仕組み」がどのように作動するのかをみるために、最初にその装置がどのような部品によってどのように組み立てられているかを明らかにする作業なのだ。

　このような視点に立てば、事例(32)について、先に特定した3つの連鎖がそれぞれに「そのとき参加者がしていること」を実現するべく緻密にかつ

最適に組み立てられていることが見えてくるだろう。

　さて、事例(32)において、この母子は、何をしているのだろうか？　兄にしてみれば、まずは、妹に対して、絵本に描かれた隠し絵について「質問をしている」といえるかもしれない。そして、兄は、妹が実際には答えられないこともわかっていて、母親が妹の手を操作しながら、妹の声として応答することを何ら問題視せず、それを承認する SCT を産出している。また、このときの兄の「質問」は、その独特の韻律を伴う言い方や形式からも、すでに自らが知っていることを相手が知っているかを「テストするための質問」であり、自分が持っていない何らかの情報を与えるように要求するふるまいとは異なる[16]。ゆえに、この断片における、隣接ペアの後の兄の発話（04・13 行目）は、1.6.1 でみた事例における SCT とは異なる働きを持つ。例えば事例(29)における SCT と同様に、事例(32)の 13 行目も評価的表現を用いた SCT であるが、事例(32)では、「テストするための質問」に対する応答について評価を下しているからこそ、「テストするための質問」に対する応答の評価として特定的に用いられる表現である「正解」という表現を用いることが可能になるし、また、そのような仕方で評価を下すことによって、そもそもの質問が、知る者による「テストするための質問」として為されたことを遡及的にも確立するのである。［01 行目―03 行目―04 行目］と［09 行目―10・12 行目―13 行目］の隣接ペアと SCT の連鎖は、基本的に、そのような連鎖であること、そして、そのことが、とりもなおさず、絵本を用いた「クイズ遊び」としてこの相互行為が生み出されているという事実を支えているともいえよう。

　06 行目の S による質問に対し、07 行目で母親が応答するが、その後に後続拡張はみられないことについても、ここで会話参加者がしていることに着目すると、その理由がみえてくる。この S の質問は、左側のページに書かれている絵の呼び名を母親に尋ねるものであり、明らかに情報を要求する質問であるが、母親の応答を受け止めたことを示す SCT を産出することなく 09 行目の質問を乳児に向けている。この場面において、母親に対して左側に描かれている絵の呼び名を尋ねることは、明らかに、その後に、（少なく

とも表面上は)乳児に向けて「クイズ」を産出するための準備としてなされているのだ。ただし、先にみたような先行連鎖とはやや性質が異なり、この06–07行目の隣接ペアは、いわば、「本番」に向けた「オフレコ」の下準備であり、あくまでも、前景化されない副次的なものとして可能な限り端的に手短かに済ませるべきものであろう。Sは、この絵本を用いたクイズ遊びの中で合計3回に渡って、同様の質問、つまり、左側のページに書かれている物の呼び名を母親に尋ねる質問を発している。いずれの場合も、「テストする質問」とは音調も形式も異なり、端的に「これなに？」という形式を用いており、また、いずれの場合も、母親の応答の直後の順番で、SCTを産出することなく即座にその応答を組み込んだ「テストする質問」に進んでいるのである。

　行為連鎖がどのような構造になっているかを明らかにした上で、改めて参加者の日常的視点に立ち戻ったときにみえてくるのは、このような、今ここで参加者がやっていること(やろうとしていること)と、それを実現するために用いられている構造との関係である。この関係を可能な限り精確に捉えることが、会話分析における「分析」の中核をなすといえよう。

1.7.2. 行為連鎖と知識状態の不均衡

　これまで述べてきたように、参加者がある発話を通して実現している行為が何であるかということは、その行為がどのような構造を用いて実現されているかということと表裏一体の関係にあるわけだが、ある発話をある行為として生み出すことと密接に関連しているのは構造だけではない。発話の産出者が、語られていることについて何をどの程度知っているのか、あるいは、知っているものとして扱っているか、ということも、その発話がどのような行為なのかということと密接に関連している。例えば、形式としては叙述文でありながら、質問や確認要請として機能する発話がしばしば観察される。具体例をみてみよう。次の事例(33)は、YがHに、自分のプリンターのインクを買ってきて欲しいと依頼した後、Hがインクの型番を尋ね、Yがそれに答えた直後のやり取りである。01行目のHの発話は、文法的には、叙

述文であり、極性質問（「はい／いいえ」で答えられる質問）で用いられる発話末尾の上昇イントネーションも伴っていない。しかし、これが、Y に向けられた「質問」、あるいは、「確認要請」であることは明らかであり、Y もそのように受け止めて、02・04 行目で応答している。

(33) ［nashi_ink］
01　H：ななひゃくごじゅうのあとは何もついてない．
02　Y：そう，
03　　　(.)
04　Y：それだけ．

インクの型番については Y の知識が優位にあることが明らかであり、それがゆえに、01 行目の発話は、Y に対して確認を求める発話であり、Y が確認を与えることが適切となるのである。

　Heritage を中心とする一部の会話分析研究者は、近年、相互行為における参加者間の相対的な知識の状態、つまり、「認識的ステータス（epistemic status）」にどのように志向しているかという問題や、知識状態の主張、つまり、「認識的スタンス（epistemic stance）」がどのように発話のデザインを通して示されているかといった問題に関心を寄せて研究成果を挙げている（Stivers and Rossano, 2010; Heritage, 2012a; Heritage, 2012b など）。その成果を参考に、後続拡張を手がかりに、行為連鎖が生み出される原理について、少し考察を加えておこう。

　「認識的ステータス」と「認識的スタンス」は区別されるべきものとして提示された概念であるが、定義上の違いにもかかわらず、実際のデータの上で両者の区別を厳密に語るのが難しい場合もあり、さらなる検討が必要な概念である。ここでは、とりあえず、発話において言及されている事柄についての発話者の知識状態が受け手の知識状態と比べて優位にあるかどうかということに関する参加者の理解が、行為連鎖や順番の構造に明示的に組み込まれる場合もあれば、（事例(33)のように）行為のデザインには明示的に示さ

れないが、その行為が何であるかの判断に決定的に関わっている場合もあるという点を理解しておけば十分であろう[17]。

　Heritage (2012a) は、会話参加者間に存在するこのような相対的な知識状態における不均衡が、行為連鎖を生み出す原動力の1つとして働いていると主張している。どういうことだろうか？

　例えば、第1部分が、発話者が持っていない情報を要求する質問の場合、「条件付けられた適切性 (conditional relevance)」によって、その質問に応接する「応答」の産出が期待される事態が生み出されるということを本章1.2で議論した。つまり、第2部分は、この期待を満たすように産出されるべきであるし、産出されないときは、その理由が探される。先行拡張も、挿入拡張も、基本連鎖の (第1部分に組み込まれた期待に沿う) 第2部分の産出に向けての準備としてとらえることができる。ところが、第2部分が産出された後に生じる後続拡張については、第1部分が生み出した「条件付けられた適切性」は影響しない (第2部分の産出によってすでに条件付けられた適切性が満たされた後の) 位置で生じているので、隣接ペアが完結した後にしばしば後続拡張が産出されることについて別の説明原理が必要となる。その原理の1つとして、会話者自身が志向している知識状態の不均衡があるというのが Heritage の主張である。Heritage は、この考え方を押し進め、後続拡張に限らず、あらゆる発話について、ある事柄に関して話し手と受け手の間の知識状態に差があることを示すような発話が産出された場合、その差を埋める方向に向かって連鎖が展開し、知識状態が同等に達したと互いに確認された時点で連鎖が止まる、という考え方を提示した。例えば、情報要求の質問が為された場合、明らかに、その要求されている情報について、受け手の方が認識的に優位であることが示され、受け手は、要求された情報を与えることによってその差を埋めようとする。そして、SCT として例えば「ふーん」が産出された場合、確かに第1部分において要求された情報が与えられ、知識状態の差が埋められたことを示し、ここで、知識状態の差が埋められたことが相互に確認できる。「ふーん」ではなく、例えば、修復を要請する発話 (第5章参照) が為された場合は、まだ知識状態の差は埋められ

ていないため、さらに連鎖を進める必要がある、というわけである。

　Heritage のこの考え方は、多くの会話分析研究者の間で支持され、相互行為の中に現れる参加者間の知識状態についての志向と相互行為の組織の問題は、会話分析の重要課題の1つとなってきている。ただし、確かに、知識状態の差が相互行為を進める原動力の1つになっているとしても、それですべてが説明される訳ではないことに注意しておこう。あくまでも、重要な原動力の1つであって、他に同様に作用している"力"がありうるが、それは今後の研究で経験的に明らかにされるべきである。

　さて、この考え方を踏まえると、上でも簡単に言及したが、なぜ後続拡張が生じるのかという問題に一定の解が与えられそうである。例えば、事例(32)のケースのように、第1部分の産出者のほうが「よりよく知る者」として立ち現れるような「テストする質問」に対しては、この質問に答えるだけでなく、その答えが質問者が知っていることと合致する、つまり、「正解」であると質問者に告げられて初めて知識状態の差が埋められたことが質問の受け手にも確認できるのである。この意味において、「テストする質問」によって開始される連鎖では第2部分を評価するような SCT が産出されることが多いという点も、やはり、知識状態の不均衡の観点から説明することができよう[18]。これに対し、挨拶を交わすやり取り（「おはよう」「おはよう」）では、ほとんどの場合、後続拡張が生じない。これは、「おはよう」といった挨拶が第1部分の場合、知識状態の差は、そもそも問題ではないため、知識状態の差が埋められたことを第2部分の後に示すという行為は不要であり、さらにいえば、不適切であろう。このことは、同時に、挨拶をはじめとする、ある特定の行為については、参加者の相対的知識状態とは無関係にそれに応接する反応（つまり、第2部分）の産出が期待されることを示している。第1部分が「依頼」や「申し出」の場合も、やはり、参加者の知識状態は直接には関係しないように思われるが、これらの行為が、多くの場合、相手の事情や都合を尋ねる質問という形式を用いて為されることに注意しよう。依頼や申し出を受ける状況にあるかどうかということについては、第1部分産出者とのその受け手の間で知識状態の差があり、これを利

用して連鎖が作られる、という説明も可能である。つまり、「条件付けられた適切性」と「知識状態の不均衡」という考え方は相互に排他的なわけではない。前者を実現するための1つの具体的手続きとして後者を標示する方法がある、と考える方が正確かもしれないし、あるいは、両者を別の仕方で関連づけるほうが適切かもしれない。この点についての議論は、まだこれから慎重に進められるべきである。

2. 優先組織

2.1. 隣接ペアの第2部分における優先性

2.1.1. 相互行為における優先性とは

さて、この節では、ここまでの行為連鎖組織の解説の中で何度か言及した「優先組織」について詳しく説明しよう。

1.2.4で、隣接ペアの第1部分に対応する第2部分の種類について、多くの場合は、相反する極性を持つ2つのタイプの第2部分があることを述べた。そして、会話参加者にとっては、プラスとマイナスのどちらの極性を持つ反応が来るのかが重要な問題であることもみてきた。例えば、「誘い」という行為を産出した場合、その反応として、「受諾」が来るのか「断り」が来るのかは、「誘い」をした側にとって(そして「誘い」を受けた側にとっても)大変リアルで重要な問題である。それが誘う者と誘われる者との間の関係性(の認識)に大いに影響を与えうるからだ。「要求」に対して「承諾」が来るのか「拒否」が来るのか、「申し出」に対して「受諾」が来るのか「断り」が来るのか、というのも、同様に、日常的な相互行為においてとりわけ注意を引く事態として経験されているだろう。だからこそ、そうした極性を持つ第2部分を産出する仕方について、私たちは、特別の手立てを持っているのである。それが、ここで取り上げる「優先組織」だ。

優先組織(preference organization)という分析概念の確立は、Sacks (1987)が、会話の参加者たちが、[質問] – [応答]の連鎖を構成する順番の間に連続性(contiguity)があることと、質問において示されている期待に同調的な

応答 (agreement) を産出することに強く志向すること、そしてこの 2 つの志向性の間には密接な関わりがあることを指摘したことに端を発する。この指摘を踏まえて、以後の会話分析的研究において、会話参加者が、［質問］－［応答］の連鎖に限らず、隣接ペアの第 2 部分を産出する際に、第 1 部分に対して同調的な反応をする場合と非同調的な反応をする場合には、システマティックに異なる特徴を示すことが明らかにされた (Pomerantz, 1984)。このような行為産出における非対称性を優先組織と呼ぶようになった。

　重要な点なので、もう少し丁寧に説明しておこう。「優先性」というのは、同じ位置で産出されうる行為のタイプが複数あった場合、その行為のタイプの中で、あるものが別のものに比べてより容易に産出されるということであり、「優先組織」とは、そのように相互行為が組織されていること指す。ここでいう「優先性」は、あくまでも、行為の産出の仕方に関わるものであり、話者の心理的欲求や動因、つまり、個人的にその行為を産出したいかどうかということとは無関係であることに注意しよう。苦手な人から食事に誘われたとき、個人的にはその誘いを断ることを望んでいても、実際に断るときには、誰しも「断る」という行為のやりにくさを感じるはずだ。そのやりにくさは、この後に詳しく述べる諸特徴として現れるような、相互行為の組織の仕方に（一般的期待として）「慎重さ」が求められることに起因している。ともあれ、プラスの第 2 部分とマイナスの第 2 部分は、産出のされ方が異なり、その異なり方は一貫した特徴を示す、というのがポイントである。どのように異なるかということを以下で詳しくみていこう。

2.1.2.　＋SPP／－SPP と優先性

　隣接ペアの第 2 部分がプラス／マイナスの極性を持つ場合、どのような反応がプラスあるいはマイナスなのかは、ある程度直感的な判断が可能かもしれないが、まずは、この点を厳密に整理しておきたい。

　端的にいえば、第 1 部分に同調する第 2 部分がプラスの極性を持ち、第 1 部分に同調しない第 2 部分がマイナスの極性を持つということになる。以後、便宜上、前者を＋SPP、後者を－SPP と表記する。「同調」というのは、

第1部分が達成しようとしている行為連鎖（例えば「誘い」という第1部分は、［誘い］－［受諾］という行為連鎖を達成しようとしている）の実現を促進するということであり、それに対して、「同調しない」反応は、第1部分が達成しようとしている行為連鎖の実現を阻む反応である。つまり、第2部分の極性は、第1部分のデザイン（文法形式、プロソディー、言語表現の選択など）によって企図される連鎖の展開の方向性・指向性に沿うか否かに基づいている。

　そして、先に述べたように、通常は、＋SPPが優先的、つまり、産出されやすい反応で、－SPPが非優先的、つまり、産出されにくい反応である。「産出されやすい」ということは、簡単にいえば、（第1部分完結後）即座に明示的に産出されるという特徴を示し、「産出されにくい」ということは、遅延され間接的な仕方で産出されるという特徴を示すはずであることをまずは指摘できよう。これらの特徴については、次の2.1.3で詳しくみていく。ここで注意を向けておきたいのは、「通常は」という言い方によって示唆されていることだ。あくまでも、＋SPPが優先的、－SPPが非優先的という結びつきが日常会話におけるデフォルトである。しかしながら、例外もある。例えば、「非難する」、「ほめる」などの行為に対する反応は、「非難」や「ほめ」の対象が誰／何か、参加者とどのように関連付けられるかによって、プラス／マイナスと優先／非優先の関係が逆転する場合もある。第1部分産出者の自己卑下を含む行為に対しては、同調しない、つまり、－SPPの反応が優先的になる。第1部分の受け手を褒める行為に対しても、－SPPが優先的になるだろう。また、どのような状況や活動の中で生じているのかということが決定的に重要になる場合もある。例えば、「口げんか」という活動においては、非難に対しては、同調するのではなく、反撃の非難を産出することが優先的になる。また、逆に、その活動において、通常は非優先的である反応が優先的に産出されることが繰り返されると、活動自体が別のものに転換したとみなされることもありうる。例えば、相手の「主張」に対して「反論」という－SPPの反応が優先的に産出されることが繰り返されると、それは、もはや、通常の「会話」ではなく、「口げんか」や「口論」で

あると参加者自身に認識されよう。

　ここで述べているような行為タイプと優先性の関係は、当然ながら、文化によって異なる可能性も否定できない。一方、ある特定の言語文化を共有する者の間では、行為タイプと優先性の結びつきについて、上で述べたような例外的ケースも含めてかなり精緻な知識が共有され、参照されていることが、次にみるように、優先的／非優先的反応の産出に一貫した特徴が現れることに示されている。

2.1.3. 優先的／非優先的反応の諸特徴

　通常は＋SPPが優先的に産出され、－SPPが非優先的に産出されることは、先に述べた通りである。第2部分が優先的／非優先的に産出される場合の具体的な特徴は、1) 第2部分の産出位置に関するものと、2) 第2部分の発話のデザインに関するものとがある。まず、産出位置に関する特徴として、第2部分が優先的に産出される場合は、第1部分が完結した直後か通常の発話順番移行のタイミング (normal transition space) で、もしくは、第1部分が完結する直前に、第2部分の産出が開始される。第1部分が完結する直前に第2部分が産出される場合は、一瞬だが、発話の重なりが生じる。非優先的に産出される場合は、第1部分との近接性が破られ、通常の発話順番移行のタイミングよりも長い間合いの後に開始される。あるいは、第2部分を構成する発話順番が開始されても、「ええと」「あのー」など発話の産出を遅延するマーカーが置かれたりすることにより、－SPPの反応そのものは、すぐには産出されないということが生じる。

　次に、発話のデザインに関していえば、優先的な反応は、直接的・明示的かつ簡潔で、それだけで十分とみなされる。一方、非優先的反応は、説明、言い訳、曖昧な言い方などを含み、冗長になりがちである。明示的な言い方を避け、言い訳などだけを述べて拒否・非同意そのものは表現しない場合もある。いずれも、非同調的反応であることが目立たないようにするための操作ともいえる。

　以上のように、優先的／非優先的反応の産出の違いに、優先的反応がデ

フォルトであるという参加者の認識が現れている。言語学的な概念を用いれば、優先的反応が無標（unmarked）で、非優先的反応が有標（marked）であるという言い方も可能だろう。

　いくつか例をみてみよう。事例（34）は、優先的反応の例である。Hが、梨の直売店に梨を買いに行くことを告げると、Yが自分の家族の分も一緒に買ってくるように依頼する。

(34)　［nashi］
01　Y: うん そ- そしたらうちの分も一緒に=
02　H: =[うん.
03　Y: =[買ってきてくれるとありがたいんだけど.
04→H: はいはい.
05　Y: うん.

Hは、Yの依頼が完結した後、即座にそれを「受諾」する（04行目）。短く端的な「はいはい」というHの受諾の反応に対して、Yも、すぐに、それを受け止めたことを示す（05行目）。このように、「依頼」を「受諾」する優先的反応として産出されている発言は、明示的かつ簡潔であり、会話参加者によって、それで十分であるとみなされている。それに対して、非優先的応答は、次の例にみられるように、長々と引き伸ばされ、－SPPそのものとみなされる部分は順番そのものが開始されてからかなり後に出現する。次の事例（35）のSとTは大学の先輩と後輩の関係にあり、その夜Tの家のテレビで一緒に格闘技番組を見ることをSが提案する。この提案は、Tの家のテレビを利用することが含まれる提案であるので、Tに対する依頼でもある。

(35)　［MM_K1］
01　T: はいもしもし::=
02　S: =あ::もしもし?
03　　(0.5)

04　T：はい．
05　S：おれおれ．
06　　(0.5)
07　T：はい．
08　S：¥あ(hh)の(h)：さ(hh)：：¥.hh
09　T：　[はい．
10　S：=[きょうさ：あの：[：　：]ケーワンやんじゃん↓か：：：
11　T：　　　　　　　　　[はい]
12　　(.)
13　T：は：い．
14　S：だ：：またさ：：テルのさ：：家でさ：：
15　　(.)
16　T：あ：：[あの：そうしたいん：ですけど：：[：，お]れ=
17　S：　　　[あの：：：　　　　　　　　　　[う：ん]
18　T：=今日バイトはいってですね：：
19　S：いつまで?
20　　(.)
21　T：やちょうど(3.0)9時から始まって：：=
22　S：=うん=
23　T：=いちじ：：ぐらいまであるんで：：
24　S：あ[(れ)
25　T：　[ちょ：っと厳しいん>ですよ<ね：：=今日も明日もはいっちゃって
26　　　るんですよ：：

　Sの依頼の発言自体が、音の引き伸ばしなどを含み、また、すぐ後に依頼そのものの部分が産出されると予測される時点（14行目の終わり）で一旦発言を止める、というような操作が加えられており、スムーズに産出されていないことが観察される。つまり、依頼という第1部分自体も、産出しにくいものとして扱われる場合があることを示唆しているが、この点については、2.5で取り上げる。ここでは、Sの発言が中止されたにもかかわらず、Sの

発言を理解できたものとして反応を開始するTのふるまい(「あ::」)に注目しよう。Tは、Sの依頼に応じる意思はあるもののその意思に反して何らかの理由で依頼に応じられないことを示唆する(「あの:そうしたいん:ですけど:::」)。続く18行目では、そうしたくても「できない」という部分そのものではなく、その理由が述べられる。そして、19行目のSの「いつまで?」という質問に対する答えとして、端的にアルバイトが終了する時間を述べるのではなく、「ちょうど(3.0)9時からはじまって::いちじ::ぐらいまで」と、恐らくは、一緒に見ようとしている番組が開始する時間とアルバイトの開始時間が一致することを示唆しつつ(「ちょうど」)、音を引き延ばしながらアルバイトのおよその終了時間を告げた後に、ようやく、「ちょ:っと厳しいん>ですよ<ね::」という、断りそのものと聞ける部分を産出する。ただし、この「断りそのもの」も、「ちょっと」という、依頼に応じられないという事実の度合いを引き下げる表現や、自分の意思に反して状況が許さないことを示唆する「厳しい」という表現が用いられている。随所に音の引き伸ばしがみられるのも特徴的である。

このように、優先的／非優先的反応として第2部分を産出する際に、会話参加者は、その産出の仕方に一貫した違いを示している。もちろん、その一貫性が決して破られることがないということではない。しばしば、今みたような基本的パターンから敢えて逸脱するような仕方で第2部分を産出する場合もある。しかしながら、逸脱的な事例をよく観察すると、基本的パターンから逸脱していること、そのこと自体が参加者によって利用され、志向されていることがわかる。つまり、今見たような優先組織のパターンは、規範性を持っていて、その規範から逸脱する場合には、その時その場の状況に特有の事情を参照してその理由が推測され、それがまたさらなる行為の産出・理解の資源として利用されているのである。例えば、次の事例(36)では、01行目のTの依頼に対して、02行目でSは肯定の反応を産出しているにもかかわらず、Tは、12行目でSに対する先の依頼を他の誰かに向けるべきなのか確認を求める。Tはなぜそのようなふるまいをするに至ったのかを考えてみよう。

(36)　［MM_mizugi］
01　T：そした- 水着借りにいってもいい?
02　S：うんないと困るんでしょ?
03　T：そうなんだよ合宿で.
04　S：ほかに借りれる子いなかった?
05　　（.）
06　T：う::::::::んあんまりhhhう::てゆうかサナエとかもさ::
07　　　　いくから［さ::
08　S：　　　　　　［あ:そっか
09　　（0.5）
10　S：うんいいよ.
11　　（.）
12　T：あ, ほかにさがしたほうがいい?
13　S：あううんちがうちがう- なんか- ふたつあったから:どっちが似合う
14　　　かな::とおもった（　）いまhh

02行目でSは、「うん」と、とりあえずTの依頼を受諾するが、続けて「ないと困るんでしょ?」とTの依頼の理由の候補を提示して確認を求める。それに対して、Tは、端的に肯定的に応える。そのあと、Sはさらに、Tがこの依頼を他の誰かにすることができた可能性について尋ねる。Tがそれに対して否定的な応答を産出し（「あんまり」）、その理由を提示した時点で、Sはその理由が理解できたことを示し（「あ:そっか」、0.5秒の間合いの後に「うんいいよ」と再びより明示的に受諾する。SがTの依頼をともかく受諾していることは明らかであり、＋SPPであるのに、依頼の理由やその依頼を自分に向けることについての正当性を確認する発話（04行目）と並置されているがために、優先的反応の産出パターンから逸脱しているものとして認識され、単純な受諾ではないという理解を導いたといえよう。つまり、通常−SPPの反応と結び付けられる非優先的応答の特徴が、ここでの＋SPPの産出にみられることに受け手（T）は志向し、12行目で、あたかもSが−SPPの反応を示唆したかのようにふるまっているのである。

この事例(36)の02行目の発話は、冒頭で「うん」という肯定的応答表現を用いているため、まずは、依頼が受諾された上で(つまり、一旦［依頼］－［受諾］の隣接ペアが完結した上で)その受諾を後から弱める、あるいは、条件付けるような発話が続いている。ゆえに、非優先的応答の特徴を示しているものとして受け止められているという分析を提示した。しかし、この発話は、実質的には、挿入連鎖を開始するプレセカンドに限りなく近い。つまり、02行目の冒頭の「うん」はあくまでも形式的な「受諾」であって、その後に続く質問は実質的な受諾を産出する前に確認すべきことを尋ねるプレセカンドの質問とみなすことも可能である。実は、1.3でみた挿入拡張を開始するポストファーストやプレセカンドは、必然的に基本連鎖の第2部分の産出を遅延することになるゆえ、しばしば、非優先的応答の前触れとして聞かれたり、実際に、基本連鎖第2部分で非優先的応答がくる場合も多い。1つだけ例示しておこう。

(37) ［08_夏休み 11:45］
01　M：じゃあツッチーなんかはもうあれ::? (.) 夏休み-え、終わって帰っち
02　　　ゃってきてるん? .hhh
03　(0.4)
04→S：ん:? (.) 夏休み終わっ[てって(.)なに.
05　M：　　　　　　　　　　[お、お、終わって:もうみんな:(0.5)>そ
06　　　うでもないんか=まだみんな夏休みなんだっけ?<
07　S：=ん, だいたい-

母(M)と息子(S)の電話の会話であるが、01–02行目のMの質問に対して、Sはすぐに応答せず、0.4秒の間合いの後、ポストファーストを産出する。基本連鎖第1部分のどこに問題があったかを特定しない、非制限的な「ん:?」の後、「夏休み終わってって(.)なに.」とMの質問の特定の部分が理解できないことを明示する修復の開始を行う。MはこのSのポストファーストが完結する前に、Sのこの発話が、先の自身の質問に何らかの問

題があることを指摘するものと認識して、質問のやり直しを開始するが、その際、「そうでもないんか」と、先の質問の想定を撤回し、「まだみんな夏休みなんだっけ?<」と極性を反転させるような仕方で質問をやり直す。つまり、04行目のSのポストファーストが、自分の質問に対して否定的な応答(つまり、非優先的反応)が産出されることを予示しているものとみなし、極性を反転させて質問をやり直すことによって、やり直した質問に対しては、肯定的な応答(つまり、優先的な反応)が出来るようにしているのである。ポストファーストが非優先的反応の前兆である可能性に対して、第1部分の産出者が敏感であることを示す事例である。(事例(23)におけるTの05行目の発話においても同様の敏感さが観察される。ここで議論している視点から、自分自身で、05行目において生じていることを記述してみよう。)このような、第1部分の産出者が、(ポストファーストの産出に限らず)受け手の反応に敏感に対処して、非優先的第2部分の産出を回避するふるまいについては、2.2で詳しく取り上げる。

　さて、次の例は、事例(37)とは逆に、通常＋SPPと結び付けられる優先的応答の産出の特徴が、－SPPの産出に見られる例である。

(38)　[MT_G_バーベキュー]
((HとUは以前から他の友人たちも加えてバーベキューをする計画について話していた。01行目でHの方からこのことについて切り出す。))
01　H: そいえばさ::バーベキューどうすんの.
02　　(1.4)
03　U: 決めてくれよ(.)暇人.
04　　(0.8)
05　H: え?
06　　(1.2)
07　U: 決めてくれよ.=
08　H: =海浜公園でやるんでしょ?
09　　(1.2)
10　U: 決めてくれよ(.)早く.

11 (2.2)
12 H: 俺が決めろって?
13 (.)
14 U: >早く< 合コンセッティングしてくれよ.=
15→H: =し(h)ね(h)えよhh

　Hの01行目の質問に対し、Uは、直接答えることなく、Hの方が計画の詳細を決めるように依頼する。この後もHの質問等に答えず、この依頼を繰り返すが、14行目では、この「バーベキューの集まりの詳細を決めること」の依頼を、「早く合コンをセッティングすること」の依頼にすり替えている。Uは、直前のHの発話がいかなるものであろうと依頼を繰り返すことによって「かみ合わない」やりとりを生み出し、さらに、依頼の内容を、「20代の未婚の男性」というカテゴリーのメンバーにはおそらく独特の意味合いを持つことが推測される「合コン」の「セッティング」という(この2人のこの時点での状況においては)非現実的な依頼に突然すり替えることによって、いわば、冗談の「落ち」のようにこの発話がつくられていることを示している。これに対し、Hは笑いながら即座に、単刀直入に、拒否の反応を産出する(15行目)。このように−SPPの反応を優先的応答の産出の仕方を用いて産出するケースは、実は、特に親しい間柄の参加者の会話の中でしばしばみられる。先に述べたような会話から口論へと活動の転換を伴うような場合でなくても、「親しい者同士」の「たわいもない会話」の中でこのようなケースがしばしば出現するという事実は、読者の経験とも重なるのではないだろうか。
　だとすれば、ここまで述べてきた優先組織に関わる記述に対して変更が必要なのだろうか？　会話分析の方法においては、問題は、単純に、このような「例外的ケース」がどれぐらいの頻度で生じるか(つまり、高頻度で生じる場合には記述を変更すべきか)ということではない。第2章でSchegloff (1968)の例を用いて解説したように、「例外的(と思われる)ケース」をつぶさに観察することによって、ごく少数の例外でも、その例外を包括できるよ

うに記述を修正したほうが、よりシステマティックに、ある相互行為上の課題を解決する1つの手続きとして捉えることが可能になる場合もある。また、例外がたくさんあっても、相互行為当事者がそれらを例外的・逸脱的なものとして扱っているのであれば、やはり、それらは「規範から逸脱している」ものとして記述されるべきである。事例(38)の15行目の拒否が笑いを含みながら逸脱的に(つまり優先的反応の特徴を伴って)産出されていることは、それが「真面目に」産出された行為ではないことを示しており、同時に14行目の依頼を冗談として受け止めたことも表示していよう。15行目のような拒否の産出の仕方が逸脱的であるという認識があるからこそ、それを利用して、冗談としてのやり取りが可能となっているのである。

　まとめておこう。確かに優先的反応の方が生起頻度は高い。しかし、優先組織はそのような統計的事実に基づいて概念化されたわけではない。第2章で述べたように、会話分析は、相互行為を組織して秩序を生み出している、「人々の方法」を対象としている。「人々の方法」は、規範性を担う手続きの体系としてその自然言語に習熟している者の間で共有されているものである。そして、そうした手続きは、統計的事実によって捉えられるものではなく、あくまでも、複数の事例を細部にわたって分析し、会話参加者のふるまいを緻密に捉える作業を通して初めて明らかになる。もちろん、事例の数が多いほど記述が精緻になることはいうまでもない。会話分析研究者ができるだけ多くの事例を集めようと試みるのは、このためであって、統計的な処理を施すことが目的ではない事を理解しておこう。

2.2. 参加者の協働作業としての優先的反応の産出

　2.1でみたように、優先組織は、まずは、第2部分の産出の仕方に関わる手続きとして発見された。しかしながら、できるだけ非優先的第2部分の産出を回避する志向性は、第2部分の産出者自身のみならず、第1部分の産出者の振る舞いにおいても観察される。例えば、1.4でみた先行連鎖は、基本連鎖の第1部分を産出する者が、基本連鎖に進む条件が満たされているかを前もってチェックするという働きを担っていた。これは、つまり、非

優先的反応が産出されるのを事前に回避するための、基本連鎖第 1 部分産出者が事前に利用できる手立ての 1 つである。他にも、第 1 部分を産出した後に用いられる手立てもある。例えば、事例 (37) でみたように、基本連鎖第 1 部分に対して即座に基本連鎖第 2 部分が返されず、ポストファーストがくる場合、基本連鎖第 2 部分が非優先的反応になる (つまり、それゆえに第 2 部分の産出が遅延されていると考えられる) ことが示唆される。そのような場合、基本連鎖第 1 部分の産出者は、最初の発言を組み立てなおして、極性を反転させることがある。つまり、最初の言い方に対して肯定的な反応ができないのであれば、基本連鎖第 1 部分の極性を反転させれば、それに対しては肯定的な反応ができるはずであるという認識に基づいた操作が為されているわけである。次の例では、第 1 部分の受け手が即座に反応を産出せず、間合いが生じる場合に同様の操作が為されていることが観察できる。

(39) ［12_kome_0335］
((大学通学のために一人暮らししているSが、母親Mに電話をして、「米がなくなった」ことを知らせる。Mは、翌日Sの住む地域に行く予定なので、ついでにSのところに米を届けることを申し出るが、Sは翌日不在だというので、受け渡し方法を決めようとしている。))
01　M：た- 宅急便とかどうしてる::?
02　　(0.3)
03　S：°宅急°[びん?
04　M：　　　[もし::(0.3)不在のときは.<不在で置いて:行っちゃう?
05　　(0.6)
06→M：[置いていかない?
07　S：[>だから< うけとれないっ[て.宅急便[不在だったら.
08　M：　　　　　　　　　　　　[あっ　　[あ:::

01 行目で M は質問を産出するが、即座に S が応答を産出しない (02 行目) のがわかると、04 行目で 01 行目の質問をより具体的にした発話を産出す

る。つまり、ここでは、Sの反応の遅れは、最初の質問が具体性に欠けていたためだと理解したことがわかる。しかし、このやり直された質問に対しても、0.6秒というやや長い間合いが生じる。Mはさらに質問し直すが、このとき、04行目で「置いて:行っちゃう?」という言い方をしていたのに対し、06行目では、「置いていかない?」という否定疑問形を用いて極性を反転させている。つまり04行目の質問に対して、優先的反応である肯定的応答が産出されないことが予測される状況において、自らの質問の極性を反転させて否定の形にすることによって、もともとの質問に対しては非優先的反応であった否定的応答が、否定疑問形に組み立て直された質問に対しては、「同意」の優先的反応として産出できるようにしているわけである。

　また、同様に非優先的反応が予測される事態に至った時、第1部分の極性を反転させるのではなく、別の方法で、非優先的反応の産出の回避が試みられることがある。次の事例では、誘いに対して即座に反応が返されない事態が生じている。

(40) ［HM］
((娘Dのサークルの演奏会の話。この電話会話の前に、母Mは父と一緒に行くことを示唆していた。))
01　D: でもまあせっかくだからね:．
02　　(0.4)
03　D: あの:お[時間あれば見てっ[て::やってください．
04　M: 　　　　[う:ん　　　　　[う:ん
05　　(0.2)
06　M: う::ん=
07→D: =>今回あの<せんせい[何人か呼んで:(.)豪華版だから．
08　M: 　　　　　　　　　[うん
09　M: う::ん..hhh ちょっとね::さんじから:::::すぐは入れないかも
10　　　しれないの[で:
11　D: 　　　　　[あ::いいよ:いいよ::．

Dは、01-03行目において、母親を自分の演奏会へ招待する。文末の敬体に加え、「見てってやって」という言い方を用いる事によって、やや改まった儀礼的な発話に聞こえるが、それだけに、明示的に「招待」という行為が産出されている事も際立ち、それに対する反応として、Mが招待に応じるのか、もしくは、断るのかを明らかにすることが期待される機会がつくられる。しかし、Mはやや遅れて、「う∷ん」という極めて曖昧な反応を産出する (06行目)。この時点で、Dは、自分の誘いに対するMの反応が非優先的なものになることを予測できるであろう。結果として、Mは、誘いを断るわけではなく、開演に間に合うように行くことができない、という反応を産出するのであるが、やはり、これは、完全な受諾ではないという点で、非優先的な性質を帯びているし、ともかく、05-06行目の時点で、Dが非優先的な反応が産出されつつあるとみなすのは妥当であろう。Dは、Mの曖昧な反応の産出が完結すると同時に、今回の演奏会が「豪華版だから」と演奏会についてアピールできる点を付け加えるのである。このように、非優先的な反応の産出が予示されたときに、第1部分の産出者は、第1部分の内容について (受け手にとって) より望ましいと思われる点などを付け加えることによって、第1部分に同調する反応 (つまり優先的反応) を引き出そうとする場合もある。

2.3. 複数の優先性が交差する場合

先に、優先性を組織する基本的パターンが規範性を持つこと、そして、敢えてその規範を逸脱することによって、その参加者間で、その場の状況に特定的な理解を引き出すことが可能になることについて述べた。それ以外に、相互行為の組織上の問題ゆえに基本的パターンから逸脱することもある。ここではそのようなケースについて検討していこう。次の事例 (41) の07行目と09行目のSの反応に注目しよう。

(41) ［10_shokuba］
((2人はかつての同僚で、Nだけ仕事を続けている。))

```
01    ((呼び出し音))
02  S:もしも::し.
03  N:もしも::し.=おはよ:う,[毎日ごめんね?
04  S:                  [はいは::い,おはようございま:[:す.
05→N:                                              [出か
06→    け[るところ?]
07  S:   [いいえ?]
08    (0.8)
09→S:ううん,全然?
10    (.)
11  S:[家にいるよ?
12  N:[(おうち?)
13    (.)
14  S:うん.
```

電話の開始部のやりとりの後、05-06行目で、電話の掛け手であるNが「出かけるところ?」とSに質問する。この質問は、基本的に、「はい／いいえ」で応えられる質問であり、その質問の組み立て方はSが「出かけるところ」である可能性を認識していることを示している。この限りにおいて、やはり、肯定的な応答(同意)が＋SPPであるといえる。これに対し、09行目でSは明確に否定的に答える。(07行目のSの「いいえ?」は、Nの03行目の「毎日ごめんね?」という謝罪に応じたものであり、08行目の間合いは、06行目と07行目の発話が重なったため、それ以上の重なりを回避するためにSとNの双方が発話の継続／開始を見合わせたために生じたものと思われる。)Sは、「ううん」と明示的な否定表現を用い、さらに、「全然」と否定的応答であることを強調する。つまり、このSの否定的な応答(非同意)は、優先的反応の特徴を伴って産出されている。しかしながら、ここでのこのようなSのふるまいは、規範的な産出の仕方から敢えて逸脱して何かを受け手に伝えようとしているわけではなく、むしろ、交差する優先性をやりくりした結果である。どういうことだろうか。

まず、Sの質問「出かけるところ？」という質問は、どのような質問なのか、考えてみよう。先に述べたように、この発話は、形式上は受け手が「出かけるところである」こと、すなわち、肯定的な応答を想定した組み立てであり、「うん」などの肯定的な応答が優先的な反応であるはずだ。しかし、ここで、電話の開始部分、「もしもし」や挨拶のやりとりが終わった時点でこの質問が為されていることに注意しよう。本章の最初に述べたように、発話そのもののつくられ方（composition）と各発話の連鎖上の位置（position）は、常に参加者によって注意が払われており、ゆえに、その発話がどのように聞かれるかを分析する分析者にとっても最も重要な手掛かりである。電話の開始部分で「もしもし」や挨拶のやりとりが終わった後は、通常、電話の用件が切り出されてもよい位置だ。しかし、そのような位置でしばしば、類似の質問（「今忙しい？」や「寝てた？」など）が為される。これらの質問は、単純にその時点で相手が何をしていたかを知りたいがための質問というよりは、むしろ、この後に用件を切り出して会話を続けることが可能な状況にあるのかをチェックするための質問のように聞こえる。その意味において、このような質問は、先行連鎖の第1部分と言ってもよい。後に用意されている「本題」の行為、すなわち、基本連鎖の第1部分はどのような行為だろうか。ひとまず、外出する直前であったり、忙しかったりといったような、相手が今電話で話すことが出来ない状況がありうることに配慮するような、「会話を（今ここで）終了することの提案」という形式化ができるだろう。先行連鎖の第2部分は、基本的には、基本連鎖に進むことを促す反応の方が優先的である。しかしながら、「会話を終了する提案」を「本題」とする先行連鎖における第2部分の場合、基本連鎖に進むことを阻止するblockingの反応が優先的である。その理由は明らかだ。このような先行連鎖第1部分は、何らかの用件を果たすために電話をかけてきた者によって産出されているわけなので、当然、「会話を終了する提案」まで進まないように阻止するほうが、先行連鎖第1部分産出者の本来の（電話をかけて用件を果たすという）目的に合致するわけである。よって、基本連鎖まで進んで「会話を終了する提案」をすることが無用であることを示すblockingの反応

こそが先行連鎖第1部分産出者の期待に沿う反応なのだ。ただし、どのような仕方で先行連鎖第1部分の質問が為されているかによって、否定の反応と肯定の反応のどちらが blocking の反応になるかが異なることに注意しよう。例えば「今時間大丈夫？」というような質問であれば、「うん、大丈夫」というような肯定の反応が blocking の反応になるが、上の事例の場合は、「『出かけるところ』ではない」という否定の反応が blocking の反応になり、優先的な反応となる。

　先に「出かけるところ？」という質問は、形式的な組み立ての上では、肯定の応答を想定したものであり、つまり、肯定の応答が優先的であると述べた。しかし、今説明したように、この質問に対する肯定の応答は、会話を終了する提案に進むように促す反応であり、行為連鎖上は非優先的である。このように、第1部分の発話の形式に織り込まれた優先性（つまり、肯定の反応もしくは否定の反応のいずれかがより産出しやすくなるように偏りのある組み立て方が為されていること）と行為連鎖上の優先性が交差してしまうことがある。重要なのは、このような場合に、行為連鎖上の優先性のほうに照準した形で第2部分の反応が産出されるという点である。Sの反応の発話も形式上はNの想定を否定するものであっても、行為連鎖上は優先的な反応であるがゆえに、否定の応答が優先的反応の特徴を伴って、即座にかつ端的に産出されているのである。

　さて、2.2で、第1部分産出者が、受け手の反応の遅れを、非優先的反応を予示するものと受け止めて質問の極性を反転させる例を取り上げた。優先性の交差は、このような場合にも生じる。以下の事例は少し長くなるが、08行目と11行目のAの質問とそれに対するBの応答に着目したい。

(42)　［MM_syukatsu］
((BがAに電話をかけ、しばらく話したあと、会話が終結に向かい始めたところで以下のやりとりが始まる。「アンケート」は、この会話以前にBがAに協力を依頼していたものと思われる。ここでは、その回答をBに渡す方法について話している。「あさばん」は2人が所属するサークルの何らかの定期的な集まりを指すと思われる。))

```
01   A: [あ, ねえ>そうだそうだ<[ね,
02   B: [じゃあ              [うん
03   A: アンケートどうしよう.
04   B: あ::::,アンケート::?
05   A: うん.
06   B: ん::::::::::と,
07     (1.0)
08→ A: あさばんもしくは合宿でも平気?
09     (0.4)
10   B: う[::::ん
11→ A:   [合宿持ってくのはまずいかな.
12     (.)
13→ B: あ,じゃあ::,
14   A: うん
15→ B: 合宿だとあれだから::
16   A: うんうん[うん
17→ B:        [ん:::(1.0)なんだろ, <あさばん:>
18   A: あさばん?
19→ B: [行くとき::
20   A: [か::  あっ
21→ B: あ[::どうしよう.
22   A:  [うん
23     (.)
24   A: あでももしあれだったらまあさば(ん)には持って行って:=
25   B: うん
26   A: で::もし(.)会えなかったら:あ[の::(.)合宿後に,
27   B:                        [うん
28   A: うん[うん
29   B:   [遊ぶ時に(.)[持って行くのでも平気?
30   A:           [そうだね::
```

Aは、08行目で、自分が回答したアンケートの結果をBに渡すタイミング（あるいは、場所）について、2つの候補を並置し、同意を求める発話を産出している。これに対し、Bは0.4秒の間合いの後に「う::::ん」と思案している事を示す反応を産出し、Aの提案に同意しているわけではないことを明らかにする。Aは、このBの反応が産出され始めた瞬間に先の自分の提案を部分的に撤回する(11行目)。このとき、08行目では、「あさばん」もしくは合宿に持って行くことについて「平気」かと質問しているが、11行目では「合宿」のみを取り上げ、「まずいかな」と否定的な意味合いを持つ述語を用いている。つまり、最初に挙げた2つの候補のうち一方がBにとって受け入れがたいものであったという理解のもと、その候補について、極性を反転させて確認を求めているのである。最初の質問の極性を反転させることによって、2番目のその質問に対しては肯定的反応を引き出せるであろうという理解に基づく操作がみられる。しかし、アンケートに協力してくれた者がそのアンケートを返却するタイミングの候補を提案している発話に対して、その候補を受け入れない反応は、たとえ形式上は直前のAの発話(11行目の発話)を肯定し、同意的なものであっても、行為としては非優先的であることには変わりない。結局Bは、合宿での受け渡しは避けたいことを15行目で示唆する。つまり、Aの11行目の発話を肯定し、同意を示すが、「そう」や「うん」など明示的に肯定する表現を用いず、Aの提案を拒否するのが主眼ではなく、代替案を提示することをめざしたものとして(13行目の「じゃあ」という発話の開始の仕方に注目しよう)反応の産出を開始している。さらに、Aが先に用いた「まずい」という否定的意味合いの表現を自ら使うことを避け、「あれ」という表現に置き換える操作に加えて、間合い(12行目)や音の引き延ばし(13・15行目など)といった特徴もみられる(17行目以降をみると、Bにとっては「あさばん」も必ずしも望ましい候補ではないことがうかがわれる。ただし、結局Bの代替案は提示される事なく、AがBの反応を踏まえて候補を再提示している)。ここでも、第1部分との局所的関係における第2部分の形式上の優先性と、行為連鎖上の優先性が交差し、行為連鎖上の優先性が志向されているがゆえに、Aが極

性を反転させた質問に対する反応が、形式上は肯定的(同意)であるにもかかわらず、非優先的な特徴を伴って産出されているのである。

　以上述べた「交差する優先性」の問題は、会話を組織する行為が持っている1つの重要な性質に起因するものである。それは、すなわち、必ずしも1つの順番(TCU)が1つの行為を実現するというわけではなく、1つの順番(TCU)が一度に複数の行為を実現することがしばしばある、ということである。事例(41)の05-06行目も、事例(42)の11行目も、まず端的には、「はい・いいえ」で答えられる「肯否質問」という行為を為しているといえる。この質問という行為に対する反応としては、質問者の想定を肯定する応答が優先的である。一方で、これらの発話は、行為連鎖の中で、上でみたような行為(会話の終了の提案に先立つ先行連鎖第1部分、候補として挙げた選択肢が不適切であるか確認を求める行為)を実現しており、この水準の行為に対しては、質問者の想定を否定する反応が優先的である。相互行為においてとりかわされる行為は、一枚岩のように1つ特定の行為としてゆるぎなく相手に差し向けられるのではなく、複数の水準で複数の行為が重層的に折り重なって生み出されており、受け手は、その重層性に敏感に反応するのである。つまり、1つの順番が完結したときに異なる次元で複数の行為が達成されているとすれば、それに対する反応が、それぞれの行為に何らかの形で対応することが期待されるであろうし、その際、ある行為に対する優先性と別の水準の行為に対する優先性が交差してしまう可能性があることは、もはや、明らかだろう。分析の際には、常に、この行為の重層性の可能性を念頭に置いておく必要がある。

2.4. タイプ一致型反応

　事例(42)の11行目のAの質問に対するBの反応は、実は、もう1つ別のタイプの優先組織の実例としてみることができる。先に述べたようにAの質問は、まずは、端的には、「はい」もしくは「いいえ」(「うん」や「いや」などのバリエーションも含む)を要請する「肯否質問」である。ところが、それに対する反応として産出されているBの発話は、基本的に肯定的

な応答であるにもかかわらず、「うん」などの肯定的応答表現を含んでいない。先に、この反応は、「じゃあ」で開始することにより、Aのそもそもの提案を拒否するのが主眼ではなく、代替案を提示することをめざしたものとして産出されていると分析した。「うん」という明示的な肯定的応答表現を用いていないという点も、そうした理解に寄与する特徴であろう。このBの反応において、「うん」という肯定的応答表現を用いれば、Aの質問の想定(「合宿持ってくのはまずい」)を明示的に肯定することになり、それはすなわち、Aが最初に候補の1つとして挙げた「合宿(に持って行くこと)」を明示的に否定することになるのである。Bの反応は、結局のところ直前のAの質問に同意しているにもかかわらず、Aの質問の想定を明示的に受け入れることを避けるべく、巧みに、明示的な肯定的応答表現の使用が避けられているのである。

　Raymond (2003) は、「肯否質問」に対する応答が、この質問のタイプに一致するような形式を用いている場合、すなわち、「はい・いいえ」などの明示的な肯定・否定応答表現を用いている場合を**タイプ一致型応答**(**type-conforming response**)、そうした肯定・否定応答表現が用いられていない場合を**非一致型応答**(**non-conforming response**)と呼び、それが＋SPPか－SPPかにかかわらず、タイプ一致型応答のほうが優先的であるとしている。Raymondによれば、タイプ一致型応答の場合、質問が前提としていることや、質問に含まれる想定、質問の正当性等を承認した上で応答しているのに対し、非一致型応答では、そうした質問の前提や想定、肯否質問によってその受け手が応答の際に課される制約(肯定か否定かを明らかにすることを強いられるという制約)に対する抵抗を示す。この意味において、タイプ一致型応答のほうが直接的で簡潔な仕方で産出され、相互行為を先に進めるのに対し、非一致型応答は、しばしば引き延ばされ、[質問] － [応答] 連鎖の完結を遅延する。このようなタイプ一致型応答・非一致型応答の特徴は、これまでみてきた優先的反応・非優先的反応の特徴と重なる。しかしながら、タイプ一致型応答・非一致型応答は、第1部分の受け手が、＋SPPを産出するか－SPPを産出するか、つまり行為のタイプを選択する際に関わる優先

組織とは別の水準で、+SPP であれ-SPP であれ、その応答の形式を(タイプ一致型にするか非一致型にするか)選択する際に関わる優先組織である。同調的反応を産出しつつも、同調性を際立たせることを避けたい事情がある場合、例えば、2.3 でみたような、優先性が交差するような場合に、応答者は非一致型応答として発話を組み立てることができる。つまり、タイプ一致型応答・非一致型応答の選択肢は、同調性に関わる微妙なスタンスの表示を可能にする資源の1つといえよう。

2.5. 第1部分の優先性

　ここまでは、基本的に、第2部分の産出に関わる優先組織について説明してきたが、対の関係にあるような連鎖タイプの第1部分の産出についても、優先性の問題として捉えられる現象がある。例えば、［依頼／要求］-［受諾］という連鎖タイプ（とりわけ、物のやり取りに関わる場合）は、［申し出］-［受諾］という連鎖タイプと対の関係にあるといえる。つまり一方が何かを要求することによって連鎖を開始し、もう一方が要求されたことを実行する、あるいは、要求された物を差し出すことによって連鎖が完結するという事態は、後者が、要求されるであろうこと／物を先に実行・提供することを申し出て、前者が、それを受け入れる／受け取るという手続きでも達成されうる。このとき、依頼／要求よりも先に申し出が為されるほうが優先的であり、一般的な期待として志向されているというわけだ。これまでみてきた第2部分の産出に関わる優先組織との違いは、第2部分の産出者（第1部分の受け手）は、+SPP／-SPP いずれかの反応を自身で選択することになるが、第1部分の産出に関しては、例えば、依頼／要求という第1部分の場合、その産出者と、（依頼／要求と対となる）申し出という第1部分の産出者は異なる。というのも、依頼／要求の受け手となる側が、どのような依頼が為されようとしているのかを予測し、先に申し出ることになるからだ。この場合、もちろん、ある特定の依頼／要求が為されることを、その依頼／要求の受け手となる者が常に事前に察知して、先手を打って申し出ることができるわけではない。多くの場合、具体的にどのような依頼／要求が為されよ

うとしているのか予測可能な時点に至って初めて受け手が申し出を切り出すことになる。それでも、どのような依頼／要求かがわかった時点でその受け手が申し出を切り出す現象が繰り返しみられるという事実は、依頼／要求よりも申し出が優先的であることを裏付けていよう。例えば、先行連鎖の第1部分が産出された時点で、基本連鎖第1部分で為されるであろう依頼が具体的に予測可能であれば、その時点で、先行連鎖第1部分の受け手が申し出を切り出すことも可能となる。ここで、1.4でみた事例(15)をもう一度みてみよう。

(15) 〔MM_toomorokoshi〕
01　T：あ、お母さんいる？
02　O：う:ん。
03　T：あ[:-
04　O：　[ちょっと待って
05　T：あ::はいはい。

1.4では、固定電話の会話の開始部で、その電話が設置されている家の居住者の誰かが在宅かどうかを尋ねる質問は、肯定的応答の後に、その人を電話口に呼ぶ依頼が為されることを強力に予示する先行連鎖第1部分であり、このような場合、先行連鎖の第1部分の受け手は、それを基本連鎖の第1部分(つまり、本題の依頼そのもの)として扱って反応することがあると述べた。このような事例では、依頼に対する申し出の優先性を踏まえた捉え方も可能である。つまり、01行目のTの先行連鎖第1部分は、基本連鎖として用意されている依頼を確実かつ具体的に示しているため、その受け手であるOは、Tが基本連鎖に進むことを先手を打って阻止し、04行目で、自ら母親を電話口に呼び出すことを申し出ている、という見方ができる(04行目は、発話上は、依頼の形式が用いられているが、自分が母親を呼び出して交替する間Tは待たざるを得ない事実に言及しているのであって、「Tに待ってもらうことを依頼している」というよりは、「電話口を離れて母親を呼び

出すことを申し出ている」と捉えるほうが適切だろう）。

　依頼が先行連鎖によって予示される場合に限らず、依頼が産出され始めた後に、どのような依頼が為されようとしているのかが受け手に次第に明らかになることがある。そのような時点で、いまだ依頼が産出されている途中にもかかわらず、受け手が順番を取って申し出の行為を産出することもある。

(43)　[nashi_renraku]
01　Y：で　ま：ug- それ は- 梨のほうのあれが：
02　H：[うん．
03　Y：[すむ話が：
04　H：[うん
05　Y：[はっきり い- (.) 買って来たっていうんがわかったら：
06　H：電話する．=
07　Y：=うん．連絡くれれば．

　YとHはすでに20分近く電話で話している。Hはこの電話を終えた後、梨の直売店にでかけることが2人の間で了解されている。ただ、直売店が開いているかどうかがこの電話の時点ではわからないため、事前に確認し、開いていたらHが出かけてYの家族の分も梨を買って来ることになっている。01行目から開始されているYの発話は、このことに言及しているのは明らかである。05行目で、Yがターンの産出途中で区切りをつけたところで、Hが「電話する」と申し出る（06行目）。Yは、この申し出が、自分が最終的にHに依頼しようとしていたことと一致することを承認する（07行目）。

　これらの事例は、どのような依頼／要求が為されようとしているかが予測できる場合には、受け手が先に申し出ることが志向されていることを示していよう[19]。依頼／要求の非優先性は、また、この行為の産出が、遅延や曖昧さなどを含む形で産出される場合が多いことによっても示されている。事例(35)における08行目からのSの依頼の産出の仕方を振り返ってみよう。

(35) ［MM_K1］
01　T：はいもしもし::=
02　S：=あ::もしもし?
03　(0.5)
04　T：はい．
05　S：おれおれ．
06　(0.5)
07　T：はい．
08　S：¥あ(hh)の(h):さ(hh)::¥.hh
09　T：　［はい．
10　S：=［きょうさ:あの:[:　　:]ケーワンやんじゃん↓か:::
11　T：　　　　　　　　　［はい］
12　(.)
13　T：は:い．
14　S：だ::またさ::テルのさ::家でさ::
15　(.)
16　T：あ::[あの:そうしたいん:ですけど::[:，お]れ=
17　S：　　［あの:::　　　　　　　　　［う:ん］
18　T：=今日バイトはいってですね::

Sはまず「あのさ」という表現でこれから何かを切り出すことを示しつつ、音を引き延ばして、その「何か」の産出を遅らせている上に、笑いを含みながら言うことによって、「切り出しにくさ」をあらわにしている。その後にまずは、その夜に放映される番組の名前を提示し、その番組をTの家で見ることを示唆するが、発話をその時点で一旦区切ることによって(15 行目の間合いに着目しよう)、依頼行為そのものを実現する部分がさらに遅延されている。ここでTが順番を取って発話を開始したため、結局Sが依頼行為を実現する部分を産出することなく、相互行為が進んでいく。このように、依頼の行為は、しばしば、順番の組み立てにおいて最後部まで遅延され、最終的に産出されないままとなる場合もある。

申し出と依頼／要求のような優先的・非優先的第1部分の対は他にどのようなものがあるだろうか。Schegloff(2007b)は、次のような行為タイプの対も、同様の優先性の関係を持つとしている。相互行為の現場において、いずれかの参加者に帰属するものとみなされる（通常、好ましい）変化や特徴は、当人がそれを告げるよりも、他の参加者が先に気付いた言及することが優先されるだろう。例えば、待ち合わせをしていた友人がいつもと違う髪型や装いで登場したときには、本人以外の者がまずはそのことに気付いたことを口にすることが期待されている、と感じることはないだろうか。また、固定電話での会話の開始部分で、とりわけ親しい者同士の会話の場合は、自ら名乗るよりも、名乗る前に相手が先に自分を誰であるか特定できる（つまり、「もしもし」などの声を聞いただけで自分を特定できる）ことの方に心地よさを感じることはないだろうか。ここでは、紙幅の都合上、丁寧に実例をみていく余裕はないが、特に名乗りと他者による認識（電話の相手の特定）をめぐる電話開始部分のやりとりについては、Schegloff(1979)が綿密に多数の事例を分析し、名乗りよりも他者による認識が優先的であることを明らかにしている。他にも優先的・非優先的関係にある第1部分の対があるのかは、会話分析的研究がこれから明らかにすべき課題の1つであろう。

3. おわりに

会話分析において、分析者が分析の第一段階としてめざすのは、行為の記述である（第2章参照）。それは、しかし、分析者が分析者自身の分類や基準に照らし合わせて確定することではなく、会話参加者自身が、そこに何をみているのか、どのような行為として捉えているのか、を徹底的に追求することである。そして、会話参加者は、常に、そのふるまいが行為の連なりにおいてどのような位置にあるのか、どのような（非言語的・身体的なものも含めた）資源によってどのように組み立てられているのか、発話者のどのような知識状態（に関わる主張）のもとに産出されているのか、先行する発話（行為）にどの程度同調的なものとして産出されているのか、といったことを

常に問う。会話分析がもたらした、順番交替の組織と(優先組織を含む)行為連鎖の組織についての知見は、この会話参加者の問いを系統立てて追求するための分析の道具を用意してくれるのだ。相互行為的状況において、行為の基本的な単位が順番であり、ある順番においてどのような行為が実現されているかということは、1つ1つの順番の組み立てを厳密に分析する作業を通してのみ明らかになる一方で、その作業は、行為連鎖がどのように展開しているのかを丹念に追う分析と決して切り離すことはできない。その意味で、順番交替の組織と行為連鎖の組織は車の両輪のようなものであり、どちらか一方だけでは分析の道具として用いることができない。再び、この点をしっかりと押さえておきたい。そしてもう一点。2.3のまとめとして、複数の優先性が交差する現象と行為の重層性の関係について述べた。複数の行為が重層的に積み重ねられる可能性があるということは、ある行為の記述を得ることができたときに、そこにとどまるのではなく、別の記述の可能性にも目を向ける姿勢が求められるということだ。その意味では、会話分析における分析に「終わり」はない。

━━━━━━━━━━━ 課　題 ━━━━━━━━━━━

基本問題

1. 次の事例における基本連鎖の第1部分と第2部分および挿入連鎖の第1部分と第2部分を特定し、基本連鎖の第1部分と第2部分については、それぞれどのような行為か分析しよう。また、挿入連鎖第1部分については、ポストファーストかプレセカンドかも明らかにしよう。

（1）［ryo_renraku］
((同じ地域の高校を卒業後、大学通学のため別々の都市に住んでいる友人同士の電話会話。二人が冬休みの帰省中に収録されたものである。01行目は、Aが、実家に帰省したのは「5月以来」であると述べたのに対して発せられている。))

01　B：え，↑え？夏は：？
02　A：.hh 夏は：え：：：：と：：しまだえん：：(0.4)って>知ってる？<
03　B：うん．
04　A：.hh ［しまだ-］
05　B：　　　［プール-］(.)の監視員とかいってたよね：：．
06　A：>そうそうそう< =［プールの監視員を：［：
07　B：　　　　　　　　　　［うん．　　　　　［う：ん．
08　A：.hhず：：っと あのお盆：：も ず：：：っとやってて：
09　B：うんうん．
10　(0.3)
11　A：<帰：れない：>(0.4)［で >おわった．<
12　B：　　　　　　　　　［↑や：：：
13　(0.7)
14　B：お- まじで：．

2.　次の事例を優先組織の観点から分析してみよう。

（2）［KH_軽井沢］
01　A：で軽井沢って温せん：：(.)あるよね？
02　(1.0)
03　A：ゆ：：うめいではないんだけど：でも温せん：
04　B：°あ：：でも°
05　A：わからない？hh
06　B：°わからない°．でも軽井沢って(.)避暑地ですよね？

応用問題

1.　次の事例において、連鎖の組織がどのようになっているか分析してみよう。挿入連鎖が含まれている場合は、挿入連鎖の第1部分がポストファーストかプレセカンドかも明らかにしよう。また、優先組織の観点からも、気付いたことをできるだけ具体的かつ厳密に述べてみよう。

（3）［nashi_oiwai］
((姉Hと妹Yの電話会話。この電話の最初の方で、Yは、梨を買いに行くというHに自分の家族の分も買ってくるように依頼する。その後、20分弱様々なことを話した後に生じたやりとり。この電話会話の録音を依頼したYの娘「さき」は翌月（1月）に成人式を迎える。「みき」「あゆみ」は「さき」の姉と思われる。))

```
01   H: あ あと一つ聞こうと思ってたんだけ[ど:
02   Y:                               [うん.
03   H: .hh あの:: (1.0) お祝い.
04      (0.8)
05   Y: いい(hh)よ(hh[h)そ(h)んなhhh
06   H:             [いい(hh)いや(hh) いい(h)よじゃ(h)なくっ
07      て: .hh い(h)や(h)だ .hh a- いっ(.)つも わ(h)すれちゃ(h)う
08      んだ(h)けど[(hh)
09   Y:           [.hh
10   H: taha[hahahaha
11   Y:     [hhh.
12   H: .hh だ(h)から .hh あれ:[.hhh <さんでい:んだっけな:と=
13   Y:                       [.hhh
14   H: =思ったんだけど:
15   Y: =う:ん.
16      (.)
17   H: っていうこと?
18      (0.5)
19   H: だった:? みきのと[き.
20   Y:                 [どうだったかな: にじゃないんhh°(んて)° hh
21   H: それじゃ く- ゆ- あれだ .hh [たぶん:
22   Y:                           [.hhh
23   Y: そん- .hh
24   H: ど[:っち°だかな.°
25   Y:   [えh::? そんなじゃなk- えh:? .h あ でも <みきは:
26   H: [うん.
```

```
27  Y: [.hhh あの: バ(h)ック(h) を(h) か(h)ったんだよね:.> .hh
28     [[それで たし-
29  H: [[あ おいわ- あ そ:う:?
30  Y: [だから．.hh
31  H: [>それは< 就職じゃなくってね:?
32  Y: あれ[就職だったけ．あ それは就職だ,あそれは
33  H:     [お祝い-
34  Y: 就職でした.= 失礼しまし[°た°
35  H:                      [そうだよ[ね．
36  Y:                              [うん．.hhh
37  H: だから[: .hhh
38  Y:     [うんたしかう:んだった- そのく- でも <に:に: ぐらいだっ
39      た>ような き:- いや か- あ:たし[:あのあれ [は:: .hh
40  H:                               [本人に き-[書いてある?
41  Y: 書いて(h) あ(hh) [°る° .hhh.
42  H:              [じゃ: 書いて:- [書いたのちょっと見てく[る? =
43  Y:                            [あとで かい-
44  Y: =うん.=
45  H: =きゅうに .hh ちが- ま: おんなじならいいけど
46  Y: [¥うん¥.
47  H: [.hh.h へ- .h 減ってくるのも [あれあゆみのときはちょっと
48  Y:                           [ahhhh.
49  H: いいけど[:また:ちか- [一年でもうちがっちゃうのも [あれかな
50  Y:       [うん.     [h.                    [h.
51  H: んじゃ: あとで[みて: その .hh 梨のときに:,
52  Y:            [.hhh う:ん.
53  Y: わ[かりまし-
54  H:   [また うん 連絡して?
55  Y: <すいま[せ:んね．次か[ら 次へと よ- いろいろと(h)>hhhh．
56  H:      [うん．.hh   [ahahahahahahahaい:(h)え:hhh .hh
```

注

1 もとの英語のやりとりでは A の "Would somebody like some more ice tea?" に対して B が "I'll take some more ice." と答えている。(トランスクリプトに使用されている記号等は省略。) "Would somebody like 〜" という言い方に対して "I'll take 〜" という応答は、勧めに応じたように見えるし、また、"some more ice tea" という表現をそのまま引き継いで "some more ice" と表現しているのが、さらに、A の発話に対する同調性を引き上げていよう。このような現象については本章第2節の優先組織で詳しく検討する。

2 もちろん、他にも、例えば、今どのような活動の途中なのか、相手と自分は今どのような関係にある者として出会っているのか、など様々な水準で参照していることはたくさんあるだろう。これらのことは、当然ながら行為を正確に理解する(もしくは、適切に産出する)ために適宜参照されており、つまるところ、composition と position の正確な理解に組み込まれていることとして捉えられる。

3 Heritage (1984) は、相互行為のこのようなしくみを、architecture of intersubjectivity と呼んだ。第5章で紹介する第3位置の修復も、この問題と関連している。

4 第2章の pp.39–40 の解説も参照。なお、電話の呼び出し音を［呼び出し］－［応答］連鎖の［呼び出し］に相当するとみなすのであれば、例えば、物を差し出すという身体的ふるまいを［提供］－［受け入れ］連鎖の［提供］、うなずくというふるまいを［肯否質問］－［応答］連鎖の［応答］とみなしてよいのか、というような疑問が生じるかもしれない。確かに電話の呼び出し音やこのような非言語的ふるまいは、次にどのような反応が期待されるのか、あるいは、直前の行為に対するどのような反応なのかが明確であり、言語的表現の代わりに隣接ペアに組み込まれて相互行為を先に進めるものとして捉えることが可能だろう。ただ、このような非言語的ふるまいは、発話のように、順番を構成する単位からなるものとしてみなすことは難しく(少なくともこの点についての研究はまだ進んでいない)、本書で解説している順番交替組織や連鎖組織に発話と同等の位置づけで組み込まれるものではない。

5 ここで注意したいのは、A と B がそれぞれに、名乗りが無くても、自分が知っているその相手であることがわかったことを伝えているということが、本当にわかったかどうかということとは、とりあえず、無関係である、ということだ。2人は、ここでみているような発話の仕方を通して相手がわかったことを「主張」しているということはできるが、本当にわかったことを「立証」しているわけではない。例えば、A が、B の03行目の発話を聞いて次の順番で「ああ、田中くん。」と名指ししたとすれば、それは相手がわかったことを立証する発言になる。この「主張」することと「立証」することの違いは、ときに、会話参加者にとって問題となり、その問題への対処が行為の組み立てに組み込まれることがあるの

で、「主張」と「立証」の区別は意識しておきたい。
6 これは、単なる論理的な推論ではなく、実際にそのように相互行為が組織されていることが、これまでの会話分析の研究から、かなり厳密に解き明かされているということだ。Schegloff (2007b) は、Schegloff 自身の仕事を中心として、行為連鎖の拡張に関する知見を整理してまとめたもので、会話分析研究の最も重要なテキストの1つとも言える。本章の解説も、基本的には、Schegloff (2007b) の議論および用語の用い方に従ったものとなっている。
7 何かの前触れ、先行として聞こえる発話には、様々なタイプのものがあり、Schegloff が「先行拡張(連鎖)」と呼んでいるものとは、異なるものもある。例えば、発話の最初に置かれる「ここだけの話だけど」という表現は、その後に他言無用の事柄について述べることを予告するが、Schegloff のいう先行連鎖をつくっているわけではなく、あくまでも、話し手がこれから語り始める事の性質を事前に知らせ、続く語りをそのようなものとして聞くようにガイドする前置きである。
8 基本連鎖の第1部分に対して、肯定でも否定でもない曖昧な反応をする場合があり、これも、いわば、一般的な意味で hedging (間接的、回避的) といえる反応だが、会話分析においては、先行連鎖の第2部分について、基本連鎖へ進むことを促すものかどうかという点から3つのタイプに分類した場合の1つを hedging と呼ぶ。
9 語り (telling) には、過去の複数の一連の出来事を、最終的な結末や「オチ」がある物語として語ったり(第6章参照)、ある出来事をニュースとして告げたり、告白したり、心情を語ったりするなど、様々な性格のものがある。また、どのような連鎖上の位置で語りが開始されるかも様々である。例えば、質問に対して語りで応答することもあれば、依頼に対する断りが語りによって為されることもある。
10 実際、「ちょっと聞いてもいいですか?」というような「質問することの可否を尋ねる質問」に対して、「いえ、だめです」というような blocking の反応が為されることはまずないだろう。仮に blocking の反応が為された場合には、それは、「ふざけて」あるいは「冗談半分で」産出された反応と聞かれるだろう。
11 電話口に呼び出す行為を特定的に指す場合は「呼び出し」という言い方が適切だが、ここでは、より一般的な言い方として「呼びかけ」を用いている。いずれも、英語では、同じ summons という単語が用いられる。
12 記号中の b は base (基本) の b、i は insert (挿入) の i、ii は、挿入連鎖の中に挿入されている(つまり、二重に挿入されていること)を表す。
13 実は、この後続拡張については、先行拡張や挿入拡張に比べると、まだ十分に研究が進んでおらず、本書において比較的厳密な議論が提示できる部分も限定されている。しかし、後続拡張の研究がまだ進んでいない理由は、単に、後続拡張が連鎖の組織の議論において、周辺的もしくは補足的な位置づけにあるからという

わけではなく、むしろ、重大な問題をはらんでいて、まだその問題に取り組む十分な用意が整っていないためとも言える。まずは、Schegloff (2007b) で述べられていることをもとに、現時点で、後続拡張についてどのような整理や理解がなされているかを示した上で、1.7 で後続拡張の議論がどのような意味で重大な問題をはらんでいるかを述べる。

14 ただし、M のこの 05 行目の発話は「他者による修復の開始」ではない。「他者による修復の開始」は、あくまでも、先行発話について、相互行為をそれ以上先に進めることが困難になるような聞き取りや理解の上での問題が生じたことを知らせ、その問題を含む発話の産出者に、問題の解決を図るように要請する行為である。ここで M が「なんで:?」と理由を尋ねているということは、すなわち、M は、S の先行発話を聞き取れているし、理解もできていることを示している。それに対し、事例 (30) の M の 05 行目の発話は、04 行目の K の「サンドイッチ (0.6) 作れる.」という発話を理解してさらにその発話に対する自身の反応を産出する (つまり、相互行為を先に進める) 上で、例えば、店のまかない担当の者が作るのか、自分で好きなように作れるのか、といったことが不明であり、それを明らかにする必要があることを主張し、その点について K に明確化を要請しているという点で、「他者による修復の開始」である。

15 日本学術振興会科学研究費補助金若手研究 (S)「養育者―子ども間相互行為における責任の文化的形成」(課題番号：19672002　研究代表者：高田　明) の助成によって収集されたデータベースより抜粋。

16 第 9 章では、同じタイプの質問を「答えのわかっている質問 (known-answer question)」と呼んでいる。

17 前者のケースについては、今一度、事例 (32) をみてみることによって確認できる。先にみたように、SCT の形式 (「正解」など) が、第 1 部分が「テストする質問」であったことを示しているのに加え、兄の 01 行目と 09 行目の発話は、いわゆる「クイズを出す」時に特徴的に用いられる音調とリズム、および、形式 (「ど::::こだ:」) を伴って産出されている。SCT の形式に加えて、第 1 部分の音調・リズム、および、形式が、この「質問」が「テストするための質問／クイズの問題」として為されていること、つまり、産出者の認識的優位性を示しているのである。

18 Mehan (1979) は、教師と生徒の会話を分析し、教室における教師と生徒のやりとりが、教師が生徒に「発問 (initiation)」し、それに生徒が「応答 (reply)」し、さらに、その応答に対して教師が何らかの「評価 (evaluation)」を与える、つまり、「I (initiation) − R (reply) − E (evaluation)」という連鎖組織によって秩序づけられていることを指摘した (第 9 章参照)。事例 (32) の兄の「質問」によって開始される連鎖は、この I-R-E 連鎖に類似しているが、もちろん、知識の伝達を目的とし

た制度的な活動の中で行われているわけではない。この事例のように、家庭内で、きょうだいの間で「テストするための質問」の連鎖が産出された事態については、すでに述べたように、「クイズ遊びをしている」といった記述が適切となろう。

19 Schegloff(2007b)は、依頼／要求などの非優先的第1部分を予示する先行連鎖第1部分に対する最も優先的な反応は、go-aheadではなく、それと対となる優先的第1部分(依頼／要求に対しては、申し出)を産出し、基本連鎖第1部分としてその非優先的行為の産出を阻止することである、と述べている。

第 5 章　修復の組織

　これまでみてきた連鎖の組織が機能するには参加者同士がお互いの行為を理解することが前提となっている。従って参加者間の間主観性を維持しながら相互行為を先に進めるためには、聞き取りや理解の上で問題が生じた場合、それに対処する必要がある。その方法が「修復 (repair) の組織」である。これからみていく修復のいくつものパターンは、参加者たちが実際にどのようにそれを達成するのか、そして、修復というプロセスもまた順番交替のメカニズムの中で行われており、誰がどのように修復するかということについて優先性があることも私たちに示してくれるだろう。

1.　会話分析における修復連鎖

　Schegloff, Jefferson and Sacks (1977) は日常会話において**修復 (repair)** の連鎖がどのように組織されているのかを明らかにした。Schegloff 等によれば、会話分析における修復とは、発話、聞き取りおよび理解に関する様々な問題があった時に、その問題、例えば聞き間違え、言い間違え、言葉探し、誤解、に対処するために会話参加者自身がその会話の中で行う活動のことである。したがって、分析者がある会話における発話に何らかの問題があるように思っても、その会話の参加者たち自身がその問題に志向して対処していなければ、当然ながら修復の連鎖は起きない。会話参加者たちが会話上のある問題に志向して修復の連鎖が生じると、その会話の中でそれまで起こっていた行為や連鎖 (例えば、報告、依頼、非難など) は、その問題に対処するため

に一旦止められ、その問題が解決してから(または解決するのをあきらめてから)会話参加者たちはもとの行為や連鎖にもどる。つまり、修復という行為は本来次に来るべき他のすべてのもの(例えば、次の発声、次の順番構成単位、次の行為や連鎖、物語の次の要素など)を延期または代置するという点で、他のどんな行為よりも会話参加者によって優先される(Schegloff, 2000b)。

　修復というと、訂正と同じものと捉えられがちだが、Schegloff 等は「(repair is) neither contingent upon error, nor limited to replacement (修復は間違いに付随するものでも置き換えに限ったものでもない)」(Schegloff, Jefferson and Sacks, 1977: 363)と述べている。実際、下記の事例(1)にみられる言葉探しのように、間違いがみられない事例もここで取り扱う修復の範囲に含まれる。

(1)　[Sato-Teru: 19: 451–452]
01　テル：　う::ん.のっ-(.)あ::れあれ.なんだったかな:.
02　　　　　(.)え::とえ:とらいちょう.(.)そんな名前だった.

事例(1)では 01 行目でテルが「らいちょう」という列車の名前の言葉探しを開始して、02 行目でその言葉探しに成功している。つまり、これらの会話において生じた問題(言葉が思いつかないという問題)に対して自ら志向し、そして解決している。
　また、下記の(2)の事例にみられるように、一見間違いがみられないようなところでも修復は起こる。

(2)　[Sada-Mako: 13: 299–300]
01　マコ：　それもね,言ってくれたらちゃん-(.)ね:ちゃんと
02　　　　　したのに.

(3)　[Taka-Haru: 08: 12–13]
01　ハル：　スターもね:同じ-学年で言うと同じなんですよ.

事例 (2) では「ちゃん-」と言葉の途中で音を一旦切って間を空けて「ね:」の後にもう一度「ちゃんと」と言っている。初めの「ちゃん-」とその前の発話に「間違い」があったわけではない。事例 (3) では、ハルは友人の 1 人であるスターが同じ年であるということを伝えているが、「同じ-」と発話の途中で音を切って「学年で言うと」という情報を加えてからもう一度「同じ」と言っている。この場合も発話に何か「間違い」があったわけではない。より理解しやすいように言葉を加えただけである。

また、次の事例でみられるように、間違いも訂正されるとは限らず、訂正されない場合、つまり会話参加者自身がその間違いに志向を示さない場合には修復は起こらない。下記の事例 (4) では、ユキとヨネが金魚のことを話している。

(4) ［Yuki-Yone: 16: 352–359］
01→ユキ：　なんかあの：どっかから：連れてこ [　　れて：　]
01　ヨネ：　　　　　　　　　　　　　　　 [>そう　そう<]
03　　　　　そうそうそう

ユキは 01 行目で、「連れてこれて」と言っているが、文法的には、正しくは「連れてこられて」である。しかしながら、02 行目以降で両者ともその間違いに志向を示さない。つまり、どちらの会話参加者もその間違いを訂正していない。さらに、訂正の例も必ずしも修復であるとも限らない (Hosoda, 2000)[1]。

修復の連鎖は会話参加者たちが発話上、聞き取り上、または理解上の問題に志向を示した際に生じる。このように会話参加者が振り返って指し示す、前の発話の中の問題の部分を会話分析では**問題源 (trouble source)** と呼ぶ。会話においていかなる発話も問題源になりえる。上記のように間違いがあっても修復の連鎖が生じないことはあるし、また間違いがなくても修復の連鎖が生じることがある。よって、修復の連鎖が生じるかどうかは会話参加者がその連鎖を「開始」するかどうかにかかっている。さらに修復の連鎖が開始

されてもそれが成功に終わるとは限らない。修復の連鎖が開始されれば会話参加者は修復を試みるわけだが、それで必ずしもその試みが成功するとは限らない。下記に失敗例を示す。

（5）［YH: 01: 30–2: 06］
01　ユメ：　え::とジェニファー ロペスとかあの::あれあれあれな
02　　　　　んだっけ.(.)え::と(.)う:::ん(.)有名な人.郷ひろ
03　　　　　みがカバーした人. °曲の.° (.) [°人.°]
04　ヒロ：　　　　　　　　　　　　　　　　[う:ん]
05　　　　　(.)
06　ヒロ：　°知らない.°
07　ユメ：　あ やっぱ知らないですか.

事例(5)ではユメがある芸能人の名前が思い出せず01行目で言葉探しを開始する。しかしながら結局ユメもヒロもその芸能人の名前を思い出す、という問題解決をすることができず、この事例のあともその名前を思い出すことをあきらめて話を進めていく。よってこの事例における修復連鎖は開始されても結果的には修復に至らなかった、ということである。このように、「修復」とは問題解決が無事に成功に終わった際の結果を指す。したがって、修復連鎖を理解する上で「修復」そのものと修復の「開始」は切り離して捉える必要がある。

　以上、会話分析において「修復連鎖」として取り扱う現象について述べてきた。次に、修復にはどんなタイプがあるのかについて紹介していく。

2．修復のタイプ

　修復連鎖において、問題源を含む発話をした人が修復連鎖を開始するとは限らない。問題源を含む発話をした者自身によって修復が開始される場合**自己開始修復**（**self-initiated repair**）と、問題源を含む発話をした者以外の人に

よって開始される場合**他者開始修復**(other-initiated repair)がある。また、前述のように、修復連鎖において「開始」と「修復」は別々に捉える必要がある。よって、修復連鎖において連鎖を開始した人が必ずしも修復も行うとは限らない。修復も、問題源を含む発話をした人自身によってされる**自己修復**(self-repair)と、問題源を含む発話をした人以外によってされる場合**他者修復**(other-repair)がある。よって理論的には以下4つのタイプの修復連鎖が生じる。

（ a ）　**自己開始自己修復**
（ b ）　**自己開始他者修復**
（ c ）　**他者開始自己修復**
（ d ）　**他者開始他者修復**

以下に上記4つのタイプの修復連鎖の事例を挙げる。事例(6)は(a)の自己開始自己修復の事例である。

（6）　[NI: 13: 284–14: 312]
((イヨが自分の夫について話している。1行目の前にナエはイヨの夫の帰りが遅いのか尋ねた。))
01　イヨ：　あのね, そんなにお↑そくないんだけどうち徒歩10分じゃない．
02　ナエ：　うん．
03　イヨ：　これがも1時間だった[ら
04　ナエ：　　　　　　　　　　　[>うんうんうんうんうんうん<=
05　イヨ：　=だって朝もなるべく早く- とにかく [できるだけ 早くでてくし：
06　ナエ：　　　　　　　　　　　　　　　　　[うん
07　ナエ：　何時頃出てくの?
08　　　　　(0.5)
09　イヨ：　7時すg- 7時にはほんとは出たいんだって．おうちを．

上記の事例ではイヨは05行目と09行目で自己開始自己修復を行なっている。05行目では「なるべく」を「できるだけ」に置き換えて自己開始自己修復し、07行目では「7時すぎ」を「すぎ」を削除した形の「7時」に自己開始自己修復している。後に述べるように自己開始自己修復は最も典型的な修復連鎖である。

次の事例(7)は(b)の自己開始他者修復の事例である。

(7) [YH: 22: 05-15]
((ヒロとユメがユメの姉について話している。))
01　ヒロ：　今はなに?奥様してる [の?
02　ユメ：　　　　　　　　　　[((sniff))今はね:.tch 社労士なん
03　　　　　ですよ.
04　　　　　　(.)
05→ユメ：　社会労務::
06　ヒロ：　最近なん[か　はやっ]てる
07→ユメ：　　　　　[なんとかしh]ehheh なんだっけ.[社労士]
08→ヒロ：　　　　　　　　　　　　　　　　　　　　[管理士]
09　ユメ：　うん うん>そうそうそうそう<それと: ファイナンシャルア
10　　　　　ドバイザー[って]いうのを両方やって[て:
11　ヒロ：　　　　　　[うん]
12　ヒロ：　　　　　　　　　　　　　　　　　　[ふ::ん

上記の事例では05行目と07行目でユメが言葉探しにより自己修復開始し、08行目でヒロは05行目のユメの「社会労務」に続く「管理士」という問題解決の言葉を発することによって他者修復を行い、ユメはその修復を09行目で受け入れている。この事例にみられるように、自己開始他者修復の連鎖は言葉探しの際に起こるものである。

事例(8)は(c)の他者開始自己修復の事例である。

（8）［YH: 08: 11-13］
((この前まで芸能人の結婚について話しており少々の間の後この会話が始まる。))
01　ユメ：　で どうなんですか?=
02→ヒロ：　=なにが?=
03　ユメ：　=子供さんたちは.3歳と5歳ですか¿今.

　事例(8)ではユメの01行目の発話に対して02行目、つまり次の順番でヒロは「なにが?」と他者による修復の開始を行い、03行目でユメは「子供さんたちは」と01行目の発話が何について話しているかを補うことによる自己修復を行っている。後に詳しく述べるが、他者が修復開始を行う場合、上記の事例のように問題源のすぐ次の順番で行うのが通常である。また、他者が修復を開始する場合、他者は「開始」だけ行って修復そのものは問題源を含む発話をした話者(自己)に任せることが多い。
　次の事例(9)は(d)の他者開始他者修復の事例だ。この点も後で詳しく述べるが、他者開始他者修復は非常に稀にしか起こらないものである。しかしながら、次の事例のように、子どもによる他者開始他者修復の例はある。

（9）［RKK］
01　M：どれ 食べるの?
02　R：((箸でおかずのイカを指す。))
03　M：これ? イカ：イカ：((歌い始める))
04　　　(1.0)
05　R：イ::ル::カ.((歌を続ける))
06　　　(1.0)
07　M：へい huhu.
08→R：↑は：だよ.
09　M：あ，は：なの?
10　　　(1.5)

この事例では、母親(M)の01行目の質問に対して、答えとして子ども(R)が指したのがイカだったので、母親は、幼児番組で歌われていて、この断片の前の部分でも2人で歌っていた「イカイカイルカ」という歌の出だしの部分を歌い始める。05行目、07行目も2人で交互に歌い続けているが、07行目で、かけ声のような部分で母親が「へい」と言ったのを、子どもが「は:だよ」と子どもが直接的かつ明示的に訂正することによって修復開始と修復が同時に行われている。

以上、修復を開始する人と修復を行う人という点に注目して4つのタイプを挙げた。次に問題源と修復開始の位置関係について考察していく。

3. 修復開始の位置

修復開始の修復連鎖における位置を考える際に問題源との位置関係に注目する必要がある。Schegloff, Jefferson and Sacks (1977) によれば修復開始は次の4箇所に起こる。

　a．問題源を含む発言と同じ順番内
　b．順番移行に適切な場所：TRP（第3章第1節参照のこと）
　c．次の順番
　d．問題源を含む発言が起こった順番から数えて3番目の順番

上記4箇所が修復開始が起こる主要な場所だが、Schelgoff (1992c) で詳細に渡って解説しているように、問題源を含む発言が起こった場所から数えて4番目の位置にも稀ではあるが修復開始が起こることがある。事例(10)は問題源と同じ順番内に修復開始が起こっている事例である。

(10)　［YH: 10: 16–22］
01→ユメ：　う:ん　((sniff))　わたしのク-　クラスメート-　ドクターの
02　　　　　　クラスメート[のひと]はあのひとたちっていうのは:

```
03  ヒロ：              [う::ん]
04  ユメ：  結構みんな：私よりいってるんで
05  ヒロ：  ああ[そう   ]
06  ユメ：     [あんま]実感ない[ んです ]けど
07  ヒロ：                 [うんうん]
```

　上記の事例でユメは 01 行目でまず初めに「ク」といって音を切り、次に「クラスメート」と発してまた音を切り、その後「ドクターの」を挿入して、再び「クラスメート」と言っている。ここでは問題源と修復の開始が同じ順番内で起こり、さらに修復そのものも同じ順番内で起こっていることが観察できる。このように、同じ順番内での自己開始のほとんどが同じ順番内での自己修復に至るといっても過言ではない。

　ここで、事例(6)と事例(10)を例にとって同じ順番内で自己修復開始から自己修復に至る場合の過程についてより詳しくみてみよう。

■事例(6) 05 行目：「なるべく」と「できるだけ」が置き換えられており、修復される語の後に同じ単語「早く」が繰り返されている。

```
05  イヨ： =だって朝も なるべく早く- とにかく [できるだけ 早くでてくし：
```

■事例(6) 07 行目：7 時す g-(すぎ)の「す g-」が削除されており、「7 時」が削除前後で繰り返されている。

```
09  イヨ： 7時す g- 7時にはほんとは出たいんだって．
```

■事例(10) 01–02 行目：「クラスメート」から「ドクターの」を埋め込んだ「ドクターのクラスメート」に修復されており、「クラスメート」が繰り返されている。

```
01～02 ユメ： …クラスメート- ドクターの クラスメート[のひと]は…
```

いずれの事例でも＿＿線で示されている部分が繰り返されていることに注目

してほしい。修復される語の前後に同じ音または単語が繰り返されることにより（一般に**枠づけ**(framing)と呼ぶ）、受け手にどの語が挿入、置き換え、削除されたのかが明確になっている。

次に事例(11)としてTRPで修復が開始された事例を挙げる。

(11) ［Yoko-Mako: 08: 08–14］
01→マコ：　と↑よえつの方がこわい．
02　　　　　こわいっていうかするどいよね．

01行目でマコは「と↑よえつの方がこわい．」といって一度順番交替が可能な場所に至ってから01行目の「こわい」という言葉を問題化して「こわいっていうか」と修復の自己開始を行っている。さらにそれに続いて「するどい」という修復そのものも自分で行っている。

事例(12)は問題となる発言の次の順番に修復開始が起こっている事例だ。大抵の場合他者による修復開始はこの位置に起こるものである。事例(10)にみられる問題源と同じ順番内の修復開始や事例(11)にみられるTRPでの修復開始は問題源を含む発話をした人自身による修復開始なのに対し、次の順番での修復開始は問題源を含む発話をした人以外の人による修復開始だ。他者が修復の開始をする際には、他者は修復すべき点があることだけを指し示して修復行為そのものは問題の発言をした人自身ができるようにすることが多い。

(12) ［YH: 16: 29–17: 04］
01　ユメ：　°でも°　インパクトてき[にはあれは]
02　ヒロ：　　　　　　　　　　　　[　ふ：：：ん　]ブロイのやつあんまりす
03　　　　　きじゃない？
04→ユメ：　え？
05　ヒロ：　ブロイっていいものはいいとか言ってこうお風呂の中で
06　　　　　[飲むやつ]

07　ユメ：　[　あ::: 　] あれはまあまあ．うんでもインパクトがつ-
08　　　　　うすいな:

　事例では 02 行目から 03 行目のヒロの発話に対して次の順番である 04 行目にユメが「え?」と修復の他者開始をしている．他者によって開始された修復連鎖だが修復自体は 05 行目から 06 行目で，ヒロが 02 行目の自らの発話の補足をすることによって行っている．

　次に問題源から **3 番目の順番での修復**（third turn repair）を下記の事例(13) を観察しながら説明をしていく．事例(13)では問題の発言から数えて 3 番目の順番に修復が開始されている．

(13)　［Tomo-Take: 13: 286–292］
((トモは某自動車会社に勤める友人の話をしている．))
01　トモ：　で::九州行ったんだけど去年 (.) あれのあんな発表の
02　　　　　ちょっと前．
03　タケ：　うん．
04→トモ：　いやっ 1 カ月前に異動になって,
05　タケ：　うん．

　上記の事例ではトモは友人がいつ九州に転勤になったかについて話している．01 行目から 02 行目でその時期をその会社の「あんな発表のちょっと前．」と描写し，03 行目でタケはそれに対して短く端的に「うん．」と反応して，直前のトモの発話を特に問題化しない．ところが 04 行目でトモは 01 行目から 02 行目の自らの発話の「ちょっと前」という発話を修復開始および修復そのものを行って「いやっ 1 カ月前」と言い直す．このように 3 番目の順番での修復とは，第 2 順番で話し相手が聞き取りや理解の問題を示さないにもかかわらず，自らその前の順番（第 1 順番）での発話を問題源として第 3 順番で修復を開始するような修復連鎖のことを指す（Schegloff, 1997）．以下にその組織を簡略したものを挙げる．

(14)　［第3順番修復の組織］
1.　A:　発話(後に問題とされる発話)
2.　B:　1行目のAの発話をとくに問題視しない短い発話(「ふ:ん」「うん」など)
3.　A:　1行目の自らの発話の修復開始

　上の組織をみてわかるように、第3順番修復の連鎖においては話し手と受け手の間に聞き取りや理解の問題が特に生じていないのにもかかわらず、話し手自身の一種のこだわりにより、1行目の発話を自ら問題化し、第3順番で修復を開始する。第3順番修復はTRPで起こる修復開始と非常に似たものであり、この両者の違いは、問題源を含む順番と修復開始の間に他者による(短い)発話があるかどうかである。第3順番修復の場合に含まれる他者によるこの発話は、その前の順番での発話を特に問題化しようとするものではない。

　それに対し、一見よく似ているが、一般に**第3の位置での修復**(**third position repair**)と呼ばれる修復連鎖がある。これには会話参加者同士の**間主観性**(**intersubjectivity**)の問題、つまりある発話とそれによって成された行為を互いにどのように理解したかが関わってくる。前章で解説したように、会話というものはそもそも会話参加者間の相互理解がなくては成り立たないもので、ある会話参加者がなんらかの発話をすると、その次の位置にはその発話が受け手によってどのように理解されたかが常に示され、常に会話参加者同士が互いの理解を表明しながら進んでいくものである(詳しくは第4章を参照のこと)。

　ここで「位置(position)」という言葉について説明しておく。会話分析において「順番」と「位置」は異なった意味合いを持つ。「順番(turn)」は次の話者が順番を取ればそれで変わり、そこで順番は数えられる。一方「位置」は「順番」とは異なり発話者が何回交替したかでは数えられない。次の「位置」がどこであるのかはある発話に対して理解を示し、それに応じている、あるいは、それを踏まえている発話がどこでされたかを観察することに

よって判断することができる(第4章参照のこと)。よってある発話が問題源を含んだ発話から数えて2番目の順番にあったとしてもそこが第2位置であるとは限らないし、問題源を含んだ発話から数えて順番が2番目より先にある発話であっても第2位置であることがある。以下に一例を示して説明する。

(15) 〔YH: 17: 21–18: 20〕
01 ユメ： わたし 一応ね あの::::: よかったと思ってる．[よくしゃ]
02   かい勉強させていただいて．=
03 ヒロ：   [なにが?]
04 ヒロ： =なにが?=
05 ユメ： =この会社で．
06 ヒロ： あ そう．
07 ユメ： 世の中が：
08   (.)
09 ユメ： 他のひ[とが]：
10 ヒロ：   [うん]
11 ユメ： ん：社会がどういうふうに動いてるかっていうかちょっと見る
12   ことができ[た．
13 ヒロ：   [う：ん．
14→ ユメ： でもそのまま入る[と：
15 ヒロ：   [うん
16→ ユメ： ずれてますよ↑みんな．=   ①
17 ヒロ： =う：ん．
18 ユメ： nhhuhhuhhuhhuhhuhhuh
19→ ヒロ： ああ うちの中でね   ②
20→ ユメ： うん? ああそじゃなくて．そのまま入っちゃうと[： ③
21 ヒロ：   [うん．
22 ユメ： その:::(.)私が今やっているような分野に[：
23 ヒロ：   [うん．
24 ユメ： もと が- 学生や[って]：そのまま[：

```
25  ヒロ：                    ［うん］
26  ヒロ：                         ［うん
27  ユメ：  その::::ず::っと［大学行っ て］：
28  ヒロ：                ［（………）］
29  ユメ：  うん［先生にな］った人．
30  ヒロ：    ［うんうん］
31  ユメ：  そういうのって：結構(.)う::ん ちがう↑なって
((ヒロの「うち」8行目はヒロの会社(ユメも以前働いていた会社)と考えられる))
```

上記の事例では元会社の同僚であるユメとヒロが話している。ユメは現在会社員ではなく大学教員であるが、以前にヒロと同じ会社に勤めていた。ユメは会社勤めを経験したことについて01行目で社会勉強ができてよかった、と言っている。14～16行目でユメは「でもそのまま入ると:ずれてますよ↑みんな．」と発話するのであるが、これが後に問題とされる発話(「みんな」とはどこの「みんな」なのかがはっきりしないという問題)であるので、これを「第1位置」とする。このユメの発話の後ヒロの「う:ん．」という発話とユメの笑いが続いた後、ヒロが「ああ うちの中でね」と発話すると、それを聞いたユメは自分の第1位置での発話「ずれてますよ↑ みんな．」の中の「みんな」がヒロの会社の中の「みんな」であると誤解されたと気付いて、「うん？ああそじゃなくて．」と直前のヒロの理解を否定して自らの第1位置の発話の修復を開始し、それ以降ユメの修復が続く。ここでヒロの誤解をした発話「ああ うちの中でね」を第2位置、ユメの修復開始を「うん？ああそじゃなくて．」以降31行目までを第3位置と捉えることができる。この事例にみられるように、第3位置修復の連鎖では会話参加者同士の間主観性の問題を取り扱う。(16)は第3位置修復の組織を簡略化したものである。

(16) ［第3位置修復の組織］
第1位置　A： 発話(後に問題とされる発話)

第 2 位置　B: 第 1 位置の A の発話をどう理解したか示す発話
第 3 位置　A: 第 2 位置の B の発話を聞いて第 1 位置の自分の発話が誤解
　　　　　　　されていたことを知り修復を開始して修復自体を行う

　このように、第 2 位置で明らかになった受け手の理解の問題（誤解）に第 1 位置の発話をした人（つまり問題源を含む発話をした話し手）が志向し、受け手の誤解を解くための修復を第 3 位置で開始する。
　以上のように、第 3 の順番での修復と第 3 の位置での修復はともに「第 3」の修復開始であり、また両方とも自己による修復開始の事例だが、2 つの事例には大きな違いがあることを理解しておきたい。
　更に、非常に稀ではあるが、**第 4 の位置での修復**（fourth position repair）が起こることもあり得る。第 4 の位置での修復は第 3 の位置での修復と大変よく似た機能を持つ修復開始で、第 3 の位置での修復と同じように会話参加者同士の相互理解の問題によって生じる修復連鎖である。しかしながら、第 3 の位置での修復と第 4 の位置での修復では修復を開始する人が異なる。第 3 の位置での修復では問題源を含む発話をした話者が修復を開始するのに対して、第 4 の位置での修復では問題源を含む発話をした人以外の人、つまり他者が修復を開始する。下記の (17) は第 4 の位置での修復の組織を簡略化したものである。

(17)　［第 4 位置修復の組織］
第 1 位置　A: 発話 (後に問題とされる発話)
第 2 位置　B: 第 1 位置の A の発話を特に問題としない発話
第 3 位置　A: 発話
第 4 位置　B: 第 3 位置の A の発話を聞いて第 2 位置で第 1 位置の A の発
　　　　　　　話を自分が誤解していたことに気付き、ここで第 1 位置の A の
　　　　　　　発話に向けた修復を開始

第 1 位置の A の発話（後に問題源となる発話）に対して第 2 位置で B は誤解

を示すような応答はしない。この位置で B が誤解を示すような発話をして A がそれに続く位置で修復を開始すれば第 3 の位置での修復となる。しかし、第 4 の位置での修復の連鎖では、第 2 位置で B が誤解を示すような発話はしないため、A は自分の話が B に誤解されているのに気付かずに第 3 位置で自分の話をさらに進める。第 3 位置の A の発話を聞いて、B は初めて自分が第 1 位置の A の発話を誤解していたことに気付き、この位置で 01 行目の A の発話に対する修復の開始を始める。実際の例を見てみよう。

(18) 〔Kaz-Kei: 23: 252–262〕
((ケイは中学・高校の教員で卓球部の顧問をしている。この直前までケイは高校生について話していた。))

```
01  ケイ:   .hhhh だからま::::: そんな 顧問っていっても:
02          そんなに（担当でも）してないわけじゃないんですよね.
03          ただ夏合宿なん (.) かに夏合宿が::夏に合宿が5泊6日で
04          あるんですよ. ①
05  カズ:   >ああ　はいはいはいはい.<      ②
06  ケイ:   結構長いですよね [合宿がね.]    ③
07  カズ:                   [あっそれは]中学生. ④
08  ケイ:   中学高校一緒なんです[よ    ]
09  カズ:                      [あっ] 一緒で:.
10  ケイ:   それで茨城県の日立大学ってところで.
11  カズ:   ほ:::::
```

上記の事例の直前まで、ケイは自分の担当している高校生について話していた。この事例ではケイが 01 行目から 04 行目で卓球部の顧問の仕事として自分も 5 泊 6 日の夏合宿に行くということをカズに伝えている。それに対してカズは 05 行目で「>ああ　はいはいはいはい.<」とその情報を受け止めていて、この時点では両者の間にはカズは何の相互行為上の問題にも志向を示していない。そこで 06 行目ではケイが 04 行目までの話を続けて、「結構長いですよね」というと、それを聞いたカズは自分がそれまでのケイの話

を誤解していたことに気付き、「あっそれは中学生」と言う。つまり、それまでカズはケイが高校生の合宿の話をしているのだと思っていたが、5泊6日が「長い」と言ったケイの発話を聞いて、ケイが中学生の合宿（実際には08行目のケイの発話でわかるように中学生と高校生の両方の合宿）の話をしているのだと気付いたのである。この事例の修復に係る位置関係を考えてみよう。03行目から04行目のケイの5泊6日の夏合宿があるという発話が後に問題化（中学生の話なのか高校生の話なのかはっきりしないという問題）される発話なのでこの部分を含む01〜04行目の順番が第1位置と位置づけられる。カズの05行目の発話はその前のケイの発話を特に問題としない発話であるから第2位置である。06行目のケイの話は01行目から04行目の自らの話の話に対するコメントで第3位置とみなされる。カズは第3位置でのケイの話の続きを聞いて、05行目において自分が03行目から04行目のケイの発話を誤解していたことに気付き、07行目で03行目から04行目のケイの発話に向けた修復を開始しているので、これを第4位置とみなすことができる。

　ここで注意したいのは、第4の位置での修復（fourth position repair）は極めて珍しいということである。修復の他者開始は通常第2位置、つまり次の位置で行われるものだ。会話による修復の開始は多くの場合その順番内、少なくとも次の順番で行われるので、第3番目の位置になるまでには修復すべきことはほとんど残っていない。第4の位置になればなおさらのことだ。この修復の開始の機会についての観察は自己開始および自己修復の優先性ということにつながっている。自己開始、自己修復の機会は常に他者開始、他者修復より常に先にやってくるのである。

　以上のように修復連鎖を観察する際に、問題源と修復を開始する位置の関係を把握することが重要である。それでは次に修復を開始する際の技法をもう少し細かく観察していこう。

4. 修復開始の技法

4.1. 自己開始修復

　修復の自己開始は前述のように多くの場合同じ順番内で起こる。自己開始の代表的な技法は単語や音の途中停止、音の伸び、「えーと」「あー」、間隙など様々な言い淀みである。これらの言い淀みが発されると発話の進行性が一時停滞し、その直後に修復が起こる可能性がある。
　以下にいくつかの事例を挙げる。

(19)　[Sada-Mako: 16: 380–381]
01　マコ：　どうなりました? 修論の- あ::hh 博論の件.

上記の事例でマコは「修論の-」と一旦言って音の途中停止をし、「あ::」と言って修復開始をしてその直後に「博論の」と修復を行っている。もう1つ事例を挙げてみよう。

(20)　[YH: 10: 16–21]
01　ユメ：　う:ん　((鼻すすり))　わたしのク-クラスメート-ドクターのク
02　　　　　ラスメート[のひと]はあのひとたちっていうのは:
03　ヒロ：　　　　　　[う::ん]
04　ユメ：　結構みんな:私よりいってるんで
05　ヒロ：　ああ[そう　]
06　ユメ：　　　[あんま]実感ないんですけど

上の事例の01行目でユメは「ク-」と言って音を途中停止し「クラスメート-」と言い直してもう一度音を止め、「ドクターのクラスメート」と「ドクター」を埋め込みして修復を完成してる。
　同じ順番内での修復開始の技法には日本語独特と思われるものもある。特に「ていうか」、「あれ」などは頻繁に使用される (Hayashi, 2003a, 2003b,

2004)。下の事例ではユイが「ていうか」によって自己開始をしている。

(21)　［Nao-Yui: 15: 354–357］
((男性の香水について話している。))
01　ユイ：　ふってみたら,す::っごいかっこいい人だったの友達と二
02　　　　　人で：あの人っていうかああいう人がエゴイストつけるべきだ
03　　　　　よね:とか言ってね(h)::

02行目でユイは「あの人」と言ってから「ていうか」と修復開始をして「ああいう人」と言い直している。下記は「あれ」の使用による修復開始の事例である。

(22)　［Higa-Ueno: 01: 19］
01　比賀：　タイ料理ってあれ食べた,ロブスターをさ：

この事例で比賀は「あれ食べた,」と一旦言ってから「あれ」の部分を自ら「ロブスター」に置き換えて修復を完成している。「あれ」により同じ順番で開始された修復はその後の順番で他者によって完成されることもある。

(23)　［Higa-Ueno: 17: 418–423］
01　比賀：　あああれはさ:なんとかほら(.)ねえ．モーターボートが引っ
02　　　　　張ってくれて走るあれなんだっけあれ．
03　上野：　パラセーリングですか？
04　比賀：　パラセーリングやった？
05　上野：　そういうのってだめなんです．

01行目から02行目で比賀は「あれはさ：」と発して修復を開始するが,「あれ」に置き換える語がすぐには思いつかず,「なんとか」,「ほら」に続き短い間隙,さらには「あれ」が指すものの説明「モーターボートが引っ張って

くれて走るあれ」を入れて最後にもう一度「あれ」で順番を終えている。そうすると 03 行目で上野は「あれ」が指すものの候補を「パラセーリングですか?」と挙げて修復している。むろん、前述の(5)の事例のように「あれ」を使用して開始された修復が結果的に失敗に終わることもある。

　TRP で開始される修復も同じ順番内で開始される修復と同様の技法が使用されるが特に「ていうか」を使用した修復開始が多くみられるのがこの位置での修復開始の特徴の 1 つである。次に一例を挙げる。

(24)　[Huru-Taka: 36: 09–10]
01　タカ：　アメリカ行ったことない.っていうか住んだことない.

上記の事例でタカは「アメリカ行ったことない.」と TRP に至ってから「っていうか」と修復を開始して「行ったことない」を「住んだことない」に置き換えて修復を終了している。また、上記の(11)の事例も同様に「ていうか」を使用した TRP での修復開始である。

　次に第 3 の順番における修復の開始における特徴的な技法を見てみよう。上記の事例(13)にみられるような「いや」などの否定を示す語や、下記の事例のように「あっ」などの気付きを示す語が修復の開始に使用されるのがそれである。

(25)　[NI: 23: 552–560]
01　ナエ：　う:::ん(.)とね::こないだもグアムにいって:
02　イヨ：　う:ん
03　ナエ：　それでそれぞれ違う島行って:
04　イヨ：　うん.
05　ナエ：　それぞれ3月の終わりに(.)行ってた=
06　イヨ：　=うん=
07　ナエ：　=あっ2月の終わりだ=
08　イヨ：　=行ってたの

03行目でナエは自分の知り合いがグアムに行ったという語りを始め、その時期を3月の終わりだと告げる。06行目でイヨは「うん」と言って何の問題にも志向を示さずに引き続き語りの受け手としてふるまおうとしている。しかしながらナエはその直後に「あっ」と気付きを示す発話をして修復を開始し「2月の終わり」に訂正する。このように「いや」、「あっ」などの言葉が頻繁に修復開始に使用されるのが第3順番における修復開始の技法の特徴である。

　第3の位置における修復開始の技法でも第3の順番での修復開始の技法の特徴として紹介した「いや」「あっ」およびそのバリエーションが観察される[2]。前述のように、第3位置での修復では、第1位置の発話をした人(つまり問題源を含む発話をした話し手)が第2位置で明らかとなった受け手の誤解を解くための修復を第3位置で開始する。よって、受け手の理解と自分が第1位置の発話で意図したことにすれ違いがあるということを示す際に、まずは受け手の理解を否定するために「いや」や「ちがう」と言ったり、自分が誤解されたことに気付いたことを示す「あっ」や「ああ」を発したりするのである。また、下記の事例のように、「いや」や「ちがう」が複数回くり返されることもある。

(26)　[YH: 27: 12–28: 12]
```
01  ユメ：  .tchいまどちらでしたっ[け.
02  ヒロ：                        [なに.=
03  ユメ：  でもち↑かくでしたよね:.なんか.
            私[には ]住所の差がよくわからなか[った.
04  ヒロ：    [え:と]
05  ヒロ：                              [>え::とね< たまプ
06          ラザ[と:::]　あざみののあい[だっつったらわかる?]
07  ユメ：      [hhuhh]
08  ユメ：                              [ああ そうか そうか ]
09          >°あそうかそうか°< [>わかります わかります<]
```

```
10   ヒロ：                    [    しんたまがわせん．  ]
11   ユメ： うん．あっ しんたま=
12   ヒロ： =ん．=
13   ユメ： =あ::[::
14   ヒロ：    [s::: 西武線でしょ？
15        (0.5)
16   ユメ： そうです．=
17   ヒロ： =ねえ．
18   ユメ： ところ[ざわ]
19   ヒロ：    [ぜん]ぜん違うよ．[hhhh
20   ユメ：                [uh hhuhhuhhuhhuhhuh ．hh
21        うん知ってます．=
22   ヒロ： =北の方じゃん．=
23→ ユメ： =うん 似たようなとこ- >ちがうちがう< 似たようなところ
24        って言ってた[のは]
25   ヒロ：         [うん]
26   ユメ： 前のところと似[てい]るから．(.)しま[もとさ]んが．
27   ヒロ：          [うん]
28   ヒロ：                        [おれ？ ]
29   ユメ： .hh かなって思って[たん]だけど．=
30   ヒロ：              [ああ]
```

事例（26）ではユメの03行目の「でも近くでしたよね:．」という発話がヒロの誤解を招く。ヒロは05行目から10行目にかけて自分の住んでいる場所の描写をし、14行目でユメの住んでいる場所について確認を求める。ユメが自分は「西武線」沿線に住んでいるという確認を与えると、ヒロは19行目で「ぜんぜん違うよ．」と言い、さらに22行目では「北のほうじゃん．」と付け加える。ここまで聞いたユメは自分の03行目の発話「でも近くでしたよね:．」が誤解されたことに気付く。ユメが「近く」と言ったのはヒロが以前に住んでいたところと最近住み始めたところが近いという意味であり

(23行目から29行目参照)、ヒロが理解したようにヒロが住んでいるところとユメが住んでいるところが近いという意味ではなかったのだ。第3の位置の修復ではこの事例にみられるように、第1位置と第2位置がかなり離れていることがあるということにも注目してほしい(第1位置が03行目であるのに対し、第2位置は22行目)。23行目でヒロの誤解をとく修復開始を始める際にユメは「>ちがうちがう<」と否定を示す「ちがう」を2度言う。なお、修復開始を行う前に「うん」という言葉を発しているが、この「うん」はその直前の順番でヒロが行った確認要求「北の方じゃん.」に対して確認を与えているものと考えられる。

次の事例では第3の位置での修復開始に「あっ」が使われている。

(27) ［Taka-Haru: 23: 02–24: 08］
01　タカ：　アメリカはどこ行くんですか：?
02　ハル：　.hh アメリカはね：ぼくが居たところがサクラメントだもん
03　　　　　ですから：[　そこに行く　]
04　タカ：　　　　　　[サクラメント：]大学かな[んか.]
05　ハル：　　　　　　　　　　　　　　　　　　[>そう]そうそうそう
06　　　　　そう<
((23行省略。サクラメント大学の場所の確認をする。))
31　ハル：　まっ　サンフランシスコからでも車で行けば2時間かかんない
32　　　　　[ですね:]
33　タカ：　[>近い<]だから学生としてみれば付加価値でしょ.
34　　　　　(.)
35　タカ：　そうでもないですか?=
36→ハル：　=あっごめんなさい．あのね：学生と一緒に行くのはね
37　　　　　私違うんですよ.=
38　タカ：　=あっ違うん°ですか°
39　ハル：　=学生と一緒に-それは僕が住んでたとこで：学生と一緒
40　　　　　に行くのはユタ．
41　タカ：　ユタですか．

42　ハル：　う::ん.

　上記の事例ではタカの 01 行目の質問に対して 02 行目でハルはアメリカの中で自分が行くところはサクラメントであると答える。これが後に問題源となる発話になる。その後 2 人はサクラメント大学の場所の話をし、31 行目から 32 行目にかけてハルはサクラメント大学はサンフランシスコからでも 2 時間かからないことを伝える。すると 33 行目でタカは「>近い< だから学生としてみれば付加価値でしょ.」と言う。そのタカの発話に対してハルがすぐに応答しないとタカは「そうでもないですか？」と付け加える（第 4 章の 2.2 参照）。するとハルは自分の 02 行目の発話をタカは、ハルがサクラメント大学に学生を連れて行くのだと誤解していたことに初めて気付き、その発話の修復を開始する。修復を始める際にまず「あっ」という気付きを示す語を発し、それから「ごめんなさい」という謝罪の言葉を発する。第 3 修復の構成要素には謝罪の言葉もよく使われるが、これは英語の会話でもよくみられる（Schegloff, 1992c）。ハルは謝罪の言葉の後、自分が学生を連れていくのはユタであると説明して修復を完了する。

　以上のように、自己修復開始では単語の発音を途中で停止したり、音を伸ばしたり、「えーと」「あー」など様々な言い淀みや「ていうか」、「あれ」で開始したり、間隙を置いたりする。またそれに加えて第 3 順番修復や第 3 位置修復の開始には気付きを示す「あっ」や否定を示す「ちがう」や「いや」およびそのバリエーションがよく観察される。次に他者開始修復の技法について紹介する。

4.2.　他者開始修復

　前述のように、他者による修復開始は大抵の場合、問題源のすぐ次の順番で行われる。次の順番で行われる他者開始修復に使用される技法は何が問題であるのかによって違ってくる。ここでは問題源を特定する力の弱い技法から強い技法の順に紹介する。

　問題源を特定する力が一番弱いものには「え？」、「は？」「なに？」など

「無限定の質問」(open-class repair initiator)(Drew, 1997)と呼ばれるものが挙げられる。これらの修復開始技法が修復開始に用いられた場合には、問題源を含む発話をした話者は自分の発話が全く聞き取られなかったと判断することが多く、よってこの技法によって開始された修復は、問題源を含む順番の発話をそのまま繰り返すことによって完了することが多い。実際の事例を観察してみよう。

(28) ［Higa-Ueno: 18: 428–436］
((この会話の前に比賀はタイのプーケットに行って来た。この断片の前には比賀がタイのリゾートについて語っていた。))
01　上野：　私リゾートって言ったらマウイぐらいしかしらないけど日本人
02　　　　　って少ない．
03→比賀：　は？
04　上野：　日本人って少ないですか？　要するにあの::(.)日本人は
05　　　　　こうスポーツするとか>あれやろうあれやろうあれやろう<
06　　　　　って？欧米人は絶対いかないですよ．
07　比賀：　だってやらないもん．けちで．
08　上野：　そうですよね．

02行目で上野が発話順番を終えると03行目で比賀が「は？」と発して他者開始を行う。それに対し04行目で上野は「日本人って少ない」という自分の01行目から02行目にかけての発話のうち修復開始の一番直前の発話をそのまま繰り返して修復を行っている。しかしながら、04行目で上野は「日本人って少ない」という部分を単に繰り返すだけでなく「ですか？」という質問の形式に変えることにより、受け手が反応すべきであることをより明確にしている。

　次に問題源を特定する力が弱い修復開始の技法としては、疑問詞「だれ？」、「どこ」、「いつ」などの使用がある。これらの疑問詞の使用による修復開始では受け手が少なくとも自分が聞き取れなかったのは人の名前(「だ

れ」の場合)、場所の名前(「どこ」の場合)あるいは時についての情報(「いつ」の場合)であると問題をはっきりさせているのでこれは上記の無限定の質問と比べると問題源を特定する力が強いことになる。下記がその一例だ。

(29)　[JAPN6707]
01　　トモミ：　ほらほら．(0.2) おたくの (0.6) ちえちゃんとこの： ほら
02　　　　　　　(0.7) ちよこさ:ん？ 元気でいる？
03　　　　　　　(0.8)
04→ユキエ：　だれ？
05　　トモミ：　ちよこさん．
06　　ユキエ：　ちよこさん？
07　　トモミ：　うん．

事例(29)ではトモミが02行目で「ちよこさ:ん？　元気でいる？」と言うと、0.8秒の沈黙のあとユキエは「だれ？」と他者による修復開始する。この修復開始に対してトモミは05行目で「ちよこさん」と言って修復を行う。人名のみを繰り返してその他の部分を繰り返さないこの修復によってトモミは問題源が自分の直前の発話の中の人名であるということへの理解を示している。

　次に挙げるのは疑問詞に前の発話の一部の繰り返しを加える技法で、この技法を使うことにより問題のある場所を特定する力がかなり強くなる。

(30)　[Higa-Ueno: 08: 190–198]
01　　上野：　思ったのはね、プーケットの：
02　　比賀：　うん．
03　　上野：　パトンビーチっていうのがメインなビーチだけど：
04　　比賀：　は？
05　　上野：　パトンビーチってのが？
06→比賀：　何［ビーチ？］

07　上野：　　［パトン］ビーチってのがメイン：みたい．
08　比賀：　はあはあ．
09　上野：　そこはね：　海がきれいじゃなかった．

　事例（30）では上野が比賀にタイのプーケットに行った時の報告をしている．05行目の上野のパトンビーチという発話に対して比賀が「何ビーチ?」と言って修復を開始する．この修復開始の技法を使うことにより、比賀は自分が聞き取れなかったのは「ビーチ」のすぐ前の部分であることを示している．それに対して、上野は「パトンビーチ」という言葉を次の順番でもう一度繰り返すことによって修復を行っている．04行目でもすでに修復が開始されているが、04行目と06行目の関係については後程触れる．

　また、「〜って何?」や「何〜って」のように問題源をリピートしてそれが何であるのか直接的に尋ねるものがある．

(31)　［DEM 1］
((卒業間近のアメリカ留学中の学生の会話))
01　キヨミ：　オー・ピー・ティーは >仕事なくても< いいってゆってた：：．=
02　ユミコ：　>オー・ピー・ティーはしご[とがなくても　いい [んだ．<
03　キヨミ：　　　　　　　　　　　　　　[う：ん　なんかね　と[　に　]か
04　　　　　　　く　なんか，　　　］
05→レイコ：　　　　　　　　　　　　　　　　　　　　　　　［なに　オ
06　　　　　　ー・ピー・ティー］って．
07　キヨミ：　えとね　オプショナル >プラクティカル　トレーニング　ビ
08　　　　　　ザ，<

　事例（31）の05行目でレイコは「なにオー・ピー・ティーって」と言って修復開始をすることにより、01行目のキヨコと02行目のユミコの発話の中の「オー・ピー・ティー」が何を意味しているのか明確化することを求める[3]。それに対して07行目から08行目でキヨコは「オー・ピー・ティー」が何

の略であるのかを言うことにより修復を完了している。

　他者による修復開始を行う話者は、自分が聞いたであろうことをそのままリピートすることによって問題源をより厳密に特定することができる。

(32)　［Kota-Kumi: 07: 176–183］
01　ク　ミ：　そんなに大したことじゃないですよ．そんなにあんまりなが
02　　　　　　くやって見せるようなもんじゃないhhihhih
03　コウタ：　場所は?
04　ク　ミ：　王子で.王子遠いでしょしかも.
05→コウタ：　王子?
06　ク　ミ：　王子遠いですよ．

　事例(32)でクミとコウタはクミが参加している演劇の発表会について（かなり周囲の雑音がうるさい）レストランで夕食を食べながら話している。03行目でコウタがその場所を聞くと、04行目でクミは「王子で」と答える。「王子遠いでしょしかも．」ともう一度「王子」を組み込んだ発話をクミがすると、05行目でコウタは「王子?」と場所名を繰り返すことによって自分の聞き取りの確認を求める。すると06行目でクミは「王子遠いですよ．」と王子という地名を入れた発話を繰り返す。この事例ではクミはコウタの開始した修復を聞き取りの問題として捉えて（上記のようにかなり周囲の雑音がうるさいため）自分の発話全体を繰り返すことによって修復を完了させている。しかしながら、同じように修復開始は繰り返しによって行われても、次の(33)の事例では問題源の発話をした話者は問題の源は単なる聞き取りの問題ではなく、人名の認識の問題として捉えて修復を行っている。

(33)　［JAPN6149］
01　シ ン：　う::::::::[:::ん.　　　]
02　サ エ：　　　　　　［な:んk-=あ］たしね::, ブルースが来るの
03　　　　　　ね?

```
04           (0.6)
05→シン：　ブルース,=
06　サエ：　=あの::あたしの友達(で-)　ほら　(0.9)　あ:の:日本の.
07           (1.6)
08　シン：　ああ[あああああ.　]
09　サエ：　　　[あ:の:::　　]
10           (0.2)
11　シン：　う:ん.
12　サエ：　アメリカ人n友[達:?　]
13　シン：　　　　　　　　[う:ん.]
14　サエ：　hhhhh　(.)　た- たぶん来るのね
15　シン：　うん.
```

02行目でサエが「ブルースが来るのね?」と発話をすると05行目でシンは「ブルース,」と言って修復を開始する。するとサエはその前の自分の発話を繰り返すのでなく、ブルースという人物について説明をすることによって06行目で修復を行っている。このように、繰り返しによって開始された修復は、問題源の発話を繰り返すことによって完了する場合と、問題源の発話を説明することによって完了する場合があることがわかる。どちらによって修復を完了させるのかは、その時の文脈や状況によって、問題源を含む発話をした話者自身が選択することになる。

　より明確に問題源を特定する方法として、問題源のある発話の受け手は、問題源を含む先行発話に対する自分の理解の候補を挙げることもある。

(34)　[Higa-Ueno: 11: 253–264]
```
01　上野：　でもね,タイ料理::(.)っていえばね:(.)パクツイっ
02　　　　　てあるでしょ:..
03　比賀：　うん?
04　上野：　え? パクツイっていうあれね::
05→比賀：　料理?
```

06　上野：　いや　あの::あの::葉っぱみたいなやつ:.それがタイ
07　　　　　料理って大抵はいってるんですよ.
08　比賀：　°ああ°

　上記の事例では、上野がタイ料理について話している。04行目で「パクツイっていうあれね::」と言うと、05行目で比賀は「料理?」と言って、パクツイ（パクチー）が料理名であるという自分の理解が正しいのかどうかの確認を求めることによって修復を開始している。それに対して上野はパクチーが「葉っぱみたいなやつ」と描写することによって修復を完了している。

　以上、次の順番で開始する修復開始の様々な技法を問題源の特定する力が弱いものから強いものの順に挙げた。これらの技法は会話の中で手当たり次第使われるわけでなく、その使い方には一定の秩序がある。1回の修復開始で問題が解決しない場合には、他者による修復開始を行う者は徐々に問題源の特定能力の強度を上げて修復開始をしていく傾向がある（Schegloff, Jefferson and Sacks, 1977）。それを示すいくつかの事例をみてみよう。次に挙げる事例は上で事例(30)とした事例だが、ここでは事例(35)として示す。

(35)　［Higa-Ueno: 08: 190–198］
01　　上野：　思ったのはね,プーケット<u>の</u>:
02　　比賀：　うん.
03　　上野：　パトンビーチっていうのがメインなビーチだけ<u>ど</u>:
04→比賀：　は?
05　　上野：　パトンビーチってのが?
06→比賀：　何[ビーチ?]
07　　上野：　　［パトン　］ビーチってのがメイン:みたい.
08　　比賀：　はあはあ.
09　　上野：　そこは<u>ね</u>:海がきれいじゃなかった.

　前述のように、この事例では上野が比賀にプーケットに行った話をしてい

る。上野が 03 行目で「パトンビーチっていうのがメインなビーチだけど:」というと、04 行目で比賀が「は?」という問題源を特定する力の弱い技法を使って修復を開始する。すると上野は問題源が「パトンビーチっていうのが」という部分の聞き取りにあると理解し、その部分を繰り返す。すると比賀は次の順番でもう一度修復開始をする。しかしながら比賀はここで 04 行目と同じ「は?」という修復開始をするのでなく、問題源をより特定する技法を用いる。今度は「何ビーチ?」と言って、「ビーチ」の部分は聞き取れたけれどもその前の部分が聞き取れなかったことを示す。このように、他者による修復開始が連続して複数回起こる際には問題源の特定能力が弱いものから強いものへの順序で起こることがわかる。

　以上のように、他者による修復開始が複数回起こる際に使われる修復開始の技法は無秩序に並べられるのでなく問題源の特定能力が弱いものから強いものへという順で起こる、という秩序があることを観察することができる。

　次の順番で他者による修復開始がなされないと、その次に他者が修復開始をする機会は第 4 位置ということになる。第 4 の位置での修復開始の技法には多くの場合気付きを示す「あっ」およびそのバリエーションと自分の理解候補が含まれる。

(36) ［2009_虫歯］
((Mが母親、Sが息子。Sの虫歯の話をしている。次郎はSの弟))
01　M：次郎は虫歯がないんだよ.
02　S：な:んでな:ん?
03　　　(.)
04　M：ehhhhhh
05　S：それ:おかあさんがさ:(.)あれじゃない?［口うつ］しでたべ
06　　　>なんか<もの(.)=
07　M：　　　　　　　　　　　　　　　　　　　　［hhh］
08　S：=とかあげなかったからじゃない?
　　　　((17行中略。くちうつしの話が続く))

26 M:だから質が違うんかもしれないね:=
27 S:=わしまじ虫歯多いし.
28   (1.0)
29 S:°さ[::°
30 M: [ってかちっちゃいときからさ,すごいさ:よだれがおおかった
31   じゃん
32   (.)
33 S:あそうなんだ.
34   (0.5)
35 M:う:ん
36   (.)
37 M:[だそうゆんで-
38 S:[よだれおおいっていいことじゃないの?
39   (1.0)
40 M:うん?
41 S:よだ[れおおい-
42 M: [いいことじゃん.
43→S:いいことでしょ(.)あ次郎が.=
44 M:=う:ん
45   (.)
46 M:う:ん,そそそそそ.
47 S:あそっか(.)あいつ[よだれ魔人だったからな:.
48 M: [うん.

事例(36)ではMとSが虫歯とよだれの関係について話している際に「だれについて話しているか」ということについての間主観性の問題が生じている。01行目でMが次郎(Sの弟)には虫歯がないと言う。その後「口うつし」の話が出た後に、Sが27行目で自分のことについて「わしまじ虫歯多いし.」と発話する。その後沈黙をはさんでMが「ってかちっちゃいときからさ,すごいさ:よだれがおおかったじゃん?」と発話する。後に問題化さ

れるのはこの発話でMが誰のことを言っているか明確ではないということである（第1位置）。33行目から38行目でSはまだ自分とSの話が対象者ということについて食い違いがあるということには気付かずに38行目では「よだれおおいっていいことじゃないの？」と確認を要請する（第2位置）。そうすると、42行目でMは「いいことじゃん.」と確認を与える（第3位置）。これを聞いてはじめてSは、Mが虫歯の多い自分でなく、虫歯のない次郎の話をしているのだということに気付いて「あ次郎が.」と、43行目で第4位置での修復開始を行って修復の候補を挙げているのである。その際に、「あ」という気付きを示す標識を発してから「次郎が.」という理解候補を挙げている。そして44行目と46行目でその修復候補が受け入れられているのである。

同様に上掲の事例(18)でもすでに説明したように、07行目でカズが「あっそれは中学生」と言って、「あっ」に続いて「それは中学生.」と理解候補を挙げている。このように、第4位置で他者開始修復をする際には大抵の場合「あっ」などの気付きや理解の変化を示す標識が先行し、続いて理解候補が提示される。この場合、他者修復を行う者は「あっ」等によりそれまでの間主観的理解にすれ違いがあったことへの気付きを表面化した上で、新しく改訂された自分の理解候補の確認を相手に求めていると考えられる。

以上のように、自己開始修復と他者開始修復はそれぞれ違った場所で開始され、違った技法を用いることを示した。次に修復そのもの、特に自己修復の優先性についてもう少し説明を加える。

5. 自己修復の優先性

上記の様々な事例でみられるように、自己によって開始された修復はどの技法を使ったとしても、大抵の場合は問題源と同じ順番内もしくはTRPまでに開始され、修復そのものも完了する場合が多い。第3の順番または第3の位置で修復が自己開始される場合でも、修復が開始されたのと同じ発話順番で修復が完了するようにデザインされている。それに対し、他者によって

開始された修復は技法にかかわらず、開始が行われるのに2つ以上の順番を要し、他者がそのままその順番で修復自体も行ってしまわない限り(しかしその可能性は非常に低い)、修復が完了するにはさらに多くの発話順番を要する。このことからも自己による問題源の修復の方が他者による修復よりもより速い問題解決法であるのがわかる。言い換えれば自己による修復開始および修復完了の機会は、常に他者による修復開始および修復完了に先立ってあるということで、ここから自己開始、自己修復の優先性ということが観察される。また、話し手は一旦話し始めるとその順番構成単位の完結可能な点に至るまで順番を保持する権利を持っているので、自己開始した修復を他者が順番を取る前に自己で修復することができる。さらに、他者修復の非優先性の根拠として、他者によって修復が開始される場合には他者は開始のみにとどめ修復そのものは問題源の発話者にまかせる、という傾向が挙げられる。そのため、他者が実際に修復そのものを行う事例は稀である。また、Schegloff, Jefferson and Sacks (1977)が観察したように、他者が修復そのものを行う際には、自分の発話があたかも不確かなものであるかのように発話したり、問題とされている発話が必ずしも間違っていないというニュアンスを含むようにデザインするケースがよくみられる。さらに、非母語話者を含む会話では他者修復は母語話者同士の会話の場合に比べ他者修復が多いとされているが、それでも修復の開始と修復の両方を他者が行うことは少ない。他者開始他者修復はやはり非常に限られているといえる。以下は「他者」が修復そのものを行っていると「自己」に受けとめられた可能性がある事例である。ビル(英語母語話者)とコマ(日本語母語話者)は友人同士であり、両者とも英語教師である。

(37) ［Bill-Koma: 13: 313–319］
((コマは自分が高校生の時に使った英語のテキストについて話している。))
01 　コマ：　で(.)あのオクスフォードなんとかってさこういうブルー
02 　　　　　のテキストあるでしょ.
03 　ビル：　あああの::

04　コマ：　ストリームラインかな?
05　ビル：　え? Stream[line.]
06　コマ：　　　　　　　[Stream]line (.)うん.
07　ビル：　Streamline使ったことあるんだ.

　01〜02行目でコマは自分が高校時代にどの英語テキストを使ったかビルに伝えようとする。ところがテキストの名前がすぐには思いつかず、「オクスフォードなんとか」や「ブルーのテキスト」と表現し、04行目にようやくその名前を「ストリームラインかな?」と不確実なものとして提示する。それに対して05行目でビルは「え?」と言って修復を開始するが、それに続いて「Streamline」と英語的発音で発話する。「ストリームライン」というテキストを二人が認識できることがここでは焦点であり、コマはビルにその名称を不確実なものとして表明したため、05行目はビルがその情報を認識できたことを表明すべき場所である。ビルは英語的に発音することにより、自分が知っているテキストのタイトルとして確実に認識できたことを表明している。コマは「ストリームライン」の前にも日本語的発音で「オクスフォード」や「ブルー」という語を発しているのにもかかわらず、そこではビルによる修復開始が起こっていないことからも、ここだけビルが発音を修復しているとは考え難い。しかしここでビルが「え?」と修復を開始した直後に(ビルの母語である)英語的な発音で理解を表明しているために、ビルがコマの発音を修復していると受けとめられる可能性はある。実際ビルが「Streamline」と発話し始めるや否や、コマも英語的発音で「Streamline」と言い直す(06行目)。このコマの英語的発音の使用は、ビルの「え?」という修復開始が、自分の直前の発話について何らかの問題があったことを表明し、続く英語的発音による「Streamline」は、その問題が自分の日本的発音によって生じたものであり、その自分の発音を修復するものであると理解した可能性を示唆している。ビルが「Streamline」と完全に言い終える前に、コマが割り込む形で自ら英語的な発音で自己修復を開始していることは、自己修復の優先性を顕著に示しているといえるだろう。

6. 日本語特有の修復

　この章の随所で日本語特有の修復連鎖について触れたが、最後にこの点について少々まとめてみたいと思う。

6.1. 「ていうか」の使用

　前述のように、日本語会話において「ていうか」(およびそのバリエーション「というか」「てか」)は自己修復の連鎖にも他者修復の連鎖にも使われることがある[4]。「ていうか」はその形式から、「という」(口語表現は「ていう」)が先行する自分や他者の発言との間に距離をおき、あたかもその発言を第三者が言ったかのように聞こえさせる、という機能を持っていると考えられ、それに「か」という表現を付け加えることにより、「もう1つの可能性」が続くことをほのめかしているとされる (若松・細田, 2003)。よって、「ていうか」は婉曲的な修復の際に使われることがあり、問題源の発話を必ずしも否定せず修復候補をもう1つの可能性であるかのように提示する。しかしながら実際には明らかな置き換えや訂正の場合にも用いられることがある。この点を次の事例で観察してみよう。

(38)　[Kaz-Kei: 21: 511–512]
01→ケイ：　合宿ってのはOBってかOGは来るの？
02　カズ：　あっ来ます.

　上記の事例では、ケイとカズが、カズが勤務している女子校のスキー合宿について話している。01行目でケイは自分が発した「OB」という表現を「ってか」と発して「OG」という表現に訂正している。この2人は女子校について話しているのだから、この場合、OBに対してOGはもう1つの可能性というよりもはっきりとした置き換えまたは訂正といえるだろう。
　また、「ていうか」を含む修復連鎖の重要な特徴の1つは、「ていうか」と発話した人が修復そのものまで行う傾向にあることだ。よって、「ていう

か」という表現の後にはすぐに自己修復が続く場合が多い。自己修復であれば「X ていうか Y」、他者修復であれば「ていうか Y」といった具合である。上で述べたように、「ていうか」は「先行する自分や他者の発言との間に距離をおき、あたかもその発話を第三者である誰かが言ったかのように提示しながらなおかつその後にもう1つの可能性となる要素が続くことを示唆する」という働きを持つ。よって、「ていうか」は遡及的に「ていうか」の前の要素をトラブル源と措定して「ていうか」のすぐ後にもう1つの可能性が続くことを予測させるのだ。つまり「ていうか」の発話者はその発話をほとんど中断することなく産出しつつ、修復の実行までできてしまうのだ[5]。

6.2. 指示代名詞の使用

　前述のように、日本語会話では自己修復開始、特に言葉探しの際に「あ」で始まる指示代名詞「あれ」「あそこ」などを代用語（place holder）として利用することが多くある（Hayashi, 2003a, 2003b, 2004；林, 2008）。日本語の規範的な語順は主語―目的語―述語（動詞、形容詞、副詞）だが、口語においては述語を先に述べてからその後に主語、目的語、助詞など様々なものが発せられることも多い。指示代名詞も、そうした語順の制約をやりくりする資源として用いることができる。とりあえず「あれ」「あそこ」などではっきりしない部分を補って発話を完成し、後で「あれ」「あそこ」が指すものを言い表すことがある。林（2008）はこのような指示代名詞の用法を**行為投射用法**と呼び、この用法で使用された「あれ」は指示の対象をその後の発話で特定することを投射するだけなく、その指示の対象の特定がいかなる行為の一部としてなされるのかも投射していると、説明している。次の事例をみてみよう。

(39)　[Higa-Ueno: 01: 19]
01　比賀：　タイ料理ってあれ食べた, ロブスターをさ:

この事例で比賀は「あれ食べた,」と一旦言ってから「あれ」の部分を「ロブスター」に置き換えて自己修復している。

しかし話し手が「あれ」が指すものをいわないと「あれ」が何であったのか受け手が理解できない場合があり、その場合には他者修復開始につながることもある。

(40)　［Sada-Mako: 01: 26–38］
01　　サダ：　やっぱり家の中の文化が：>そうやから<外から見て
02　　　　　　ね：外で中-(.)中学高校って学習したから：一応
03　　　　　　関西弁も話せるようになったんですよ．
04　　マコ：　>うんうんうんうんうん<=
05→サダ：　文化的にはあれでね：そういう意味ではおもしろいなあ
06　　　　　　と思って．
07→マコ：　文化的には今は東京なんですか？
08　　サダ：　いやでもここんとこ関西だと思いますね：．
09　　マコ：　ああそうなんですか<じゃあ吉本見て笑えます？
10　　サダ：　おもしろい．
11　　マコ：　あっそうなんですか？
12　　サダ：　はい．

　事例(40)ではサダが05行目で「文化的にはあれでね：」と「あれ」を組み込んだ発話文を完成するが、その直後には「文化的にはあれ」であることの評価「おもしろい」をつけ加えるだけで「あれ」がいったい何を指すのかについては言及しない。すると07行目でマコが修復の他者開始を行う。他者開始を行う際にマコはサダの言った「文化的には」を繰り返した上で「あれ」が指すであろうものの候補「今は東京」を発している。

　以上、日本語特有の修復の手続きの例の1つとして「あれ」などの指示代名詞の使用について述べた。指示代名詞「あれ」を発話の中に組み込むことによって発話者は「あれ」が指すものの言及を遅らせたり、時には言及を回避したりすることができることを示した。また「あれ」は事例(1)でみられるように非語彙的言い淀みとして使用されることもあるが、いずれの場合も「あれ」は発話遅延の技法の1つとして日本語会話の修復連鎖に頻繁に

現れるものであることは間違いない。

6.3. 格助詞を含んだ修復

日本語の会話では格助詞が修復連鎖における重要な役割を担うことがある。ここでは自己開始の修復連鎖と他者開始の修復連鎖のそれぞれについて格助詞がどのような役割を持つのかについて簡単に紹介する。

自己修復連鎖においては下の事例でみられるように、格助詞の置き換えが多くみられる。

(41) ［MS: 01: 16–02: 21］
01　マコ：　サダさんって大阪じゃないですよね．＜出身．
02　　　　　ど[こ°ですか°]
03　サダ：　　[ぼくは 東]京ですよ．
04　マコ：　ですよね[:
05→サダ：　　　　　[う:ん．(.) 東京の(.) 東京で↑生まれたけど
06　　　　　も::大阪ネイティブになってしまいましたね．

上の事例ではサダは 05 行目で格助詞の「の」を「で」に置き換える修復をしている。「の」が「で」に置き換えられたことはその直前に発されている「東京」が繰り返されていることによって前方枠づけされていることからもわかる。

しかしながら次の事例でみられるように、その直前の言葉を繰り返さずに格助詞を単独で置き換えることにより修復を行うこともある。

(42) ［Sada-Mako: 16–17: 417–421］
((マコが自分の博士論文の研究について話している。))
01→マコ：　その子らに結局還元できるっていうかその子らに(.)が:後に
02→　　　　あの:その子らみたいな子:が将来入ってきた時に役にたつよ
03　　　　　うな情報を:提供できるようにしたりっていうか°こう°

01行目でマコは「その子らに結局還元できる」という発話をしてから「っていうか」と発して修復を始める。そして「その子らに」ともう一度言ってから短い間合いの後「が:」と格助詞を発する。これはその前の発話が「に」という格助詞で終わっているため、「その子らに」に「が」を加えて「その子らにが」というフレーズを完成したとは捉え難く、「に」を「が」と置き換えたものと思われる。その事はそれに続く発話でも立証されている。マコは「が:」に続いて「後に」と言うと「あの:」と発した後一旦「その子ら」という発話にもう一度戻って今度は「みたいな子:」という語彙を挿入している。そしてその後に続けた格助詞は最初の「に」でなく「が」になっており、その後は「将来入ってきた...」と発話を続けている。このことからも01行目でマコが行った修復の自己開始は格助詞「に」から格助詞「が」への修復であることがわかるだろう。

　他者開始修復においても格助詞は重要な役割を持っている。日本語の口語では主語や目的語などを省略して話すことが多くみられ、そのことが時折次の順番で問題化される[6]。その際に、修復を開始する他者は疑問詞「なに」や「だれ」に格助詞を加えた形で自分が問題化しているのは主語なのか目的語なのかなどを特定する形で修復開始を行うことができる(Suzuki, 2010; Hayashi and Hayano, 2013)。一例として事例(43)をみてみよう。

(43)　[JAPAN149]
```
01   シン：  .hhh それでどうですか.=おげんきです[か.
02   サエ：         [げ(h)ん(h)き:(h): hhh hah
03                 hah hah .hhhhh
04                 (.)
05   サエ：  ど- (.) どうした:?
06                 (0.4)
07   サエ：  決めた? どうするか.
08                 (0.2)
09   サエ：  °クリスマスに°.=
```

```
10→シン：    =なにを:?
11          (0.7)
12  サエ：   あ:の::  (1.1)  サンディエゴに行くかどうか[決めた?
13  シン：                                              [.hhhhh
14          (0.2)
15  シン：   あ::::‐  (.)  おれ:，手紙まだ出してない.=多分行くと思う.
```

　この事例では05行目でサエが「ど‐ (.) どうした:?」と質問をすると、シンがすぐには返答しないため、07行目で「決めた？ どうするか.」と質問をより具体的なものにする。しかしながらそれでもシンの返答がないためサエは「°クリスマスに°.」と付け加える。するとシンは「なにを:?」と疑問詞に格助詞を加えた形で修復を開始する。それに対し、サエは先に発した「決めた」の前の部分に「〜を」の部分を補って「サンディエゴに行くかどうか(を)決めた?」と質問文を完成する。この例でみられるように格助詞を加えることにより、他者修復開始を行うものは先行発話に含まれるべきであったが含まれていなかった要素の明確化を要求することができる。一部を「あれ」に置き換えた発話が「あれ」を指すものが後で言及されることが予測できるのに対して、一部の要素が省略された発話は省略された部分が後で言及されることが予測できない。よって、何らかの要素が省略された発話がされると、省略された部分の明示化を求める他者開始がこのように行われるのだ。

7．まとめ

　この章では会話分析における修復という概念を紹介し、修復の連鎖、特に日本語会話における修復連鎖を観察していく上で重要であると思われることを紹介してきた。その中でも特に大切なことを最後にここで振り返ってみたいと思う。まず、会話分析で取り上げる修復とは、発話、聞き取りおよび理解に関する様々な問題があった際にその問題、例えば聞き間違え、言い間違

え、言葉探し、誤解、に対処するために会話参加者自身がその会話の中で行う活動のことで、訂正や置き換えに限ったものでも同じものでもないということをこの章のはじめに確認した。次に修復連鎖を観察する際に、修復の開始と修復の完了を分けて考えることが大切であることを強調した。そして修復開始と修復完了は共に自己で行われることも他者によって行われることもあるため、修復連鎖には自己開始自己修復、自己開始他者修復、他者開始自己修復、他者開始他者修復の4つのタイプの修復連鎖があることを述べた。また、問題源と修復開始の位置関係から、修復開始は、問題の発言と同じ順番内、TRP（順番構成単位の完結可能な点）、次の順番、問題の発言が起こった順番から数えて3番目の順番または位置、問題の発言が起こった順番から数えて4番目の位置で行われることを、それぞれの事例を示して解説した。さらに、修復開始の技法を自己開始の場合と他者開始の場合に分けて紹介した。そして最後に、日本語特有であると思われる修復のための資源をいくつか紹介した。

　この章の全体を通して自己開始、自己修復完了の優先性を示してきたが、ここでいう「優先性」は決して心理的なものでなく、自己と他者の修復開始および修復完了の機会の分布（自己の機会が常に他者の機会より先にやってくること）や発話のデザインなどによるもの、つまり自己で行う方が組織上やり易い（この点については第4章2節も参照のこと）、ということをもう一度確認してこの章を終えたいと思う。

---------------- 課　題 ----------------

それぞれの事例において、以下の点について観察してみよう。
1. どんなタイプの修復（連鎖）が生じているだろうか（自己開始自己修復、自己開始他者修復など）。
2. 問題源、修復の開始、修復そのものがどこで行なわれているかを特定しよう。

3. トラブル源がどのような問題として取り扱われ、それがどのように解決されているかを説明しよう。

（1）［Nae-Iyo: 38: 872–39: 891］
01　イヨ：　25のときにはもういた？子供．結婚してた？[子供はいた
02　ナエ：　　　　　　　　　　　　　　　　　　　　　[°(結婚した
03　　　　　の)°．25でしたんだもん．
04　イヨ：　尊敬する．
05　ナエ：　信じられないわ．今25で子供なんてどうしてこんな時に選択-
06　　　　　(.)人生のそんな大きな選択ができたの？って思うよ:．

（2）［theft: 30: 15–18］
((この電話会話の後に出かけるというHにYが時間的に大丈夫か尋ねた後))
01　H：　大丈夫だ[よ．
02　Y：　　　　　[ふ:ん．
03　H：　うん．だって 暗いうちには 帰って- 暗くなる前には 帰って
04　　　　来れると思うから．

（3）［YH: 04: 26–05: 06］
((ユメがケーブルテレビについて話している．))
01　ユメ：　.hhhなんかね あとね いいのはね: う:ん あと ペット
02　　　　　の番組とかね,
03　ヒロ：　°なにペットって°．
04　ユメ：　nnhhuhhh それhはねhhh.hhuh あhのhhh すっhhごh
05　　　　　いくだんなhhいhのやっててh:[.hh こう-　　]
06　ヒロ：　　　　　　　　　　　　　　　[いぬとか？　]
07　ユメ：　そhう [そhうhhuhh]
08　ヒロ：　　　　[ペットって]
09　ユメ：　.hhuhh ん: なんだっけ．みゆきとゆうの(.)愛犬大好き

```
10         愛犬せいか[つhhとかhh ihhuhhuh]
11  ヒロ:          [nnhhuhhuhhuhhuhhuh]
```

(4) ［07イヤホン］
((会話を録音する課題に取り組んでいる二人の電話の会話))
```
01  O:  そ高井さんのさ，そのさ，今，録音しているさ:，ア[イシー=
02  T:                                              [おん
03  O:  =レコードのやつってさ
04  O:  あの:(0.3)あの:なんだろう(.)イヤホンのやつってさ平型？それ
05      とも丸型？
06  T:  <丸>だけど．
07      (0.4)
08  O:  あ，丸か．
09  T:  あ，や，ちゃう，ちゃう平だ平だ．
```

(5) ［YH:12:16–22］
((この事例において「さくら」と「エスエス社」は同じ会社を指す))
```
01  ユメ:  やっぱり::(.)あそこはよくないですかね:．=
02  ヒロ:  なに？
03      (3.0)
04  ヒロ:  さ[くら？   ]
05  ユメ:   [エスエス]社．うん[そ(h)::::]で(h)す(h)よ
06  ヒロ:               [ねhhuhhuh]
07  ユメ:  uhhuhhuhhuhhuh uhhuhhuh.hhuh
```

注

1 一例を挙げると、確認への応答がある。話し相手がある事柄について自分よりもよく知っているとみなした際にその相手にその情報の確認をすることがある。そ

のとき、確認要求をされた人は確認事項が間違っていれば訂正を行うが、この訂正は発話や聞き取りや理解の問題に対処しているものとは異なる。よってそれは訂正ではあるが修復ではない。下記がその一例である。

［Taka-Haru: 06: 05–08］
((ハルとタカが自分たちの年齢について話している。))
01　ハル：　　ぼくは44です［よ　］
02　タカ：　　　　　　　　　［あっ］そうですか．じゃあ［29年．］
03　ハル：　　　　　　　　　　　　　　　　　　　　　　［1月で］
04　　　　　3［0年．］
05　タカ：　　［30　］年．

この事例の前に、タカとハルは自分たちが同い年であることを知った。02行目でタカは、ハルが昭和29年生まれであるかどうかの確認要求を行う。そうするとハルはタカの発話を訂正して、昭和30年生まれであることを伝える。このように、訂正は行われていても発話上、聞き取り上、理解上の問題に会話参加者が志向しているわけではない場合は「訂正」ではあっても会話分析における「修復」とは異なる。

　その他、訂正の例ではあるが、修復の例ではないものとして**埋め込み訂正**（**embedded correction**）がある。埋め込み訂正の場合には発話や聞き取りや理解の問題に対処するために一旦それまでに行っている活動を止めずに、その活動の続きをしながら訂正を行っていくものである。埋め込み訂正の事例としては、Jefferson (1987) を参照してほしい。

2　ここに挙げている「いや」「あっ」などの言葉は同じ順番内およびTRPでの自己開始修復に使われることがないというわけではないが、第3の順番や第3の位置での自己開始に頻繁に観察されるということである。
3　疑問詞を用いた修復開始の類似例として (29) (30) の次にこの修復開始の例を提示しているが、「何〜って」は、その言葉の定義や意味がわからないことを明確化しているのに対して、次の (32) や (33) の繰り返しの修復開始は繰り返された部分についてどのような問題があるのかは特定しない。その意味ではこの例は (32) や (33) よりも問題を特定する力が強いといえる。
4　Hayashi, Hosoda & Morimoto (2019) は「ていうか」を修復開始の語と捉えず、「修復の前置き（repair preface）」と捉えようとしている。「修復の前置き」とは修復連鎖で修復本体の前置きとして導入される語で、英語においては修復の前置きとして or, well, no, sorry, actually, I mean などがある (e.g., Lerner and Kitzinger, 2015)。
5　しかしながら「ていうか」が発されたからといって必ずしも修復が為されるとは

限らない。例えば様々な可能性を暫定的に挙げる際などにも「ていうか」は使用される。
6 日本語の疑問詞＋格助詞での他者による修復開始に類似するものとして英語会話の前置詞＋疑問詞（"With who?"、"To where"など）が挙げられる。

第6章 物語を語ること

　日常会話において会話参加者は常に何らかの形で自分の身に起こった出来事や見聞きした出来事を「語る」という行為を行っている。しかしそれを「ストーリー（物語）」として「語る」ことができるかどうかは、実は単純なことではない。例えば「午前中に夕飯の買い物行ったら大変なことがあったの。」と誰かが言ったとする。それに対して受け手が「そう。」と反応して、その後それについて何のやり取りもなかったら、「午前中に夕飯の買い物を済ませたこと」は単なる報告に過ぎず、**物語**として実現しなかったことになる。会話分析において「物語り」と呼ぶのは複数の連続した出来事を時間軸にそって描写することである。そして、「ある出来事の陳述や報告」が「物語を語る」という活動になるかどうかは、会話参加者自身によって会話参加者たちによって協働的に達成されることである。つまり、話し手と受け手の双方がある発話を「物語り」として展開することに志向したときに「物語を語る」という活動が可能になるのだ。

　複数の連続した出来事を時間的経過に沿って描写をするには複数の発話構成単位（TCU）を要する。しかしながら、第3章で述べた話者交替の規則に基づけば、発話者が最初の完結可能な時点に至った時に話者交替が起こってしまう可能性がある。そして次の話者が違う話題を持ち出すかもしれないし、3人以上の会話においては次に自分の順番が来るのはいつかわからない。そこで話者が会話の中で物語を語るには話し手と受け手の双方が今相互行為の中で行われていることが「**物語を語る**」という活動であり、通常の順番交替のやり方を保留していることに志向する必要がある。

それでは、「物語を語る活動」は、どのように始まってどのように終わるのだろうか。そしてそれはいかなる展開をみせるのだろうか。本章ではこのような疑問に答えていく。

1. 物語りの始まりと終わり

1.1. 物語りの始まり

　これまでの章で述べたように、会話の中で話し手は直前の順番で言われたことを踏まえて発話を行う。物語りの始まりも例外ではなく、その前に行われていた通常の話者交替のある状態から、何らかの技法を使い、物語りという活動が開始され、物語を語る活動に入る。その際に語り手は、これから話そうとしている話が今この場で話されていることとどのような関連性があるのかを示しながら物語を語り始めることがある。物語りが開始されていく際の特徴としてJefferson (1978)は以下の2つを挙げている。

(a) 直前の話、または会話環境の何らかの要素が引き金となってその物語りを始めるに至る。
(b) 話者が物語を巧みにそれまでの話題と関連付けながら会話の中に導入していく。

　(a)について詳しく述べると、一般に「あっ」「〜と言えば」「ていうか」などと発することで、話者は前の話題または会話環境が物語を導入するきっかけとなったことを示す。下記の例ではナンシーが知り合いのブリーダーのところにいる犬達の話をしている途中にユメが何かを思い出したことが発話のみならずジェスチャーでも示されている。下記の例のトランスクリプトでは発話がその後に表記されているジェスチャーと重なっている位置が [1](発話)[1] などの数字で示されている。

第 6 章　物語を語ること　231

（1）［Nancy-Yume: 03: 45–04: 10］
((ナンシーがゴールデンレトリバー(犬)の話をしている))
01　ナンシー：　でみんなもうあ↑まりに純血だから頭が悪くて?
02　ユメ：　　　うん.
03　ナンシー：　あの:　も:う骨も弱くて?
04　ユメ：　　　うん=
05　ナンシー：　結局なんか従来の(.)きんしん-(.)近親関係?
06　ユメ：　　　うん=
07　ナンシー：　=で生まれてるのね,=
08　ユメ：　　　=う[ん.
09　ナンシー：　　　[もう兄弟=
10→ユメ：　　　=[そ[う-
　　　　　　　　　 [((人差し指を上に上げる))[
11　ナンシー：　　　　[兄弟同士を=
12　ユメ：　　　=うん=
13　ナンシー：　=メイキングさせたりして:
14→ユメ：　　　[そ[う[なのよ.
　　　　　　　　　[((人差し指をナンシーの方に向ける))[
15　ナンシー：　　　[それで高ーいお金を[もらって.
16→ユメ：　　　　　　　　　　　　　　[え:　あのね:
17　ナンシー：　うん=
18→ユメ：　　　=すごいそれで:病気:って生じるのよ=
19　ナンシー：　=うん=
20　ユメ：　　　うんと:うちで飼っている犬っていうの[は:]
21　ナンシー：　　　　　　　　　　　　　　　　　　　[うん]
22　ユメ：　　　うちのはそんなにいい犬でないんだけど:　うちの
23　　　　　　　実家で=
24　ナンシー：　=うん=
25　ユメ：　　　=うちの父と母が:=
26　ナンシー：　=うん=
27　ユメ：　　　=飼ってたシェットランドシープドッグがいるの.

((その犬が純血のいい犬だったが非常に若いうちに脳腫瘍になって死んでしまった物語りを続ける))

03行目まででナンシーが知り合いのゴールデンレトリバーのブリーダーのところにいる犬達が純血種だから頭も身体も弱いと言って、05行目と07行目でそれが「近親関係」で生まれているからだと伝えると10行目でユメは「そう-」と発して人差し指を上に上げることにより、この時点で何かを思いついたことを発話とジェスチャーで示している。ところがナンシーの話が続いていたため、その時点ではユメは話を導入せず、13行目でナンシーが「メイキングさせたりして:」と発話の区切りに至ると、ユメはすぐに10行目の続きと捉えられる「そうなのよ.」という発話を今度は人差し指をナンシーの方に向けて行う。しかしながらここでもナンシーの話はまだ続き、そのユメの発話は15行目のナンシーの話と重なってしまう。そこでユメは「え: あのね:」と言ってオーバーラップを切り抜け (Schegloff, 2000a)、ナンシーが「うん」と発話してユメがこれから話を始めようとしていることを認識し受け手としてふるまおうとしていることが明らかになってから (17行目) 物語りを始める。その物語は近親相姦により生まれた血統のいい犬が若くして病気で死んでしまったという話であり、ナンシーがその前に話していたことと関連する話である。

事例 (1) のように前の話の中の何らかの要素が引き金となってその物語を始める場合には、導入される話はその前の話との関連性がはっきりしている場合が多いが、表面上強いつながりを持つように見せながらも、実はあまり関係のない物語が導入されることもある。下記の事例 (2) では、ナオとユイが香水の話をしている。

(2) [Nao-Yui: 26: 603–613]
01　ナオ：　結構鼻きかせちゃうよ私.初対面とか.
02　　　　　(.)
03　ユイ：　でもそうだよね,それもそうだよね.私なにもつけてないから

04		なんでつけてないの:　とかって言われるもん.
05	→ナオ:	う:ん(.)う:ん.っていうかさ:　OLの頃は私もず<u>::::</u>っと
06		ギョームだったのね,
07		(.)
08	ナオ:	もう3年ぐらい?
09	ユイ:	うん.
10	ナオ:	ボトルを何本買ったかな?((ストーリーの続き))

　04行目でユイが自分が香水つけてないことを人に不思議がられることを伝えると、ナオは次の順番で「う:ん」と2回発してから「っていうかさ:」と言って自分のOL時代の香水使用についての物語りを始める。ここで使われている「ていうか」は第5章で紹介した修復の「ていうか」ではなく、むしろ前の話とのつながりを示すのに用いられている。「ていうか」は基本的にはその直前の発話に対する代案を提示するのに使われるので「ていうか」で順番を開始すると前の発話と非常に強い関連性を持つ行為を受け手に期待させる。しかしながら話し手は「ていうか」で順番を開始しても代案の提示は行わずに他の行為を行うことが多々ある。ここでは、「ていうか」が非常に強い関連性を持つ行為の開始を期待させることを利用して物語の導入を行ったといえるであろう。

　また、物語りの引き金となるのは直前の話題とは限らない。その瞬間の環境における何か別のものであることもある。Jefferson(1978)は次のような例を示している。

(3) 　[J: FN, Jefferson, 1978, p.222、筆者訳]
((3人で一緒に歩いている。写真のついたTシャツを着た人が通り過ぎる。))
ネッティー: あっ, あのTシャツで思い出したけど　((ストーリーが続く))

ここで話し手に話を思い起こさせたのは発話でなく通りすがりの人が来ていたTシャツで、その時の会話環境に存在した会話以外のものである。

次に上記(b)の特徴にみられるように、話者はその前の会話内容と話題的に一貫した物語を、用意周到にそれまでの話題と関連付けながら会話の中に導入していくこともある。下記に一例を挙げる。

（4）　［Sato-Teru: 02: 45–04: 93］
((この直前にテルが先日、日和山海岸でカニを食べたことを伝えた。))
01　サト：　日本海でしょ？ 城崎は．(.) カニはいるわ．
((6行省略))
07　テル：　懐石ともう一種類あるの．高いの．(.) ［一段階高いの．
08　サト：　　　　　　　　　　　　　　　　　　　［ほ：：：　ほ：：：］
09　テル：　だから捕れたてのカニとかもあるの．
10　サト：　あ　そ：：
11　テル：　そうしたら捕れたてじゃないの出してるのかしら．
12　サト：　ほんと：：．私前ねえ，あの：：：：：：城崎行ったときには：
13　テル：　うん．
14　サト：　あのね，カニカニ祭りっていうのに…((カニカニ祭りに行った際の物語りが続く))

上記事例（4）の抜粋の直前にテルが以前に日和山海岸でカニを食べたことを伝えると、サトは日和山海岸を城崎に入れ替えて（ちなみにこの2つの場所は同地域である）01行目の発話をする。その後テルは自分が食べたあまり値段の高くないカニは冷凍ガニだったのではないか、という不平を述べるとそれに続いて、12行目でサトはとりあえずテルの不平を受け止めてから物語りを始める。その物語りの始まりに、サトはこの時点以前のやりとりの中で使用されてきた言葉を使用している。具体的には「城崎」が最初の順番構成単位で（12行目）、「カニ」という言葉がその次の順番構成単位で（14行目）使用されている。これらの言葉を繰り返し使用することで、自らが語ろうとしている物語がそれ以前の会話と一貫性のある話であり、今この時点でそれを語ることが妥当であることを示している。

次の事例（5）では物語の語り手は、これから語る物語がその前に自らが

語ったことと同種の経験であることを「もう一回はね:」という言葉で示し、直前の自分の話と関連づけている。

（5）［Sada-Mako: 11: 271–14: 326］
((この抜粋の前にマコは自分の留学していたアメリカの某大学は言語習得系の研究で有名な大学であるにもかかわらず無許可でデータ収集をしていたという話をしていた。))
01→マコ： ね:そんなとこやのに なんか (1.0) もう一回はね: なんか
02   (.)急に:なん- なんやったかな 一対一でカウンセリングを-
03   あなたの英語力のカウンセリングをしてあげますからいついつ
04   のどこどこに来なさいってlinguisticsの先生によばれて:=
05 サダ： =はい.

また、話者はもう少し長い時間をかけて物語を語り始める機会を用意することもある。次の例ではマコはまず話し相手のサダに質問をしてサダの返答を得てから、自分がサダにしたのと同じ質問に対する自分自身の答えを物語として語るということしている。この例は事例(5)の前に生じた会話である。

（6）［Sada-Mako: 07: 157–11: 270］
((マコとサダは共に大学院の博士課程の学生である。))
01→マコ： なんか(.) こんな- 昔こんなんしたことあります? こう、な
02   んていうかな.だれかのモデルを- モデルっていうか(.)録音
03   しますから[とかっ°って°   ]
04 サダ：   [conversation]を?
05 マコ： うん.
06 サダ： やりましたけど:=
07 マコ： =あっ あ:::=
08 サダ： =あの(自分の大学院名)という意味じゃなくて?
09 マコ： (自分の大学院名)じゃなくて. 以外で.

```
10   サダ： (自分の大学院名)じゃなくては[°あるか°]
11   マコ：                          [被験者]になったことあ
12        ります？ なんか.
13   サダ： 被験者？ 被験者大学の時になんか心理の人に
14        [来てもらって    ]
15   マコ： [あ:あ:あ:そういう]
16        こう(.)すう-(.)quantitativeなstudyの[被験者]
17   サダ：                              [と思い]ます.
18   マコ： ふ:::ん.
19   サダ： [だから ]
20   マコ： [こうゆう]ビデオ回されてとか
21   サダ： あっ　こんなんはないですね:.そうかここにきてはじめてかな:.
22 → マコ： 私昔よくあるんですhh　なんか知らされずに.Uhhuhhuh
23   サダ： えっ　どうして？
24   マコ： なんか(.)むこうの(.)え:とね:(.)(アメリカの大学名)ちゅ
25        うとこに一年だけ留学してて、交換留学で…
           ((無許可でデータを撮られたという物語りを続ける))
```

　01行目でマコはまず、サダにデータ収集の被験者になった経験の有無に関する質問を投げかけ、その質問の意味理解に関してのやりとりがしばらく続いたあと21行目でサダはようやく01行目の質問に関する最終的な返答をする。するとそれにすぐ続いてマコは「私昔よくあるんですhh なんか知らされずに」と01行目の自らの質問に対する答えとして自分はその経験があることを伝える。それに対して23行目でサダが「えっ　どうして？」と問いかけるとマコは23行目から自分の経験の詳細を時間の流れに沿った形で物語として語り始める[1]。

　上記の(a)と(b)の特徴は双方とも「なぜ、今、それをするのか？(Why that now?)」という問題に対処している。つまり、通常、物語りをする人は自分の「物語り」をするという行為が起こるべくして起こったものと認識され、強い結びつきが目に見えるように物語を導入するのである。

しかしながら、ここでまだもう1つの問題が残っている。この章の最初に述べたように、通常の話者交替の規則に基づけば、発話者が最初の予測可能な区切りに至ると話者交替が起こってしまうかもしれないのである。一旦順番が代わってしまったらまた次に自分の順番が来るのはいつかわからないし、すぐにまた自分の順番が来たとしても前の順番に自分が話し始めた話をできるという保証はない。よって、あるまとまった語りを可能にするためには、通常の話者交替の規則に抗する何らかの手立てを用いなければならない。そのためには話し手が物語りを始めることについて受け手の合意を得て、話し手と受け手の双方がその会話のその時点で物語を語るという行為が行われることに対して協働的に志向する手続きを取る必要があるのだ。この手続きは「**物語の前置き**」(story preface)という形で行われることがよくある (Sacks, 1974, 1992)。すべての物語りの始まりに前置きがあるわけではないが、多くの物語の開始部分にこのような前置きが観察される。物語の前置きは物語が語られるためのスペースを確保するだけでなく、その物語が会話のこの時点でこの受け手に対して語られるのが妥当であるかどうかの承認をとる手続きでもある。

　第4章で示した他のタイプの先行連鎖と同様、物語の前置きの連鎖も2つの順番から成り立つ。最初の順番には通常これから語られる出来事が起きた場所、時間、特徴などが含まれている。例えば「昨日学校でおもしろい事があったんだ。」と言えば、これから話される話は昨日(時間)学校(場所)で起こった面白いこと(特徴)についてだということが受け手にわかる。これは受け手にこの話をこれから始めていいかを問う発話なのだ。前置きを聞いた時点で受け手ができることは主に3つある。その話をすることを促すこと、阻止すること、そして先取りすること、だ。もしその話が受け手にとって聞きたい話だと思えば「どうぞ話してください」という何らかのサインをだすことができる。例えば先ほどの「今日学校でおもしろい事があったんだ」という発話に対して受け手が「なに？」「どうしたの？」などと言えば話し手はその「おもしろい」話を続けるであろう。その場合下記に示すような連鎖が生じる。

（7）
　　T1: 物語の前置き
　　T2: 物語りを促す「どうぞ」のサイン
　　T3: 物語り

また、前置きを聞いた時点でそれが自分の聞きたい話ではなかったり、すでに1回聞いた話であったりした場合には、受け手はその話が語られることを阻止することができる。「受け手がすでにもう知っていると思われることは話さない」というのは、会話の原則とも言えるほど強い規範性を持つが、物語の前置きはこの原則に反していないかをチェックする働きがあるといえる。受け手はもうすでにその話を聞いたことがあればこの時点で「その話もう聞いたよ。」などと言ってその物語が語られることを阻止することができるのである。しかしながら、その話をもうすでに知っている参加者がその物語の語りに進むことを阻止するとは限らない。後に詳しく述べるように、3人以上の会話において、その話を知っている会話参加者が話し手以外にもいる場合にはその人が前置きの話し手に代わって物語りを先取りしてその物語を語ったり、前置きを語った話し手と協働で物語を語ったりということもある。また、前置きはもう1つの重要な役割を果たす。前置きにはその物語の特徴やその物語にどのようなオチがあるのかを示すヒントが含まれていることが多い。よって、受け手はその特徴が十分に描写されたりオチが語られたりするのを期待しながら話を聞くことになる。これによって話し手はいつどのようにその話が終わるのかのおおよその予測をしたり、話の最後に妥当な反応をしたりすることができる。次の事例（8）ではそれに続く話の特徴を含む物語の前置き連鎖が観察される。

（8）　［Yuki-Yone: 18: 448–451］
01→ヨネ：　なんかね：あの::（.）生き物飼うっていったら今までは（.）犬
02　　　　　は飼ったことあるんですよ.
03　ユキ：　ええ　ええ.

03　ヨネ：　犬もな- 大変で：　((ヨネが子供のころに犬を3匹飼ったことがあるがみ
　　　　　　　んなフィラリアなどの病気で死んでしまったという物語りが続く))

　この抜粋の前はヨネとユキは金魚を飼う話について話している。金魚の話が一段落するとヨネは01行目から02行目に提示されている発話をする。この発話ではヨネが「生き物飼うっていったら」と直前のトピックに関連性を示唆しながら以前に犬を飼った経験についてこれから語ろうとしていることが予測可能である。03行目でユキは「ええ　ええ.」と短い発話をすることによりユキがその経験談をすることを容認し、その次の順番でヨネは犬を飼った経験談を始める。

　次の例では、イヨが夫の仕事の都合で米国のケンタッキー州に1年滞在した時の話をしている。この例ではその話のオチが物語の前置きに含まれている。

（9）［NI: 18: 428–435］
01　イヨ：　だから快適だったけど［ね：：：
02　ナエ：　　　　　　　　　　　［う：んうんうん
03　イヨ：　いい経験だった.
04　ナエ：　うんうん.＝
05→イヨ：　＝もう大変なこともた<u>く</u>さんあったけども［ちろん.
06　ナエ：　　　　　　　　　　　　　　　　　　　　　　［えっ>なになになに
07　　　　　なに<
08　イヨ：　もうスギが救急病院につれて行くこととかもあったしねえ＝
09　ナエ：　＝えっ［(けが?)］
10　イヨ：　　　　［やっぱ］<u>びょ</u>：きが
　　　　　　((救急病院に行った際の物語りが続く))

　この抜粋の前の部分でナエの質問に答える形で住んでいたアパートについて話をしており、01行目と03行目のケンタッキーでの生活に対する評価とそれに対するナエの返答でアパートの話は一段落する。すると05行目でイヨ

が「もう大変なこともたくさんあったけどもちろん.」という発話をする。この発話はイヨがこれから沢山あった「大変なこと」について語ろうとしようとしていることを予測させる。この時点でナエとイヨはイヨがケンタッキー州に滞在した時のことを話していることから、時と場所は文脈から明白である。このイヨの発話に対してナエ06行目から07行目で「えっ>なになになに<」とイヨが語ろうとしている話を促す。そして07行目からイヨはその話の詳細を話し始める。

ここまでの例では物語を語ろうとしている話者が物語の前置きとして聞くことができる発話をし、それに対してすぐに受け手がその物語りを促す反応をして物語りが開始されている。しかしながら、受け手はこのように物語が語られようとしていることをすぐに認識してそれに対して反応するとは限らない。前に述べたように話し手と受け手の双方が物語りの開始に志向をしなければ物語りを始めることができない。よって、次の例にみられるように、話し手の前置きである可能性のある発話が受け手によって前置きとして扱われない場合には、語り手が、受け手による物語りを促す発話を引き出そうと試みることもある。

(10)　[Nao-Yui: 15: 337–350]
((ユイとナオが香水について話している。))
01→ユイ：　　たまにすっごいいい匂いん時ある.
02　　　　　(1.2)
03→ユイ：　　ある.[tt
04　ナオ：　　　　[ここで?=
05　ユイ：　　=ううん　街歩いてて:
06　ナオ：　　>街歩い[て(h)て(h)]<
07　ユイ：　　　　　[　ま-　]前なんかハワイ行った時に:[.hh
08　ナオ：　　　　　　　　　　　　　　　　　　　　　　[うん.
09　　　　　(.)
10　ユイ：　　エゴイスト:::?
11　ナオ：　　うん.

12　ユイ：　シャネルの.
13　ナオ：　うん[うん]
14　ユイ：　　　[あれ]がすごい流行った時に
　　　　　　((ある男性がいい匂いの香水をつけていてその人の後をつけて行った物語りがつづく))

　01行目でナオが「たまにすっごいいい匂いん時ある.」と発話する。この発話はこれからその「いい匂いの時」の実例についてナオが語り始める可能性を示すようにも聞こえるが、受け手であるユイはそのようには捉えていない。このことは、このナオのこの発話に対するユイの反応が欠如していることからわかる。1.2秒間の沈黙の後、ナオは1行目の発話の最後の部分「ある.」を言い直してもう再度自分の順番を完結させて、その順番に対する受け手の反応が期待される機会をもう一度生み出す。そうすると04行目でユイは「ここで?」と01行目のナオの発話に対して場所の理解候補を挙げることによっての他者修復開始を産出する。このことからナオの01行目の発話はユイに聞こえていなかったわけではないことがわかる。05行目でユイの修復を行いそれに続いてナオがその修復を容認すると07行目以降にナオはハワイに行った際の「いい匂い」に関する物語を語る。この例では話し手が物語りを始める前に物語りを始めることへの承諾を受け手から得るという手続ききちんととってから物語りを始めている様子がうかがえる。このように、会話参加者ではない分析者が会話を観察して物語の前置きらしい発話をみつけたとしても会話参加者自身がそれを物語の前置きと捉えて話し手と受け手の双方がその行為に志向をしない限り、物語が語られることはないのである。
　また、物語りは下記の例(11)でみられるように、質問への返答として開始されることもある。

(11)　［Denise-Takahiro: 00: 21–00: 36］
((デニスとタカは義理の兄弟であり、この会話は1月10日前後に親戚の集まりがあっ

た際の会話である。))
```
01→ デニス：    正月はど(h)う[(いう正月)]で(h)したかhh
02   タカ：              [  正月  ]
03   タカ：    正月は::  うちの奥さんが： え： 風邪になって大変でした．
04   デニス：   そう．((身体を前に乗り出し、口に手をあてる))
05   タカ：    ええ．それは：(0.5) 奥さんと (.) え:: 子供と
              ((タカの家族が病気になった物語りが続く))
```

01行目でデニスが正月に関しての質問をすると、タカはその質問の答えとしてこれから語ろうとしている出来事の時(正月)、登場人物(うちの奥さん)、その物語りがどのようなオチとなるのかのヒント(風邪になって大変でした)が含まれた発話をする。それに対してデニスは言葉(「そう」)とジェスチャー(身体を前に乗り出し、口に手をあてる)でそのことをさらに詳しく語ることを促す。それに応じて05行目からタカはその出来事の詳細を語り始める。

しかしながら、質問などによって別の参加者から物語を語ることを要請された場合にも、必ずしも物語りがすぐにスムーズに始まるとは限らない。事例(12)ではマコがヨウコに何度も語りを要請することによって物語りがやっと始まっている。

(12) ［Yoko-Mako: 9: 10–11: 16］
((芸能雑誌を見ながらある俳優について話している。))
```
01   ヨウコ：  <ドラマは:> 初めてだね<デビューって書いてある．
02           °この[へんに°]
03   マコ：       [ あっ ]ほんとだ．(0.3) え::もう終わっちゃった
04→          の？ まだやってる?=
05   ヨウコ： =°終わっちゃった:°
06→  マコ：   nhhuhh 結末は？
07   ヨウコ： 死んだ．
```

```
08→マコ：    ↑え? 死んじゃったの?
09  ヨウコ：   うん.
10→マコ：    ↑ほんとに.=
11  ヨウコ：   =2人とも死んだ..
12→マコ：    2人ともって? あっ  な[か::]
13  ヨウコ：                    [なか ]やま美穂と2人で.
14→マコ：    な(h)んでhh
15  ヨウコ：   ええhhh? ¥なんでって?¥  .hhhhh だ::: だからドラマ
16           だから:  別にそうしなくても生きて:  い- 生き残れた方法
17           あったのかもしれないけど:,
18  マコ：    うん.
19  ヨウコ：   その:::中山美穂を殺さないと:, (.) あちこちで爆破?(.)
20           テロ:に:なっちゃうっていうんで:
             ((ドラマの話が続く))
```

　この抜粋の前からマコとヨウコは雑誌を見ながら芸能人について話しており、この抜粋の01行目から03行目の「あっほんとだ.」という発話までは、雑誌のあるページに掲載されている俳優の写真とプロフィールを見ながら発話が行われている。03行目でマコは「あっほんとだ.」を発話した後、視線を雑誌からヨウコの方に向け、「もう終わっちゃったの? まだやってる?」とその俳優が出ていたドラマに関する二者択一の質問をする。それに対してヨウコは小さな声で「°終わっちゃった:°」と選択肢の1つを選び返答する。06行目でマコは引き続き「結末は?」と質問を続ける。ヨウコはその質問に対して「死んだ.」最小限の応答をする。「結末は?」という質問は単に特定の情報を引き出す目的の質問ではなく、何か語りを促すタイプの質問である(Thompson, Fox and Couper-Kuhlen 2015)。

　そのためそのあとに続く「死んだ」という応答は、たしかに質問に答えることはしているが、「最小限の答えしかしていない」と聞こえるのだ。ここでマコが「↑え? 死んじゃったの?」と質問をするとマコはまた「うん.」とだけ答える。ここまでのマコの質問に対するヨウコの答えはいずれも**タイ**

プー致型応答(第4章2.4参照)ではあるが、ほとんど付加的な要素がない最小限の答えに留まっていることに注目したい。10行目でもマコはさらに質問を続け、「↑ほんとに.」と言うと、ヨウコは今回は07行目の自らの答えに少し新たな情報を加えて「2人とも死んだ.」と答える(11行目)。しかしながら今度は「2人とも」という発話に対して次の順番でマコは「2人もって?」と他者修復開始を行い、自ら「あっなか::」と修復候補を上げ始める。するとそれに重なってヨウコも「中山美穂と2人で.」と答える(13行目)。しかしながらここでもヨウコは発話を非常に短く留め、その短い発話に対して14行目でマコは「な(h)んでhh」という質問をする。「なぜ(why)」というタイプの質問は物事や事柄の根拠や理由をもとめる質問で、このタイプの答としてはそれまでの二者択一や極性疑問文(yesかnoで答える質問)に対する答よりも詳しい語りが期待される。14行目の「なんで」という質問も同様に、そうなった経緯の詳しい説明を要求するものであるが、それに続くヨウコの応答は笑いながらではあるが質問自体が不適切なものであるとしている。この例にみられるように、物語をこれから聞こうとする者(潜在的受け手)が物語りの話し手になり得る者に質問をして物語を語るためのいわば「チケット」を与えたとしても話し手の方がそのチケットをなかなか受け取らなければ物語りは開始されない。このことからも物語りが開始に至るには話し手と受け手の両者が開始に志向する必要があることがわかる。

　前述のように、日常会話の原則は「受け手がすでにもう知っていると思われることは話さない」ということである。しかしながら、これから物語りを始めようとしている人以外にもその話をすでに知っている人がその場にいる場合がある。3人以上の会話では、ある出来事や経験の話をその会話に参加している複数のメンバーが共有していることがあるのだ。複数のメンバーが共にその出来事に遭遇したり見聞したりした場合も、その出来事に遭遇したメンバーがその出来事について事前に他のメンバーに伝えた場合もある。Sacksは1971年の講義の中で**配偶者トーク**(**spouse talk**)ということについて論じている(Sacks, 1992)。Sacksによれば、配偶者は「共にその出来事に

遭遇した」または「その出来事についてすでに聞いている」可能性の高い存在で、夫婦やカップルが共に他の会話参加者の存在する会話に参加した場合には配偶者やパートナーの存在が物語の語りに様々な影響を与える可能性があるということである。その後の研究 (Lerner, 1992; Mandelbaum, 1987 など) ではカップルがすでにその出来事について知識を共有している場合の物語りの始まり方が詳しく記述されている。前述のように物語にはっきりした前置きがある場合にはその物語のオチが含まれていることが多く、そのオチによって話し手はいつどのようにその話が終わるのかのおおよその予測をすることができるが、Lerner (1992) によれば、出来事の経験を共有しているカップルが会話に同席している場合には、カップルの 1 人の話し始めた物語にカップルのもう 1 人が評価のコメントを入れることで、受け手にその物語がどのような話でその物語の終了部でどのような評価をするのが妥当であるかのヒントをあたえることができるとしている。下記がその一例である。ここではビビアンとシェーンが出来事の経験を共有しているカップルで、ナンシーが受け手である。

(13) ［Chicken Dinner I: 7; Lerner, 1992: 250 筆者訳、簡略化］
((ポテトについて話している。))
01　ナンシー：　これどこで買ったの．巨大だね．
02　ビビアン：　えっとどうしたかっていうと，一袋選んだんだけど
03→シェーン：　あっそう．それがひどかったんだ．
04　ビビアン：　それがいたんでて，((物語りがつづく))

　上記の例では 01 行目のナンシーの質問に答える形で 02 行目からビビアンが物語を語り始めると 03 行目でシェーンがその話の評価をすることでこれから話されるビビアンの話がどんな話なのかのヒントを受け手に与えている。
　また、物語りの開始部分でその物語の既知者である立場を示した会話参加者はその物語が語られる間中語り手になる可能性があることを示した研究もある (詳しくは Lerner, 1992; Nishikawa, 2011; 西川, 2013 を参照のこと)。

以上、物語りの開始部分の始まりについてみてきた。前述のように一旦物語りが始まると通常の話者交替が一旦保留され、1人の話者がかなりの量を話すスペースを確保することができる。そして物語りが終われば通常の話者交替の規則に基づいた会話に戻るはずである。それではそれはどのような手続きを経て通常の話者交替の規則に基づいた会話に戻っていくのだろうか。

1.2. 物語りの終わり

　1人の話者が連続して複数の順番を独占する物語り特有の話者交替が行われるのは一時的なことで、物語りが終われば当然通常の話者交替に戻るわけである。よって通常の話者交替に戻るためには会話参加者たちは物語りがいつ終わるのかを正確に判断しなくてはならない。その判断に大変役立つのが物語の前置きである。前述のように物語の前置きには多くの場合その話の特徴やその物語にどのようなオチがあるのかを示すヒントが含まれており、物語りはオチが来ないと話は終わらないはずだ。受け手はオチと思われる事柄が語られたらそのオチに適した反応をすることが期待されており、話し手と協働で物語りを終結していく。下記の事例(14)は前述の例(11)の話の終わりの部分である。事例(11)の説明の部分で記述したように、この話の始まりの部分ではタカが「正月に::うちの奥さんが:え:風邪になって大変でした.」という前置きを発する。この前置きからこの話のオチは「奥さんが風邪になって大変だった」であるということがわかる。よってそれがいかに「大変だった」かが十分に述べられてから話が終わるはずである。この話はタカが夜中に病院に行ったり妻が病院で点滴を受けたりして大変だったという経験を話してからデニスの「たい<u>へ:</u>ん」という評価とタカ自身の「大変でした」というコメントで終わる。

(14)　[Denise-Takahiro: 01: 02–02: 15]
((この抜粋の前にタカが妻と子供が2人とも嘔吐をして夜中に病院に連れて行ったことなどを話した。))
01　たかひろ：　最初太郎です．あとによし子．次の日に．

```
02  デニス：   ちょっと怖かったでしょ？
03  たかひろ： 怖かったですね::
04  デニス：   すっごいhh
05  たかひろ： 会社を2日休まなきゃならなかったです．木曜日と金曜日．
06  デニス：   へ:::
07  たかひろ： 休まなければならなかったです．
08  デニス：   へ::　熱は？
            ((中略：タカが症状をさらに詳しく述べる))
15  たかひろ： 食べられなくなって(1.0)点滴になりました．
16  デニス：   点滴も:=
17  たかひろ： =点滴もしました．
18             (.)
19→ デニス：   たいへ:ん
20→ たかひろ： 大変でした．
21  デニス：   たかひろさんは？
            ((通常の話者交替の会話に戻る))
```

また、物語りの終わりには最後の出来事、物事の終わり、就寝、死、立ち去り、目的地への到着、などの事柄の描写がよく観察される。下記の事例(15)は事例(1)の物語りの最後の部分である。事例(1)の説明で述べたように、この話はユメが実家で飼っていた血統のいい犬が若くして病気になったという話である。

(15) ［NI: 05: 05: 29–05: 50］
((ユメが実家で飼っていたシェットランドシープドッグ(犬)について話している。))
```
01  ユメ：    C- CTスキャン:や- やってもらったら:腫瘍があったの．
02            (.)
03  ナンシー： あ　そ:::[:う．
04  ユメ：             [う:ん
05  ナンシー： じゃあガンみたいな [そういう]
```

```
06  ユメ：              [そうガン］うん．だから:脳腫瘍［で
07  ナンシー：                              ［うん．
08  ユメ：      それで::=
09  ナンシー：  =あまり弱い［あの::］
10→ ユメ：              ［すぐだ］ね．ガンだから．
11  ナンシー：  長生きはしないよね［そういう］のは．=
12  ユメ：                    ［う:::ん］
13  ナンシー：  =まあ長生きの子もいるだろうけど．
14  ユメ：      うん．弱い子が多い．
15  ナンシー：  そうね．
16  ユメ：      うん．
17  ナンシー：  だからね:保健所でもらう犬とか猫は:ほとんど雑種でね,
18  ユメ：                  うん丈［夫だよね．
19  ナンシー：               ［雑種だから丈夫．
```

この話でユメははっきり「死んでしまった」という言葉は口にしないものの、その犬が脳腫瘍になってしまったという記述と「すぐだね．ガンだから．」(10行目)という発話がその犬が死んでしまったということを示している。そして話し手と受け手の双方がこれにより物語りが終わったということへの志向をそれに続くやり取りの中で示している。事例(1)(01行目、03行目を参照)にみられるように、この話はもともと純血種の犬は弱いという話題から生じ、そのことが話の要点だが、ナンシーとユメはユメのその話を「長生きはしないよねそういうのは．まあ長生きの子もいるだろうけど．」(11行目、13行目)、「うん．弱い子が多い．」(14行目)ともともとの話の要約を口にすることでしめくくり、17行目で今度はナンシーが雑種は丈夫であるという話題について話し始める。

　3人以上の会話で語っている事柄を既知である話者が複数いる場合には、主要な語り手がもう1人の既知者に事実関係を確認しながら語りを終わらせることもある。また受け手も、自分が聞いた話の真偽や要点の理解などを語り手だけでなくもう1人の既知者にも確認していく。また、その話自体

第6章 物語を語ること　249

を直接聞いたことなくてもその話の背景を熟知していると思われる他の参加者にそのような理解を確認していくこともある。次の事例(16)がその一例だ。この例では、韓国人の学生2名（ソヨンとヨナ）と日本人の学生1名（あい子）が会話している。この物語りが生じる前から日本と韓国では男女のつきあい方が違うという話をしていた。事例(16)は、ソヨンの知り合いの韓国人男性が日本人の彼女との記念日にバラの花束を持参して地下鉄に乗って彼女に会いに行ったという物語の最後の部分である。この話はソヨンが友人の男性に聞いた話で、ヨナはその話を直接には聞いたことはない。しかしながら、ヨナは韓国での男女のつきあいについての既知者として会話に参加している。

(16)　[Hanataba: 7: 08–8: 47; Dobashi & Mera, modified]
01　ソヨン：　なんか彼女会いに行った（.）［行った］んだけ［ど：］=
02　あい子：　　　　　　　　　　　　　　　［ hhh ］　　　［うん］
03　ソヨン：　=なんか彼女すごく，感動し<u>て</u>：
04　あい子：　うん．
05　ソヨン：　う：ん．
06　ヨナ：　　う↑ん［°韓国-°］
07→ソヨン：　　　　［<u>＜でも＞</u>］その：：風景？は韓国ではよくある［よね．］
　　　　　　　（（ヨナの方を見る））
08　ヨナ：　　　　　　　　　　　　　　　　　　　　　　　　　　　［うん．］
09　ソヨン：　うん．
10→あい子：　ふつうなの？（（ヨナの方を見る））
11→ヨナ：　　う↑［ん．］
12　ソヨン：　　　［お　］とこの人が：花束を持っ<u>て：</u>,=
13→ヨナ：　　=100日の記念になったらひゃく：：
14　　　　　　（0.6）
15　あい子：　100本の［バラ？　］
16→ヨナ：　　　　　　［100本　］のバラに，］
17　ソヨン：　　　　　［うんうん］そ，なんか］

```
18  あい子： .h ahhahha ドラマだ(h)  [hhhhhh    ]
19  ソヨン：                        [.hh hhhh] [.hh hhhhh]
20  ヨナ：                                     [そ:だよね:.]
21  あい子： それでフツーにそれを持ったまま地下鉄に乗っちゃう.
22  ヨナ：   [うんうん.]
23  ソヨン： [う う::ん]
24  あい子： う↑ん.
25  ソヨン： 不思議じゃないよ.
26  あい子： [う(h)ふっ(h)]
27  ヨナ：   [ ど::し°て°  ]あっ日本は普通じゃないの?
28  あい子： うん.
29  ヨナ：   あ::そ::なんだ.
30  ソヨン： あ:そ:そ:.
31  ヨナ：   へ:::::.
32  ソヨン： [かのじょ]がなんか泣いちゃったらしい.
33  ヨナ：   [う↑::ん]
34  ソヨン： うん.[かんど:::して.]
35  あい子：      [そりゃそ:だ:.]めったにないよそんなん.
```

上記の例の話は01行目から03行目の「(花束をもって記念日に)彼女に会いに行ったら彼女が感動した」ということで一応終結を迎える。物語の語りの部分が終わるとその話についての評価のやりとりが交わされることが多いが、ここではその話が信憑性のあるものなのか、そのような出来事は日常的であるのか否かを確認するやりとりがされている。その際にこの話の語り手であるソヨンはその話の信憑性を韓国の文化に自分と同じように通じているヨナに確認をし(07行目)、受け手であるあい子もヨナにそのような出来事は日常的なのか確認を求めている(10行目)。また、ヨナも、そのような出来事についての自らの知識を「韓国の男性は100日記念には100本のバラの花束を彼女にあげる」という意味合いのことを発話したり(13行目、16行目)あい子の理解や情報の確認要請に対してソヨンよりも先に応じたりな

どして示している (11 行目)。このように、ある出来事そのものやその出来事が扱う領域について 2 人以上の熟知者がいる場合には、物語りの始めの部分だけでなく終わりの部分についてもその複数の熟知者が協力していく。

先に少し触れたように、物語りを終了するためには受け手がその話を正しく理解したということを表明する必要がある。語りが一段落したところで受け手が語り手の意図から外れた反応や評価を示した場合には、語り手はあたかもまだ物語りが終わってなかったかのように物語に追加要素を加えることがある (Jefferson, 1978)。上記の例 (14) では、前述のようにこの話は最終的にはデニスの「たいへ:ん」という評価とタカ自身の「大変でした」というコメントで終わるが、実はその以前にも物語りが潜在的に完結に向かっている点がある。

(17) ［Denise-Takahiro: 01: 02-02: 15］
((タカが妻と子供が2人とも嘔吐をして夜中に病院に連れて行くなどしたことを話した後の抜粋である。))
01　　タカ：　　最初太郎です．であとによし子．次の日に．
02→デニス：　　ちょっと怖かったでしょ？
03　　タカ：　　怖かったですね::
04→デニス：　　すっごいhh
05　　タカ：　　会社を2日休まなきゃならなかったです．木曜日と金曜日．
06→デニス：　　へ:::
07　　タカ：　　休まなければならなかったです．
08→デニス：　　へ::　熱は？
　　　　　　　　((中略：タカが症状をさらに詳しく述べる))
15　　タカ：　　食べえれなくなって(1.0)点滴になりました．
16　　デニス：　点滴も:=
17　　タカ：　　=点滴もしました．
18　　　　　　　(.)
19→デニス：　　たいへ:ん
20　　タカ：　　大変でした．

21　デニス：　タカさんは?
22　タカ：　　私大丈夫なんですね．
23　デニス：　大丈夫．
24　タカ：　　大丈夫．（．）なぜか．＝
25　デニス：　＝nhhuh hhuh hhuh hhuh hhuh hhuh hhuh
　　　　　　（（通常の話者交替の会話が続く））

　この抜粋の前にはタカはもうすでにタカは妻（よし子）と息子（太郎）が夜中に病気になり自分が病院に連れて行かなければいけなかった話を時を追って詳細にしており、01行目はその話の一部の繰り返しである。よって、この時点でこの話はもうこれ以上語ることはない、つまり終結を迎えようとしているように聞こえる。しかしながら02行目でデニスが「ちょっと怖かったでしょ?」と確認要請の発話を産出するため、それに対して次の順番でタカがこの評価を承認して確認を与えている。その後再びこの話が終結を迎えることが可能な場所に至ったとき、デニスはその話に対する評価を含む発話をする。まず、04行目でデニスは「すっごいhh」という評価をするが、この発話にはタカは反応せずにまた出来事の描写を再開して「会社を2日休まなきゃならなかったです．木曜日と金曜日．」と言う。それに対してデニスは「へ：：：」とだけ発話する。するとタカは「休まなければならなかったです．」と前の発話の一部をもう一度繰り返す。それでもデニスはまた「へ：：」という反応をして熱はあったのかと尋ねる。それに応えてタカがまた症状をさらに詳しく述べるとついに、19行目でデニスは「たいへ：ん」という評価をする。その評価を承認する形で「大変でした．」と繰り返したところでタカは語ることを止め、デニスによる質問、タカによる応答というようにこの会話は通常の順番交替に戻る。つまり、この話は「大変だった」話であり、物語りを終結させるのには受け手が適切な位置（物語りの潜在的な完結点）で「大変だった」ことに理解を示すような評価を行うことが必要であり、「怖い」や「すっごい」や単なる「へ：：：」といった評価では不十分であったと言える。

上記の例のように受け手は受け手の解釈や評価が不適切または不十分であった場合にははっきりとは非同意を口にせずさらに物語りを続けることが多いが、稀ではあるが、話し手が受け手の解釈や評価に非同意ととれる発話をすることもある。事例(18)が一例だ。この例は事例(12)で挙げた物語りの終結の部分である。

(18) ［Yoko-Mako: 4: 01-4: 14］
((ヨウコが中山美穂と金城武の出ていたドラマについて話している。))
01　ヨウコ：　で::::そういう風になっちゃて:．hh でテロをそんな風に
02　　　　　　起こされるわけにいかないし:．.hhh もう泣く泣く?
03　マコ：　　殺して自分で[死んじゃった．]
04　ヨウコ：　　　　　　　[　殺して　]うん．で自分も(.)[死んで．]
05　マコ：　　　　　　　　　　　　　　　　　　　　　　[ふ::::]ん
06→　　　　　おもしろいね．
07　　　　　　(.)
08→ ヨウコ：　おもし(h)ろいhh?
09　マコ：　　う:::ん (.) なんか::>でも< あんまり<なさ>そうな
10　　　　　　(.)
11　ヨウコ：　結末?
12　マコ：　　う:::んってかドラマ自体が=
13　ヨウコ：　=>ああ　ああ　ああ　ああ　ああ<
14　マコ：　　死んだり．

　マコが06行目で「おもしろいね．」という評価をすると短い間合いの後、08行目でヨウコは「おもし(h)ろいhh?」と他者修復開始をする。第5章でも触れたが、他者修復開始には非同意的要素が含まれることが多く、実際マコもその非同意的要素に志向をして次の順番ですぐに自分の評価を「あんまり<なさ>そうな」に変えている。その後12行目の「ドラマ自体が(あまりなさそうなものである)」というマコの評価にヨウコが納得を示す発話をしてこの話は終わる。

ここまでで述べたように、物語りの連鎖を終えていくには受け手の適切な解釈の表示が必須である。この適切な解釈の表示のために受け手は事例(17)や事例(18)の後半部にみられるような評価の発話をしたり、事例(15)にみられるような話の要約をしたりする。それに加え、受け手がさらに強く解釈の適切性を示すことができるのが「**第2の物語**」の語りである。この場合最初の物語の受け手が、今度は自分の話を最初の物語と内容的および構造的に似たデザインで語る。そのような「第2の物語」を始めることによって、受け手は最初の物語への理解を示すことができるのである。下に示す事例(19)の物語りの前半は事例(8)で示した抜粋で、上記のように最初の話はヨネの子供の頃に犬を飼った経験談である。その話が終わると33行目でユキが第2の物語りを始める。

(19)　［Yuki-Yone: 18: 448–20: 487］
01→ヨネ：　なんかね：　あの::(.)生き物飼うっていったら今までは(.)犬
02　　　　　は飼ったことことあるんですよ．
03　ユキ：　ええ　ええ．
04　ヨネ：　犬もな- 大変で：
((30行中略。ヨネが子供のころに犬を3匹飼ったことがあるがみんなすぐにフィラリアなどの病気で死んでしまったという物語りが続く))
33→ユキ：　わたしは子供の頃に　え:::と　一番最初はなんか猫飼ってた
34　　　　　んです［けど］
35　ヨネ：　　　　　［ええ］　ええ　ええ
36　ユキ：　その猫はなんか旅行に連れてったらなんか逃げ- 行方不明にな
37　　　　　って？
38　　　　　でそのままになったんですけど，それから::(.)小学生- 私
39　　　　　が小学生のときに，
((ユキが小学生の時に飼っていた猫の話、それと同時期に飼っていたが病気ですぐに死んでしまった犬の話が続く。))

33行目でユキが始める第2の物語はユキの最初の物語と同様、子供の頃に

飼っていたペットの話である。また、2つの物語は共に犬が病気で早死にしてしまった話である、という点でも類似している。ユキの第2の物語はヨネの語った最初の物語を理解した上で語った物語と言えるだろう。

　以上のように、ある物語りが終結するためには受け手が理解を示すことが必須である。受け手は物語の評価や要約を通して語られた話への理解を示して物語を終結に導くことができる。また、受け手は第2の物語を語ることにより、(最初の)物語の解釈の適切性を示すことができるのだ。

　ここまで物語りの開始部と終了部をみてきたが、次に物語りの展開部についても観察してみたいと思う。

2.　物語りの展開

　物語りを展開していくにあたっては、語り手は受け手が誰であるかということを念頭に話をデザインしていくものである。したがって語り手はただ一方的に自分の話をしていくのではなく、受け手にあわせた形で事柄を描写し、所々で自分が誰の話または何の話をしているのかについて受け手が理解しているのか確かめながら話を進めていく。相互行為における物語の語りは、多くの研究で用いられている実験的な場面での語りと違って受け手が存在するため、常に受け手を意識して語るものである。よって、随所で話し手は受け手の理解を確認し、また、受け手は理解を示して物語りが進行していく。

(20)　［Haru-Jean: 32–34］
14　ジーン：　あの::ですから(.)あの::: 小学校2年生に=
15　ハル：　　=うん.=
16　ジーン：　=(地域名)のある(市の名称)市に引っ越してあの::あの町
17　　　　　　はサッカーが盛[んになって]
18　ハル：　　　　　　　　　　[ああ　そう]だね．うん．=
19→ジーン：　そして当時はペレ，あのブラ[ジル人の?]

```
20→ ハル：                    [はいはい]はい=
21   ジーン： 有名な選手でペレの時代で，.hh あのサッカーはサッカーは
22           何？ あの盛んにな[って]
23   ハル：                   [はい]
24   ジーン： あのその前に： 野球何年間に- 3年間ぐらい
         ((ジーンのスポーツ歴についての話がつづく))
```

上記の例では、19行目でジーンがペレという名前をハルが認識するかどうかを示すことを要請するような音調を用い、それに対してハルが認識を示すと、ジーンは21行目で話の続きを語っている。次の例では物語を語る際に出てきた歌の名称を受け手が正しく認識できるように語り手が実際に歌ってみせている。

(21) [Kumi-Kota: 17: 424–18: 451]
((クミがある芝居のオーディションを受けた際の話をしている。))

```
01   クミ：   それは結構やり易かったんですけど： これをみて： 知り合い
02           の審査員がよかったよ- 結構よかったよっていってくれてなん
03           か(.) ¥その時だけですよドナドナをまじめに歌ったの¥はhh
04   コウタ： uhhuhhuhhuhhuhhuhhuh=
05   クミ：   =だから歌 歌わなきゃいけないんですよ.で選ぶのがあるわ
06           けですよ.=
07   コウタ： =hhuhhuhhuh=
08→ クミ：   =で, 春とか： あの (.) ♪は:るのうらあらあの♪ ってあ
09           るじゃないで[すか]
10   コウタ：            [¥ああ¥]
11→ クミ：   山川？ 春か.あれもう1つとか.あと(.) ♪し:ろいバ:ラ
12→          し:ろいバ:ラ♪ あるじゃないですか.あれ絶対いや(h)だ
13           (h)な(h)と思って,
14   コウタ： け(h)っこ(h)う(………)き(h)て(h)るねhh
15   クミ：   >そうそうそうそうそう<で は- ♪は:るのうらあらあの♪
```

```
16          っていうのは以外と難しいから：　どれが簡単だろうと思っ
17          て：.hhドナドナだh hhuh hhuh ってh 思ってh .hh すご
18→         いい声で　♪ドナドナド：ナドオナ：♪　とか言って：=
19   コウタ： =hhuhhuhhuhhuhhhuh
```

この例においてクミは自分がどの歌の話をしているのかコウタの理解を促進するために数か所（08行目、11-12行目）で実際に歌って見せ、それに対しその次の順番でコウタも理解を示している。

　ここまでは2人の会話における物語りの展開部分について解説してきたが、3人以上の会話で物語を知っている参加者が複数いる場合は物語りの開始部分でその物語の既知者である立場を示した参加者は、その物語が語られる間、語り手の一部を担当する可能性がある。つまり、そのもう1人の既知者は時には主要な語り手に代わって話を進めていくこともあるのだ。下記の事例（22）では、みき子が実際にその出来事を経験した者、かおるが事前にその話を聞いたことのある既知者である。

```
(22) ［Nishikawa, 2011: 130　日本語表記］
01   みき子： 勉強するのが好きなん↑だ：とかって言う話をべらべらして，
02          でどこ行くの？ってゆうから，あたしは，.hhhhhh スター
03          バックス．のつもりで、スターで切っちゃった[んですね？
04   かおる：                                    [hh hh hh
     ((なおみがキッチンから帰ってきて会話に加わる。))
05→  かおる： hh hh (で)おくってあげるよ．[ってゆう
06   みき子：                          [↑おくってあげるよ↑っ
07          てゆって=
08→  かおる： =おろされ[たら
09   みき子：        [↑いや、いいよいいよ：↑とかっていってたのに，
10          おろされたら場所がス(h)ターマーケ(h)ッ(ト)
```

ここで語られている話はみき子の経験談であるが、05行目と08行目でこの話の既知者であるかおるがみき子の話を先取りして話を進めているのが観察される。また、04行目におけるかおるの笑いは、これから語られる部分がこの話の滑稽な部分であることを示している。

　前述のように、物語りの終わりの部分では主要な語り手がその事柄のもう1人の既知者に事実関係を確認しながら物語りを終結させていく。物語りの展開部でも同様で、主要な語り手は時折自分の伝えている情報が正確であるかどうかの確認をしたり言葉探しの折にもう1人の既知者に助けを求めるなどしたりして語りを続けていく。Lerner(1992: 262)は、語り手以外の既知者は語りに関する4種類の問題の対処を行うために語りに参加する可能性があるとしている。その4種類の問題とは、第1に出来事の起こった順序に関する問題、第2に言葉探しや発話や受け手の認識のトラブルなどによる物語りの滞りと進行性(progressivity)の問題、第3に話の詳細度の問題、第4に出来事の事実関係の正確性の問題である。下に挙げるのは出来事の事実関係の正確性の問題の例である。この例では、Aの語りに対してもう1人の既知者であるBが場所の描写の正確性の問題に志向して訂正（デリカテッセンをアルファベータ[2]に訂正）を行っている。

(23)　［Jim and Ginny; Lerner, 1992: 264　筆者訳］
01　A: そう，彼らは1回デリカテッセンに電話して
02　　　 (.)
03　B: あ- アルファベータだよ

　以上のように、物語りの展開部では語り手と受け手の相互理解が不可欠である。語り手は受け手の理解を所々で確かめ、それに対して受け手も理解を示して話を前に進めていくのが観察される。また、物語の既知者が2人以上いる場合には、その複数の既知者は情報を補いあったり訂正しあったりしながら協働で物語りを展開していく。

3. 物語りと非言語要素

　ここまでは、物語を語るという活動について言語的要素を中心に解説してきた。しかしながら、会話分析研究においては、語りの行為と視線やジェスチャーなどの非言語的要素と物語を語ることについての関係についても多くのことが観察されてきたので、最後にこの点について少々触れてみたい。

　先に述べたように物語を語るという行為は語り手と受け手が共ににその行為に志向して協働で進めていくものだ。この志向は語り手と受け手の非言語的要素にも現れてくる。これが最も顕著に現れるのが視線だ。Goodwin(1984)によれば、語り手は語りの最初の部分で間合いを取るなどをして受け手の視線が自分に向けられていることを確かめて語り始める。一旦話が始まってその話の背景などの話になってしまえば、受け手の視線が自分に向けられていなくても特に受け手の視線を引き付けるために特別なことは行わないが、その話のクライマックスに到達する時にはその少し前から自己修復や間合いを使うなどして受け手の視線を引き付ける。

　また、Koike(2005)が示しているように、話の中で複数の人間の声を再生する際には視線と合わせて身体の向きや動き、そしてストレスやイントネーションのようなプロソディーも重要な役割を持つ。下記の例ではAがBとCに米国の入国審査の際の話をしている。Aはこの話を語るのにあたり、現在自分が行っている語りの声、入国審査官の声、入国審査を受けた際の自分の声を再生している。3人が座っている位置の配置は、次の図1のようになっている。

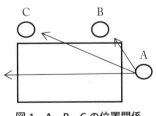

図1　A、B、Cの位置関係

例の中の↑BはBの方に視線を向けているということを示し、↖CはCの方に視線を向けていることを示し、←FDは前方(誰もいない)に視線を向けていることを示る。

(24) [Asai and the immigration official at the desk; Koike, 2005: 386–387 筆者訳、簡略化]
```
01  A: う:ん  それで  行ったら:,
                      ↖C
02      こん↑に↓ちは::.ホームス↑テ:イ:[((笑い))
          ↑B                          ↖C
                ((AはBを右手の人差し指で指す))
03  C:                       [((笑い))
04  B:                       [((笑い))=
05  C: =先に聞かれてし(h)ま(h)った.
06  A: う(h)ん. hh
       ↖C      ↑B
07  C: ((笑い))
08  A: (0.6) はい.
              ←FD
09     [とか言って
          ↑B
10  C: [((笑))
11  A: (0.6) いっ-1週↑間?
          ↑B
       ((Bの方に向けて人差し指を指さす))
12     2週↑間?
          ↑B
       ((Bの方に向けて人差し指と中指を指す))
13  C: 日[本語で?
```

14   A: [3週↑間?
            ↑B↖C↑B
       ((Bのほうに向けて人差し指、中指、薬指を指す))
15   >とかいうから:,<うん.
            ↖C
16   (0.8) 4週か(h)ん.((笑い))
            ←FD
       ((顔を傾けて自分の顔の脇で4本指を挙げる))

　この語りの中でAは誰の声を再生しているのかによって視線の向きを使い分けている。多少の例外もある(09行目)が、基本的にAは入国審査官の声を再生する場合にはBの方を向き(02、11、12行目)、その出来事が起きた際の自らの声を再生する場合には正面を向き(08、16行目)、そして現在行っている語りの部分ではCの方を向いる(01、06、15行目)。また、入国審査官の声の再生は英語なまりの日本語で行い、その際にその人物が使ったと思われる指さし行為をも再生している。この例から、物語りの際中に複数の声を再生する場合に、「～と(だれだれが)言った」と付け加えなくても話者は視線やジェスチャーやプロソディーを駆使して巧みに様々な人物の声の再生ができることがわかる。

　対面会話において語り手と受け手は言葉だけでなく視線やジェスチャーなどの非言語的要素にも注目をしながら物語りを進めていく。今後も物語りの始まり、終わり、そして展開部で話し手および受け手がいかにして物語りへの志向を身体的に示すのかについて更なる研究が進められていくだろう。

4. まとめ

　この章ではJeffersonやSacksなどによる先駆的な研究を起点としてある語りがいかにして「物語を語る」という活動になり、その活動がどのように展開され、終了するのかについて解説してきた。

会話の中で語られる物語りは突如導入されるわけでなく、物語を語ろうとする者はなぜその話が今この場で語り始められるか、つまりその時その場の会話環境とその話の関連性を示しながら物語りを導入していく。また、通常の話者交替を一旦保留して、まとまった語りのスペースの確保を可能にするために物語の前置きが導入されることが多くあることも述べた。物語の前置きは物語が語られるためのスペースを確保するだけでなく、その物語が会話のこの時点でこの受け手に対して語られるのが妥当であるかどうかの承認を得る上でも、また受け手がその物語がどのような話でいつ終わるのかを予測する上でも重要な要素であることを論じた。一旦物語りが始まると語り手は常に受け手に合わせたデザインの語りを行って受け手の理解を確認しながら語りを続け、また受け手も随時理解を示しながら話を聞くということをしていく。そして物語りの終了部においては受け手の物語りへの正しい理解の表示が不可欠である。受け手は協働完了、適切な評価、要約、第2の物語などを通して物語りへの理解を表示することによって物語りを終了に導いていくのである。

　以上のように、会話における物語りは、語り手と受け手の双方があることが物語として語られることに志向することにより可能になり、その話の展開や終了についても語り手と受け手が協働で行っていくものなのだ。

---------------- **課　題** ----------------

　次の断片で物語りがどのようにして始まり、どのように終わっているかを詳細に渡って観察してみよう。

[NY: 01: 12–01: 46]
((ユメがナンシーの家に遊びに来ている。この断片の前にナンシーは自分の犬は米国のシェルターから引き取った犬であることをユメに伝えた。))
01　ユメ：　　　でね　(.)　私ね

02 ナンシー：　うん．
03 ユメ：　　　その保健所の話だけど：
04 ナンシー：　うん．
05 ユメ：　　　すごい (.) こわい話聞いたの
06 ナンシー：　え：：[：：
07 ユメ：　　　　　　[うちの：　 (.)　えっと↑主人のお母さんね？
08 ナンシー：　うん．
09 ユメ：　　　°主人のお母さんなんて言ったら°だから(.)<義理の[母．>
10 ナンシー：　　　　　　　　　　　　　　　　　　　　　　　　　[義理
11 　　　　　　の母[ね．
12 ユメ：　　　　　[うん　義理の母．(.) がなんかテレビで見てて：でな
13 　　　　　　んか保健所がやってて： ((中略：保健所で保護された犬
　　　　　　　　　が何日か経つと殺される話をする))
40 ユメ：　　　で最後の夜は(.)すごいごちそう¿なんだって．
41 ナンシー：　うんう：ん
42 ユメ：　　　で：でももうみんな食欲ないんだって．
43 ナンシー：　((うなずく))
44 ユメ：　　　犬って利口じゃない．[わかってる．
45 ナンシー：　　　　　　　　　　　[わかってるもんね．
46 ユメ：　　　うん．そう．
47 ナンシー：　そこの犬はあれ ん：なにあのガスか何かで安楽死させる？
48 ユメ：　　　ガス：みたいね．うん．そうそう．
49 ナンシー：　((うなずく))
50 ユメ：　　　かわいそう[ね
51 ナンシー：　　　　　　[ふ：：：：ん=
52 ユメ：　　　=もうそういうとこ行くと：そういうとこ行って：一匹でも
53 　　　　　　救ってあげたいんだけ[ど：
54 ナンシー：　　　　　　　　　　　　[うんう：ん
55 ユメ：　　　そうすると：　ほら　き↑りがないでしょ．
56 ナンシー：　そうね：[決めるのも大変．決める-
57 ユメ：　　　　　　[全部の子は-　う：：ん．決めるの難しいし．

58　ナンシー：　そうね：　だから私は思うけどね,

注
1　マコの質問は戸江(2008)が「糸口質問」と呼んだもので、その手続きは質問者は回答者に質問を投げかけて応答を待ってから、自分がした質問について自分の話を始めるというものである。
2　アルファベータ(Alpha Beta)は1917年から1995年の間に米国で展開していたスーパーマーケットである。現在では南カリフォルニアにおいてはラルフス(Ralphs)になっている。

第7章 受け手に合わせたデザインと成員カテゴリー

　私たちは会話の中で様々な人、事柄、場所等に言及(refer)する。しかしその際に、ただやみくもに呼称などを使って言及すればいいというものではない。何かに言及する際にはその言及の仕方が正しいだけでは十分でなく、それが受け手に合わせたもの、つまり受け手が認識できるものでなくてはいけないのだ。また、私たちは人、事柄、場所等の言及を会話の中で行っていくわけだから、その時点で話すことによって行っている行為とその言及の仕方を切り離して考えていくわけにはいかない。よって、なぜ今ここでそのように言及するのか、それにより何を成し遂げようとしているのかを考えることも必要になる。この章ではまず、受け手に合わせてデザインされた言及の仕方について場所と人の言及を例に解説し、その後、成員カテゴリーという概念を紹介する。

1. 受け手に合わせたデザイン―場所と人への言及

　前述のように、私たちは会話する時に受け手が誰であるのかを考慮して**「受け手に合わせたデザイン(recipient design)」**(Sacks, Schegloff and Jefferson, 1974)で発話する。ここではそれが特に顕著に表れる場所と人の言及について論じていく。

1.1. 場所への言及

　ある場所に言及する時に、正しい言及の仕方は必ず複数ある。例えば、筆

者が「どこにお住まいですか?」と誰かに尋ねられたら、正しい答えは「日本です」「神奈川県です」「横浜の近くです」「川崎市です」「武蔵小杉です」「小杉です」など複数ある。しかしどの答えが適当であるのかは、その時に誰とどこで話しているのかによって変わってくる。ちなみに筆者はこの質問を海外で外国人にされると「日本です」または「横浜の近くです」(東京および横浜は海外の人々でも聞いたことがある場合が多い)と答えるし、また逆に横浜市にある所属大学で他の教員、職員または学生にこの質問をされると「武蔵小杉です」とか「小杉です」と答えている。しかしながらこの逆、つまり海外で外国人に対して「小杉です」と答えたり、大学で他の教員に「日本です」と答えたりする可能性はほぼない。つまり場所に言及する際の適切な選択は、その会話が行われている場所と言及する場所がどのような位置関係にあるのか、その会話はどのような会話参加者で構成されているのか、その会話に参加している人たちの場所に関する知識はどうなのか、会話のその時点でどのような話題が出ていて、いかなる活動、行為を行っているのかによって左右されるのだ (Schegloff, 1972)。それでは下に実際の会話例を挙げてみよう。事例 (1) ではクミがコウタに自分の出演する演劇がどこで行われるのかについて話している。

(1) [Kota-Kumi: 08: 174–185]
((この断片の前にクミはコウタに自分の演劇の公演があることを伝えた。))
01　コウタ：　場所は?
02　クミ：　　王子で．王子遠いですよしかも．
03　コウタ：　王子?
04　クミ：　　王子遠いですよ．あっでも=
05　コウタ：　=あの桜ホールの．
06　クミ：　　桜ホール<u>の</u>:いやっ桜ホールじゃなく<u>て</u>:桜ホール
07　　　　　　のすぐ-ちっちゃい電気屋の息子がやってるちっちゃ
08　　　　　　いオーディション劇場で．
09　コウタ：　ああそういうのあるの．

01 行目のコウタの場所に関する質問に対してクミは王子という場所をコウタが知っているということを前提に 02 行目以降で返答している。もし、コウタがこの王子という場所を知らないかもしれないと疑ったならば「京浜東北線の王子」とか「東京都北区の王子」などの言及の仕方を選択したかもしれないが、ここではそれをせずにただ「王子」と言及している。03 行目でコウタが「王子?」と確認を求めると、クミは「王子」という言及の仕方を変えずに「王子遠いですよ」(王子から遠いという意味)と 02 行目で自分が言ったことをそのまま繰り返して「王子」という場所の言及の仕方そのものには問題がなかったものとして扱っている。それに対して 05 行目でコウタは「桜ホール」という王子にある建物の名前を出すことにより、「王子」という場所を認識したことを示しつつ、確認を求めている。また、コウタはこの順番で単に王子という場所を認識できることを示すこと以上のことをしている。会話のこの時点で行われていることは、クミの出演する演劇について話すことであり、王子にある「桜ホール」という多目的ホールなどがある施設の名称を即座に挙げることによって会話の中で行われている話題および行為に関連づけ、演劇に対する知識があることも主張しているのだ。

　また、道順の説明をする時には受け手のその場所周辺に関する基本的な知識を念頭において行う。次の事例ではタケの通勤ルートについて話している。

(2)　[Tomo-Take: 19: 434–442]
01　トモ：　あっ上尾まで行ってるの?
02　タケ：　うん．
03　トモ：　川越の方通って=
04　タケ：　=川越抜けて．
05　トモ：　川越の方抜けるの．=
06　タケ：　=大体朝はね：　1時間10分ぐらい?
07　トモ：　川越っていったらあのなんだっけあの254と, =
08　タケ：　=うん．=

09　トモ：　=16号とあの辺は混まないわけ？
10　タケ：　あの辺ってあの16号(.)一旦入ってから、あの254行って,
11　　　　　それからちょっと上尾の方に.
12　トモ：　そうなの．あの辺すっごい混むじゃん．

　上記の会話参加者トモとタケは埼玉県の某英会話学校に通う友人同士でこの会話はその学校の近くにある喫茶店でされている。この会話では両者が互いにどのような人で、どのような場所に関する知識を持っているのかを念頭に置いて会話をしていることがわかる。つまり、この両者はこの会話を埼玉県で行っていて、両者とも埼玉県在住であり、よく車に乗る者であることを念頭に置いて会話を進めており、そのことがこの会話の中の場所の言及の仕方によって公然化されている。2人は「上尾」「川越」という場所名の知識およびその2か所の位置関係を互いがわかっていることを前提にそれらの地名を使っており、また「254」「16号」といった具体的な道の名称を使うことによって互いが埼玉県内を車でよく移動する者であることの認識を示している。2人は例えば関西地方にずっと住んでいる人と話をする時にこのような地名や道の言及の仕方はしないだろうし、また車を運転するかどうかわからない人にもこのような道順の説明はしないだろう。
　しかしながら、話し手はいつも受け手の場所に関する知識を完全に把握できているわけではない。話し手は自分の説明しようとしている場所を受け手が知っているかどうか確かでない場合には、受け手が認識できるかどうか確認しながら場所に言及する。下記の事例ではヒロとユメがヒロの現在住んでいる場所について話している。

（3）［YH: 27: 14–29: 06］
01　ユメ：　でも近くでしたよね:．なんか．
02　　　　　私[には　]住所の差がよくわからなか[った．
03　ヒロ：　　[え:と]
04　ヒロ：　　　　　　　　　　　　　　　　　　[>え::とね<　たまプ

05　　　　　ラザ[と:::]
06　ユメ：　　　[hhuhh]
07　ヒロ：　あざみののあい[だっつったらわかる¿]
08　ユメ：　　　　　　　　[ああ　そうか　そうか]
09　　　　　>°あそうかそうか°<　[>わかりますわかります<]
10　ヒロ：　　　　　　　　　　　[　しんたまがわせん．　]
11　ユメ：　うん．あっしんたま=
12　ヒロ：　=ん．=

01 行目でユメが現在ヒロが住んでいる場所について尋ねると、03 行目からヒロは現在自分が住んでいる場所を説明し始める。その際に事例(1)や事例(2)と異なり、ヒロは受け手の当該場所に関する知識の程度が把握しきれない様子がヒロの発話に示されている。まず、すぐに言及を始めずに「え：と」「>え::とね<」と間をとってから「たまプラザと：」と語尾を伸ばしていった後「あざみの」という隣の駅名を出して「のあいだっつったらわかる¿」と相手の認識を確認する。ヒロが「あざみの」という駅名を出すとすぐにユメは「ああそうかそうか」と認識を示すが、ヒロが続けて産出した認識確認の発話と重なったため、そのヒロの発話の後に再度「>°あそうかそうか°<　>わかります　わかります<」とより明示的に認識を示す。しかしながらそれに重ねてヒロは更に「しんたまがわせん」と言って認識をより確実なものとする手続きを取っている。

また、場所への言及の仕方の特殊な例として「うち」という表現がある。Schegloff (1972) は英語の「home」という言葉が単なる場所でなく、「その人が属するところ」という意味で様々な使われ方をすることを指摘している。英語の「home」とは多少使われ方もニュアンスも違うが、日本語の「うち」という言葉も「その人が属するところ」という意味で場所の言及以外の使われ方をすることがある。よく観察されるのは下記の事例のように「うち」という言葉が「自分の属する会社」という意味で使われるケースだ。

（4）　[Tomo-Take: 14: 324–325]
01→トモ：　うちはそういう意味ではM社の車じゃないと乗っちゃいけない
02　　　　　　はずなんだけど，

　事例（4）ではその前から会話参加者たちは車について話しており、この直前にタケが自分はN社系列の会社に勤めているからN社の車に乗っていると話したばかりだ。ここでトモが「うち」という言葉を「自分の属する会社」という意味で使用しているということは、この順番の発話だけでも推測できるが、文脈からも明らかだ。また、トモがここで「私は〜社に勤めているから」とか「私は〜系の会社に勤めているから」などの説明を付け加えていないことから、トモのこの発話は受け手が自分の勤め先に関する知識を持っていることを前提とした発話ともいえる。
　以上のように、場所の言及は「この会話」、「この場所」、「この状況」、「この会話参加者」、そして会話の「この時点」に合わせてデザインされるものだ。次に述べるように、人への言及も同じようにまさにオーダーメードの言及がされる。

1.2. 人への言及

　場所と同じく、人に言及する方法は様々である。例えば浅田真央さんについて考えてみよう。名前を使って言及するならば「真央（ちゃん・さん）」、姓名で言及すれば「浅田真央（さん）」、第三者との人間関係で言い表すならば「舞ちゃんの妹」「佐藤コーチの門下生」など、名前と描写で言い表せば「フィギュアスケーター浅田真央」「ソチオリンピック日本代表浅田真央」など、更にその他の言い方で描写するならば「世界チャンピオンになった女子フィギュアスケーター」「名古屋出身のフィギュアスケーターの１人」など様々で、これらの言及の仕方はすべて正しいものである。それでは、会話の中で人々はこの数々の正しい言及の仕方からいかにして１つを選び出して使用するのだろうか。
　まず、会話のどの位置で人が言及されるかによって言及の仕方は左右され

る。その会話の中で初めてその人に言及する場合には名前や描写で言及されるだろう。それに対して、その話題の中ですでに言及された人にもう一度言及する場合には英語では代名詞 (she、he、they) を使用する。一方日本語では代名詞を使うこともあるが、たいていの場合「その人」、「その人たち」といった表現、または下の事例でみられるように、最初の言及で使った語を繰り返したり、全く省略してしまうことも多い。

（5）［Tomi-Maki: 02: 45–5: 67］
01→トミ：　これは.hhuh　おと(h)うさ(h)んがh　hhuhhuh.hhih　韓国経
02　　　　　由で帰ってきたの.
03　マキ：　うん.
04　トミ：　これお土産ね.
05　マキ：　うん.
06→トミ：　好きなのhh　おと(h)うさ(h)んすご(h)く.
07　マキ：　うんこれおいしい[よ：.]
08→トミ：　　　　　　　　　　［あそ：］：(.)　でね：必ずね=
09　マキ：　=うん.=
10→トミ：　なんか2個買ってきて誰かにあげ[やすく　]って.
11　マキ：　　　　　　　　　　　　　　　　［うんうん］
12　トミ：　だからこれは(.)>いけるね<なかなか=
13　マキ：　=フランス-=
14→トミ：　=フランスが-　の帰りに韓国よって，ちょっと挨拶回りして来た
15　　　　　みたい.

上記の事例ではトミが自分の夫に数回言及している。最初の言及は01行目で「お父さん」という言い方を用いている。2回目の言及は06行目で、これも最初の言及の方法を繰り返して「お父さん」と言及している。ところが08行目と10行目も話題及び主語は同じ人（お父さん）であるが、省略されている（14行目も同様）。このように日本語会話においては、その話題の中ですでに言及された人が再び話に登場する場合、その人への明示的な言及を省

略することも多々ある。

　それでは、次に、名前、描写など様々な記述の仕方の中からいかにして1つを選択して使用するのかについて考えてみよう。SacksとSchegloffは1979年の先駆的論文(Sacks and Schegloff, 1979)の中で人への言及に関する2つの優先性について論じている。1つめは**言及の最短化(minimization)の優先性**、2つめは**受け手に合わせたデザインの優先性**だ。

　最短化の優先性とは、話し手が第三者に言及する場合に1回の言及において1つの記述ですませることが優先されるということだ。つまり、ある1人の人間に言及する方法は数多くあって複数の記述を組み合わせることも可能だが、会話においては1回の言及に1つの記述ですませることが通常であるということである。例えばこのことを事例(5)で観察してみると、01行目でトミは「これは.hhuh お父(h)さ(h)んがhhuhhuh.hhih韓国経由で帰ってきたの.」と「お父さん」と1回に1つの記述ですませているのがわかる。1つの記述では受け手の認識が得られなかった時のみ、別の記述が追加される。この点については後ほど挙げる事例(6)を参照してほしい。

　2つめの受け手に合わせたデザインの優先性とは、人への言及に関していえば受け手がその人であると認識できる形で人に言及することが優先されるということだ。つまり、話し手と受け手と指示対象の人物の三者の関係、受け手の指示対象の人物に関する知識と会話のその時点の状況を考慮して人物への言及は行われる。受け手がその対象人物と知り合いである、または少なくとも何らかの形で知っていると判断した場合に使用する言及の仕方を、**認識可能な言及法(recognitional form)**と呼ぶ。一方、受け手がその対象人物を知らない、または認識できない、と判断した場合に使用される言及の仕方を**認識不能な言及法(non-recognitional form)**と呼ぶ。認識可能な言及法には、名前(姓、名前、姓名)や「あなたの席の隣の人」、「いつも大学に犬を連れてくるあの人」、など様々な描写の仕方があり、認識不能な言及法には、「職場の同僚」、「あるお客さん」、「ある人」、「○○ていう人」(Kushida, 2015)などの描写の仕方がある。

　数多くの認識可能な言及法の中では名前で言及することがその他の言い方

で描写することにくらべて優先性が高い(Sacks and Schegloff, 1979; Schegloff, 1996c; Stivers, 2007)。名前を使っての言及は、その他の描写を用いるのに比べ、記述を短くすることができる。また、受け手の認識という点においても、他の記述よりも明確で議論の余地が少ないなど利点があるといえるだろう。例えば小泉元首相は名前で言い表せば「小泉純一郎」と非常に簡潔で明確だが、「息子の1人が俳優をやっている元首相」というと、言及が長いという問題と元首相で息子が俳優をやっている政治家ははたして1人だけなのだろうか、という疑問が残る。

　話し手が、受け手が指示対象の人物の名前を認識できるものと想定して、最短の言及法である名前でその人物に言及しても、受け手がその名前の認識を示さない場合には、他の方法でその人物を描写することになる。下記が一例である。

(6) [JAPN6149]
01　シン：　う::::::[:::ん.　　]
02→サエ：　　　　　[な:んk-=あ]たしね::, ブルースが来るのね?
03　　　　(0.6)
04→シン：　ブルース,=
05→サエ：　=あの:: あたしの友達(で-) ほら(0.9)あ:の:日本の.
06　　　　(1.6)
07　シン：　ああ[ああああ.　]
08　サエ：　　　[あ:の:::::]
09　　　　(0.2)
11　シン：　う:ん.
12　サエ：　アメリカ人n友[達:?　]
13　シン：　　　　　　　[う:ん.]
14　サエ：　.hhhhh (.) た- たぶん来るのね
15　シン：　うん.

02行目でサエはシンが「ブルース」という人物を名前で認識できると想定

して名前で言及するが、04行目でシンが認識の問題を表明すると05行目でその人物を名前以外の方法で描写し始める。07行目でシンは「あああああああ.」と一応の理解を主張する発話をするがサエはこれを十分な理解の表明とは捉えずに12行目でさらに描写を加えている。この事例では名前での言及が受け手の認識にすぐにはつながらなかったが、話し手は受け手の認識を想定してとりあえず最初に名前で言及している。このことは、名前で言及することがその他の言い方で記述することにくらべて優先性が高いということを実証しているといえるだろう。

　名前(姓、ファーストネーム、および姓名)での言及の優先性は、下記の事例(7)のように受け手が知っている人物を話し手が名前以外の記述の仕方で言及した場合に受け手がその人物の名前を求めることからも観察できる。

（7）　[Mai-Aya: 295-13: 319]
((マイは高校の教師で以前コクサイという高校で教えていたことがある。))
01→アヤ：　私の知ってる::=
02　マイ：　=そうですか=
03→アヤ：　=方のお子さんが=
04　マイ：　う::ん
05→アヤ：　なんか(.)上のこども::(.)上の子供が[見ていただいた]
06　マイ：　　　　　　　　　　　　　　　　　　[う::::::::ん]
07→アヤ：　小学校の時の先生のお子さんは=
08　マイ：　=あそう[ですか.]
09　アヤ：　　　　[コクブン-]　うんコクサイに入って,=
10　マイ：　=あ,そうですかhh=
11　アヤ：　=で今アメリカに留学して,=
12→マイ：　=あっそう. で誰ですか?
13　アヤ：　えっ?
14→マイ：　誰ですか? なんていう名前ですか:?
15　アヤ：　伊藤さんです.
16　マイ：　伊藤[さん.]

17　アヤ：　　　［伊藤．］名前は私わかんないです．
18　マイ：　伊藤．私教えてるかもしれませんよ．

　01行目から07行目にかけてアヤはこれから言及する人物のことをマイが知らないと仮定して名前でない2種類の描写（「私の知っている方のお子さん」「上の子供が見ていただいた小学校の時の先生のお子さん」）でその人物を認識不能な言及法で言及する。そしてその話を続けてコクサイという高校に入って米国留学したところまで話すと、マイは12行目で「で誰ですか？」と言及されている人物の名前を問う発話をする。するとアヤは13行目の「えっ」という他者修復開始を行う。この他者修復開始はマイの質問の意外性を示していてアヤはマイがその人を知っていることを想定していなかったことがわかる[1]。また、マイはアヤのそこまでの話を聞いて自分がその人物を知っている可能性に気付き、名前での言及の優先性に志向したことが観察される。このことは前述の「話し手は受け手が対象人物を知っていると仮定した場合には認識可能な言及法を使い、認識可能な言及法の中でも特に名前での言及が優先される」という規範の裏付けともいえる。

　ここまでSacksとSchegloffの指摘した2つの優先性について紹介したが、彼らは会話の中でこの「最短化」と「受け手に合わせたデザイン」の2つの優先性が衝突することもあることを指摘している。そのような衝突が起こった場合には最短化よりも受け手に合わせたデザインが優先される。上の事例でみると、この対象人物を「伊藤さん」と姓で言及するのが最短の言及法だが、アヤは受け手が理解しやすいようにその人物と自分との関係を「上の子供が見ていただいた小学校の時の先生のお子さん」と描写することによってその人物への言及をしている。これはアヤが受け手はその人物とは知り合いでないことを想定して受け手に合わせてデザインをしたためで[2]、このことは受け手に合わせたデザインによる描写の優先性が最短化の優先性より高いことを示しているといえるだろう。

　事例（7）ではアヤは初めからマイがその対象人物を知らないと想定して名前以外の方法でその指示対象人物を描写したが、とりあえず名前を言ってみ

て相手が知っているかどうか確かめることもある。その際には対象人物の名前を上昇イントネーションで発することによって一旦その時点で進行中の発話を区切り、ちょっとした間を置いて相手がその名前を認識できるかどうかを示す機会をつくるということをする。Sacks と Schegloff はこの技法を**トライマーカー(try-marker)**と呼んでいる (Sacks and Schegloff, 1979: 18)。トライマーカーは受け手が自分の発した指示対象を認識できるかどうか確認するのによく使われる技法で、トライマーカーによって受け手の認識が確認できると、話し手はそのまま発話を続行する。下に例を挙げる。

(8) [Taka-Haru: 11-12]
((タカは職場で臨時のバンドを組んでサックスを吹いた話をしている。))
01 タカ: その時ビートルズも - いろいろ種類の人がいたん<u>で</u>:=
02 ハル: なるほどね.
03 タカ: でビートルズもやってね: それ<から::> (0.8) え:と
04→   アースウインドアンドファイア[ー?]
05 ハル: [う:]ん.
06 タカ: それからみんなおんなじような年だからね:なんかそんなよう
07   な曲やったんですよ.

この事例ではタカが臨時で職場の同僚とバンドを組んだ際にどのような曲を演奏したかハルに伝えている。01 行目と 03 行目で「ビートルズ」という演奏した曲のグループ名を挙げた後、04 行目で「アースウインドアンドファイアー?」とトライマーカーの特徴の上昇イントネーションで、(ビートルズよりも知名度は低いと思われる) 別のグループ名を提示する。05 行目でハルが「う:ん」と認識を示すと、06 行目でタカは自分の話を進めている。

しかしながら、Heritage (2007) が指摘するように、受け手の認識ははっきりとした形でなく暗黙的に了解されることも多い。つまり、会話参加者は通常、受け手が指示対象を認識できることを前提として、会話の進行性 (progressivity) の優先性に志向して会話を進める。例外は受け手が認識できない

ことをはっきり表明した場合で、その場合には話し手は会話の進行を緩めて受け手の認識の問題に対処する。例えば先に示した事例(6)では、サエが指示対象の人物「ブルース」を名前で認識できると想定して話を進めたところシンがその人物を認識できないことをはっきり表明したためにシンの認識に対処するための連鎖が生じている。すなわち、会話の進行性を一時的に犠牲にして指示対象に関する相互理解の問題に取り組んだといえるだろう。

　Heritage (2007)は間主観性の原則と進行性の原則の衝突は話し手にとっても受け手にとっても大きな問題であるとしている。話し手の立場からすると自己修復をして相手が認識できる形の言及を探すと会話の進行性を止めることになってしまう（それでもなるべく同じ順番内で自己修復を行うことが優先されるが）。しかしながら前述のように受け手が認識の問題を表示した場合には進行性への志向を一旦緩めて受け手の認識を優先するのが通常だ。実は、上で紹介したトライマーカーは、会話の進行性の妨げを最小限に留めてなおかつ受け手の認識を得る方法なのだ。トライマーカーによって受け手の認識が得られれば、会話の進行の滞りを最小限に留めることができるといえるだろう。また、受け手も話し手がトライマーカーを用いた際に即座に短い認識の標識（「うん」「はい」など）を産出することによって相互行為の進行の遅滞を最小限に留めることへの志向を示す。

　トライマーカーよりも少々拡張された認識確認の発話として下記の事例(9)のような「～って知ってる？」などがある。

(9)　〔YH: 30: 11–21〕
01→ ヒロ：　.hhh 今うちの部長のおおしげさんって知ってる？
02　　　　　(0.3)
03　 ユメ：　°わかんない°
04　 ヒロ：　°おおしがひとしさんってジラフブルーワリーオブアメリカ行っ
05　　　　　 たりとかあと：°
06　 ユメ：　ああ名前はなんか[見たことある．う：ん]

```
07   ヒロ：              [ひしょしつ行ったり]とか
08   ユメ：あそ：：.ふ：：：ん.
09   ヒロ：でもおれよくアテンドしてたから.
10   ユメ：う：：ん.
11         (0.3)
12   ヒロ：°しって(くる)とおもった°
```

01行目でヒロが「〜って知ってる?」の形でユメの認識を確かめるが、0.3秒の間の後ユメが「°わかんない。°」と言ったため04行目から05行目で名前以外の形の描写でその人物に言及する。それに対してユメが「ああ名前はなんか見たことある.」というあいまいな認識のみを示すとヒロは09行目でもさらにその人物を自分と関連付けて描写するが、10行目でもユメは「う：：ん」というはっきりしない反応を示したため、それ以降ヒロはユメからその人物に関する認識を得るのをあきらめている。この事例の場合は「〜って知ってる?」とヒロが明示的にユメの認識を問う。もしそこでユメが「うん」などの形で認識を示せば会話は先に進んだのだろうが、ユメの認識がそこで得られなかったためにヒロは進行性を犠牲にして相互理解を優先し、他の言い方でもその人物に言及することを試みている。

　すなわち、最初は話し手も進行性からの離脱を最小限に留める形で受け手の認識を確認しようとしても、受け手が認識を示さなければ、相互理解を達成するために多くの順番を費やすことになってしまう可能性があるということだ。

　この事例で示されているように、話し手が進行性を犠牲にした上で間主観性を優先して指示対象のより詳細な描写をした場合、受け手も自分自身の方法でより明確にその指示対象を描写してみるなど最低限の認識表示以上のものが求められる (Heritage, 2007)。このように、ある話を始める際に複数の順番をその話の登場人物の認識に費やし、認識が確認できてから話を進めることがよく観察される。人だけでなく場所などに言及する際にも会話の進行性への優先性と間主観性の優先性が衝突してしまった場合には、間主観性の

問題に対処するために一時的に会話の進行性への志向が緩められる (Heritage, 2007; Sacks and Schegloff, 1979)。話し手は会話のその時点の文脈と受け手が誰であるのかということを考慮して間主観性を達成することを最優先としたデザインをするものなのだ。

2. 成員カテゴリー

2.1. 人への言及と成員カテゴリー

　成員カテゴリーとは、人をあるカテゴリーに属する者として捉えることである。先に挙げた浅田真央さんの例で考えてみると、「佐藤コーチの門下生」「フィギュアスケーター」「ソチオリンピック日本代表」など様々なカテゴリー化の仕方がある。したがって成員カテゴリーの使用とは、人について言及したり特徴付けたりする際に、「男の人」「女の人」「旦那さん」「奥さん」「ホームレスの人」「お医者さん」といったようにある人が属すると思われるカテゴリーを使用してその人に言及することである。上で紹介した人についての言及とこれから紹介する成員カテゴリーの使用はよく同等のものとみなされがちだ。しかしこの2つは重なる部分もあるが、異なる側面を持つ実践である。そこでこの節では成員カテゴリーという概念について紹介する前に、人に言及することと人のカテゴリー化の違いについて簡単に述べる。

　Schegloff (2007a) によればこの2つは次のような点で異なる。第一に、人をカテゴリー化する言葉は単に人について言及するのに使うこともできるが、人を特徴付けたりするような、単なる言及以外の行為をすることにも使うことができる。第二に、人について言及するのに人をカテゴリー化する言葉を使うことができるとしても、たいていの場合、人についての言及は名前、代名詞、指示詞など、カテゴリー化する言葉以外のもので行われる。ここで気をつけたいのは、話し手が発話の中で単に誰かに言い及んだ時のみ「人についての言及」と呼び、すでに言及されている人をカテゴリー化するのは「人についての言及」とは異なるということだ。よって、話し手が言及

した人物を受け手が認識してカテゴリー化する場合にはそれは人についての言及とは異なるということである。例として上記事例(10)を下に提示する。

(10) ［YH: 31: 22–32: 12］
01→ユメ： =あそ::..へ:::.hhh わたしねぇあの::渡辺はるみ
02 　　　　ちゃん？
　　　　　((14行省略))
17 　　　　う:んはるみちゃん．［ はるみちゃん ］.tchh[で]
18 ヒロ：　　　　　　　　　　[>うんうんうん<]
19→ヒロ：　　　　　　　　　　　　　　　　　　[栄]養士
20 　　　　のな．
21 ユメ：　うん．それで彼女:

上記の事例では01行目でユメは「渡辺はるみ」という人に言及し、19行目でヒロはすでにユメによって言及されているこの「渡辺はるみ」という人を認識して「栄養士」というカテゴリー化する言葉を使って描写している。

　また、カテゴリー化する言葉は受け手がよく知らない人または話し手自身も知り合いではない人について言及するための手段としても使われる。例えば「うちの大学の学長が」「そこに乗り合わせてたお医者さんが」「そこにいたホームレスの人が」「その外国人が」などといった具合だ。それでは以下でこのようなカテゴリー化する言葉についてさらに解説する。

2.2. 成員カテゴリー化装置

　成員カテゴリー化装置（membership categorization device, MCD）は、一言でいえば、社会の成員が相互行為の中で行っているカテゴリー化のメカニズムである（Sacks, 1972a, 1972b）。成員カテゴリー化装置は、2つの構成要素から成り立っている。その2つの構成要素とは(a)カテゴリーの集合と(b)適用のルールだ。

第7章　受け手に合わせたデザインと成員カテゴリー　281

　会話において私たちは私たち自身や第三者を描写するのにカテゴリー化する言葉を使うことがある。いくつか例を挙げてみると、「男の人」「女の人」「旦那さん」「奥さん」「先生」「生徒」「キリスト教徒」「仏教徒」などはすべて人をカテゴリー化する言葉だ。それぞれのカテゴリーは独立したものではなく他のカテゴリーと一緒になってカテゴリーの集合を作り出す。カテゴリーの集合とは、同じ枠にくくることのできるカテゴリーの集まりで、例を挙げると、「旦那さん」と「奥さん」であれば一緒になって「夫婦」というカテゴリーの集合を作り、「男の人」と「女の人」は一緒になって「性別」というカテゴリーの集合を作る。また、この考え方は人以外に言及する場合にも適用可能であり、「キリスト教」と「仏教」は一緒になって「宗教」というカテゴリーの集合を作る。つまり、私たちはでたらめに人々などをカテゴリー化して描写するのでなく、カテゴリーの集合を念頭においてカテゴリー化しているのだ。下の例では人物以外に言及する際にカテゴリーの集合が適用されている。

(11)　［Taka-Haru: 19–20］
((ハルとタカは共に大学の英語教員であり、学生の海外研修について話している。))
01　ハル：　うんあの::やっぱり学校のね，海外研修が[あるでしょ?]
02　タカ：　　　　　　　　　　　　　　　　　　　[いっしょに]
03　　　　　ついて?
04　ハル：　それでね:僕担当になっちゃてて[ね:]
05　タカ：　　　　　　　　　　　　　　　　[そう]なんだ．
06　ハル：　なんか5年ぐらい連続して行きましたね．=
　　　　　　((5行省略))
12→ハル：　カナダとアメリカ．イギリス? 姉妹校があるでしょ?
13　タカ：　カナダはどこなんですか?

上記の事例の12行目でハルは自分の勤務先の大学の姉妹校があり学生を海外研修に送る先のリストを挙げている。これらはすべて国名、それも英語圏

の国の名前だ。ハルはこの抜粋の後13行目のタカの質問を受けてこの抜粋以降姉妹校がそれぞれの国のどこに位置するかの説明を始めるが、もし、12行目でハルが「カナダとユタとイギリス」などと言ったら「ユタ」だけ何か「仲間外れ」のように感じられ、なぜここで「アメリカ」でなくあえて「ユタ」と言ったのか考えさせられることだろう。

　ここで3点ほど気を付けたいことがある。まず1つ目は、成員カテゴリー化装置の中には複数のカテゴリーの集合を持つものがあるということだ。例えば「年齢」というカテゴリー化装置では、「20歳」「40歳」「70歳」という数字の集合もあるが、「青少年」「中年」「高齢者」といった言葉で言い表される集合もある。どちらの集合を使うかは受け手が誰でその発話のその時点で何を成し遂げようとしているのかによって決定される。

　2つ目は、カテゴリーの集合の中には誰にでも当てはめることができるものと特定の人にしか当てはめられないものがある（Sacks, 1972a, 1972b）ということだ。人であれば通常誰でも「年齢」と「性別」というカテゴリー集合を当てはめることができるが、学校での学年（1年生、2年生など）やサッカーチームにおけるポジション（バックス、フォワードなど）によるカテゴリー集合は誰にでも当てはめられるものではない。

　3つ目に、カテゴリーの集合の中にはそれらを集めるとチーム的な単位を構成するものがある。例えば「母親・父親・息子・娘」は1家族を構成するし、「ガード2人・フォワード2人・センター1人」でバスケットボールの1チームを構成する、といった具合だ。

　Sacksは成員カテゴリー化装置の適用に関わる2つのルールを提示した。**経済性のルール（the economy rule）** と **一貫性のルール（the consistency rule）** だ。経済性のルールとは、1人の人間をカテゴリー化するのには、1つの成員カテゴリー装置の中の1つのカテゴリーで十分である、ということだ（Sacks, 1972b: 219）。例えば年齢でいえば、通常1つの文脈の中でその文脈に出てくるある人を「高齢者」という1つのカテゴリーで言及すればそれで十分であり、「75歳」のように数と両方のカテゴリーを用いる必要はないということだ。

一貫性のルールについては、Sacksは、「ある人間の集団がカテゴリー化される時にもし最初の人がある成員カテゴリー装置の中の1つのカテゴリーを用いて表現されたなら、残りの人たちも同じ成員カテゴリー化装置の中の同じカテゴリーまたは違うカテゴリーを用いて表現されるだろう」(Sacks, 1972b: 219) といっている。したがって、ある集団の中の1人が異なる成員カテゴリー化装置の中のカテゴリーで描写されたなら、私たちはその描写には何か特別な理由があるのだろうと推測するだろう。例を出して考えてみよう。自己紹介の場面で最初の人が「私は神奈川太郎です。経済学部の2年生です」と自己紹介したなら、次の人も「私は白楽花子です。外国語学部の3年生です。」と自己紹介し、その次の人も同じように名前、学部、学年を言っていくだろう。もし誰か一人が「私はXX教授の娘です。」などと付け加えたら、その場にいる人たちは非常に驚いて、その人はなぜ今ここでそれを言わなくてはならなかったのか、と思うだろう。

　更にSacksはこの一貫性のルールはカテゴリーを使うに当たっての2つの問題の解決策になるとしている。1つ目の問題は、1人の人間を完全に言い表すことができるカテゴリーはない、という点だ。2つ目の問題は、1人の人が当てはまるカテゴリーは必ず2つ以上ある、ということである。例えばある人を「看護士」というカテゴリーを使って描写しても、そのカテゴリーでその人を完全に言い表せるわけではないし、またその人は「看護士」というカテゴリー以外でも複数の他のカテゴリー、少なくとも性別のカテゴリー（女性・男性）と年齢のカテゴリーに当てはまるはずだ。よって1人の人を言い表す時にどのカテゴリーを使ってどのカテゴリーは使うべきではないのかを判断するのは大変困難に思われる。しかしながら一貫性のルールに基づいて考えてみると、これらの2つの問題の解決策がみえてくる。最初の人が1つのカテゴリーを使って自分または他人を言い表したなら、次の人も特別な理由がない限り同じカテゴリーの集合の中の1つのカテゴリーを選んで言い表せばいいのだ。これは一連の語りの中でも同じだ。一連の語りの中に複数のカテゴリーが使われた場合には、特別な問題がない限り、それらのカテゴリーは同じカテゴリーの集合に属していると推測されるのだ。

Sacks (1972b) に示された有名な例「赤ちゃんが泣いたの。お母さんが抱き上げたの (The baby cried, the mommy picked it up.)」(p.216) という 2 歳 9 ヶ月の子どもの語りの例をとって考えてみる。この語りを聞くと、私たちはまず、無意識のうちに「赤ちゃん」と「お母さん」はそれぞれ同じカテゴリーの集合に属していると推測する。「赤ちゃん」と「お母さん」「お父さん」といったカテゴリーは 1 つにまとまって「家族」という 1 つのチーム的な単位を作るので、「赤ちゃん」と「お母さん」という 2 つのカテゴリーが続けて使われたときには、その 2 つが同じチーム、つまり同じ「家族」に属するのであろうと想定するのである。

さらにここでカテゴリーの使用に関する 3 つの代表的な特徴を挙げておく。第一に、カテゴリーは多くのことを含蓄する (Sacks, 1972a, 1972b)。カテゴリーは多くの社会生活における一般的な常識の宝庫ともいえる。特に誰か人を描写するのにカテゴリーが使われると、それを聞いた人は自分の持っている文化的知識を持ち出してそれを理解しようとする。よって受け手のそういった理解を阻止する必要があるときは何か特別なことをする必要がある。例えば、「私は 72 歳です。でもまだ勤めています」という発言を考えてみよう。この発言において話し手は、受け手が 72 歳というともう退職しているだろうという一般的な常識を使って想像するだろうと推測しているからこそ、それを阻止するために「でもまだ勤めています」と付け加えているのだ。しかしながら、このように阻止したとしても人々が持つあるカテゴリーに対する先入観といったものは変わらない。たとえまだ勤めている人がいたとしても「72 歳」といえばやっぱり一般的には「退職後」であるという常識が書き換えられることはなく、まだ働いている人は「例外」とみなされるだろう。

第二に、カテゴリーに結びついた行動というものがある。上記の Sacks (1972b) に示された子どもの語りには「赤ちゃんが泣いたの」という部分がある。この部分のみを聞くと私たちは「赤ちゃん」を「人生段階」(つまり赤ちゃん、幼児、子供、青少年、大人などの段階) という成員カテゴリー化装置における「赤ちゃん」であると想定する。それは、「泣いた」という言

葉によって「人生段階」における「赤ちゃん」というカテゴリーが思い起こされるからだ。こうした言葉をSacksは**「カテゴリーに結びついた行動（category-bound activities）」**と呼んでいる。もちろん大人でも泣くことはあるが、赤ちゃんといえば泣くもの、というのはステレオタイプとして認識されているだろう。このようなカテゴリーと行動の結びつきの例は多くある。例えば「井戸端会議」といえば「主婦」であるとか、「飲み屋で一杯」といえば「サラリーマン」とか、挙げればきりがない。

　第三に、成員カテゴリーの中には**「標準的に関係付けられたペア（standardized relational pair）」**（Sacks, 1972b, 1992）を構成するものがある。標準的に関係付けられたペアとは、互いの関係が権利と義務から成り立っている成員のペア（Lepper, 2000: 17）のことで、「夫と妻」「先生と生徒」「親と子供」などだ。これらのペアはペアの一方が言及されるともう一方が直接的に言及されずともその間接的にその存在が見え隠れするともいえるだろう。

2.3.　成員カテゴリーと文化

　成員カテゴリーと文化は切っても切り離せない関係にある。それは、人々が会話の中で成員カテゴリーをどのように使用し理解するのかは会話参加者の文化的背景次第だからだ。MoermanとSacksによれば「文化」は人々の解釈と共通理解から成り立つシステムであり（Moerman, 1988; Moerman and Sacks, 1971/1988）、会話分析は、人々の解釈や共通理解、つまり文化を経験的に検証する試みでもある。この意味で会話分析において分析される材料はすべて文化と切り離して考えることができない（Moerman, 1988）。会話参加者も分析者もある発話の位置と組み立てを考慮すると共に自分の持ち合わせている文化的知識を使ってその発話がどのような行為（不平を言う、褒める、自己卑下をする、要求をするなど）を行っているのかを判断するのだ。下記に一例を挙げてみよう。この事例では日本人女性KAS、MIAが韓国人男性ILOと話しており、3人は親しい友人である。

(12) ［ILO.KAS.MIA、永野, 2015］
((この断片の前にILOは来日したばかりの時は、痩せて「イケメン」だったが、その後太ってしまい、また痩せなければならないという話の流れがあった。))
01　KAS：　あれオッパ誕生日いつだっけ．((オッパとは韓国語でお兄さんの意味))
02　ILO：　ろく月．
03　KAS：　↑お：：．えじゃあ今にじゅうなな？
04　MIA：　うん．
05　ILO：　うん．
06　KAS：　お：：：一番- 一番[いいときじゃん．
07　MIA：　　　　　　　　[一番いいときじゃん．
08　ILO　　一番いい- [一番デブ- デブのときじゃん．
09　MIA：　　　　　　　[hhhhhh
10→KAS：　にじゅうなな- にじゅうはちだよ一番いいのは：．
11→MIA：　一番脂がの(h)って(h)るじゃ(h)ん．[hhhh
12　KAS：　　　　　　　　　　　　　　　　　[そういういい[じゃないん
13　　　　　だけど：．
14→ILO：　　　　　　　　　　　　　　　　　　　　　　　[¥脂のりす
15→　　　　ぎて[のりすぎるでしょこれ．もう大トロしかないよ．¥
16　MIA：　　　[hhhhhhh　あ[hhhhhhh
19　KAS：　　　　　　　　　　[hhhhhhhおいしくない大トロだ(これは．)

ILOが現在27歳であるということを確認するとKASは06行目で「お：：：一番 一番いいときじゃん．」という褒めの発話をし(しかし何がいいのかは言及していない)、MIAもKASの発話に重ねて「一番いいときじゃん．」とKASの褒めに同調する。するとILOは08行目でMIAとKASの発話の一部「一番」を用いて「一番デブ- デブのときじゃん．」と自分の体型に言及して褒めを否定する。10行目でKASは引き続き褒めを続けるが、11行目でMIAは「一番脂がの(h)って(h)るじゃ(h)ん．」と笑いを含めて発話する。日本語と日本の文化に通じる者であれば、「脂がのっている」は「物事の勢いついて来たこと」という意味がある一方、文字通り「身体に脂肪が

付く」という意味にも取れることがわかるであろう。08行目のILOの「一番デブ‐デブのときじゃん．」の後に来る11行目のこの位置でのMIAの発話は、KASとILOの両者によって、褒めの連鎖に乗じたからかいの発話、つまり「身体に脂肪が付く」という意味で解釈される。12行目でKASは「そういういいじゃないんだけど：」と、からかいを否定するが、14、15行目でILOは「脂のりすぎてのりすぎるでしょこれ．もう大トロしかないよ」とからかいに乗じて自己卑下をする。このILOの発話は「大トロは脂が乗っているもの」という文化的常識を会話参加者が共有しているからこそ理解可能な発話である。さらに、人間の場合はあまり「身体に脂がのっている」のはよくない、という日本および多くの欧米諸国の常識・文化的知識に基づいて判断するからこそ、会話参加者および私たちはこの発話を自己卑下であると捉えるのである。このように、ある発話を「からかい」や「自己卑下」として理解可能なものとするには、その発話が産出された連鎖上の位置（どのような行為の後に産出されたのか、など）や発話の組み立て（直前の発話の一部を繰り返したり、笑いを含めたり、「〜すぎる」などの評価を含んだ表現を用いたりすることなど）が重要であることはこれまで述べてきた通りである。それに加え、ここでは、「脂がのっているもの」というカテゴリーの集合のうち食べ物である「大トロ」というカテゴリーが持ち出され、それを食べ物ではない「人間」に当てはめて「大トロのような人間」といういわゆる即席の成員カテゴリーが創り出されている。私たちおよび会話参加者はこの即席の成員カテゴリーを「大トロ」と「人間」に関する文化的知識を引き合いに出すことによって理解し、ILOの14・15行目の発話が「（冗談めいた）自己卑下」という行為であると判断するのである。発話を理解する上で参照される文化的知識は、成員カテゴリーに限らないが、成員カテゴリーが文化的な知識体系の大きな部分を占めることは否めない。相互行為を組織するための手続きとそうした膨大な文化的知識体系が複雑に絡み合って、「今ここ」で会話参加者の間で理解可能な行為が生み出されているのである[3]。

2.4. 会話における成員カテゴリー使用の分析

　さて、成員カテゴリーは会話の分析にどのように適用できるのか改めて考えてみよう。今述べたように会話の中での成員カテゴリー化装置の使用とその理解は私たちが日常生活の中で駆使している常識と切り離して考えることはできない。よって、会話において成員カテゴリー化装置はその会話参加者たちの常識を呼び起こすことを通してその会話との関連性を引き出すのだ。会話参加者たちが成員カテゴリー化装置を会話の中で使用したり理解したりする過程ではたして本当に常識に依存しているかどうかを検証するには、私たちは会話参加者の立場に立って相互行為を観察したり考察する必要がある。会話参加者は「私は学生です」などと成員カテゴリーを明確に言うこともあるし、もう少し遠回しな表現を使うこともある。成員カテゴリーがはっきり表現されていない場合は、なおさらのこと、分析者は、そのカテゴリー使用に関する解釈が自分の先入観に由来するものでなく会話参加者自身の行為によって示されているものであることを立証しなくてはいけない（Schegloff, 1991, 2006a）。

　実際の例をいくつか観察しながら成員カテゴリーの会話への適用について考えていこう。ここでは会話参加者が比較的わかりやすい形で成員カテゴリーを用いている例をみていく。人は出身地によって人を特徴づけることがあり、このステレオタイプ的な考え方に基づく一般常識が、カテゴリーの使用に現れることがよくある。下記の事例（13）と（14）では共に「日本人」という言葉がカテゴリーとして使用されている。この例においてヒガとウエノは共に日本人である。

(13)　［Higa-Ueno: 20: 485–491］
((ヒガがタイのパタヤビーチに行った時のことを話している。))
01　ヒガ：　　ストリートチルドレンとかもさ,いっぱいいるけどさ：
02　ウエノ：　＞えええええ＜
03→ヒガ：　　絶対渡さない．日本人っていうのはまだだから心があるから
04　　　　　　よ：

```
05   ウエノ：　>えええええええ<
06→ ヒガ：　　かわいそうだな:とおもってさ:渡しちゃうわけ.
07   ウエノ：　ええ.
```

　事例（12）ではヒガが日本人は「心がある」からストリートチルドレンにもお金を渡すものだと言っている。ここで「日本人」という言葉はだれか特定の人についてではなく、「日本人全般」という意味で使われている。このように表現することにより両者とも「日本人」というカテゴリーを指す言葉を特定の行動と結びつけている。そしてそれは話者が考えるところの「日本人」に関する一般論だ。
　次の事例では日本人というカテゴリーが香水の匂い（の好み）と結び付けて使われている。

```
(14)　［Nao-Yui: 24: 624–633］
((ナオとユイが香水について話している。))
01   ユイ：　ポイズンとかはやったよね.
02   ナオ：　>うんうんうんうん.<
03→ ユイ：　でもやっぱりなんか日本人向きのにおいじゃないなって感じが
04　　　　　したけど.=
05   ナオ：　=むずかしいよね.
06   ユイ：　うん.むず[かしい.]
07   ナオ：　　　　　[におい　]がね.
08   ユイ：　うん.すっごいかっこいいにおいだけど:
09   ナオ：　>うんうんうん.<そうだね:
10   ユイ：　う::ん.
```

　03行目でユイは日本人というカテゴリーと香水のにおいの好みを結び付けて「日本人向きのにおい」という言葉を使っている。これに対してナオはそのにおいが「むずかしい」ものであるということを付け加えるがこの「日本

人向きのにおい」という表現の理解に関しては特に問題を提示しない。つまり、「日本人向きのにおいでないもの」はどういうものであるかこの両者の間で共通の理解がされているようだ[4]。

このように「日本人」を表現した場合にその裏にあるのは「日本人以外」（外国人、外人、欧米人など）だ。これは「外国人」や「欧米人」などの言葉がはっきり言い表されても言い表されなくてもいえることだ。例えば上記の事例(13)で考えてみると日本人は「心がある」だと言っていることから、言わずともその逆である日本人以外の人たちがいる、ということが表現されている。次の事例では「日本人」がどういうものであるのかを表現した後に「欧米人」という比較対象がはっきりと引き合いに出されている。

(14)　［Higa-Ueno: 18: 431–436］
((ウエノがプーケットに行った際のことを話している。))
01　ウエノ：　日本って少ないですか?要するにあの::（　　　　　）
02→　　　　　日本人はこうスポーツするとか>あれやろうあれやろうあれ
03→　　　　　やろう<って? 欧米人は絶対行かないですよ．
04　ヒガ：　　だってやらないもん．ケチで．
05　ウエノ：　そうですよね．

02行目から03行目でウエノは日本人が（プーケットなどのリゾートで）いろいろなアクティビティをやりたがるのに対して欧米人は絶対（アクティビティをしに）行かないと、日本人と欧米人を対比している。そしてヒガはそれに同意した後、それに付け加えて欧米人は「ケチ」であると言っている。ところで、カテゴリーの集合ということで考えると「日本人」と言ったら次に同じ文脈の中で使用されるカテゴリーは、「アメリカ人」「イギリス人」「タイ人」などでなくてはならないように思われる。しかしながら、日本語の日常会話においては「日本人」と「日本人以外」（多くの場合は「外人」「外国人」）というカテゴリー集合がしばしば用いられる。

次に「子ども」という成員カテゴリーについて例を挙げて観察してみる。

第 7 章 受け手に合わせたデザインと成員カテゴリー　291

前述の「赤ちゃん」と同様に、「子ども」は「人生段階」という成員カテゴリー装置における「子ども」と「家族」という成員カテゴリーの集合における「子ども」の両方の意味で使われる。下記の事例 (15) と事例 (16) では同じ話者によって「子ども」というカテゴリーが使われている。

(15)　[Yuki-Yone: 07: 165–175]
((この抜粋の前に、ユキはその前の週に起こった小学生が人質になったバスジャックについての話をヨネに伝えた。))
01　ユキ：　あの::後で精神的なケアしてあげないといけない
02　　　　　[とか言ってましたね::.]
03　ヨネ：　[うんうんうんうん::ん]
04→ユキ：　であと子どもっていうのはやっぱりちょっとのことでもう.
05　ヨネ：　う::ん.
06　ユキ：　ね.

(16)　[Yuki-Yone: 13: 308–320]
((ヨネが金魚について話している。))
01　ヨネ：　で合計4匹いま飼っています.
02　ユキ：　hhuh [hhuhhuhhuhhuh]
03　ヨネ：　　　　[hhuhhuhhuhhuh]
04　ユキ：　.hhuh [.hhuh.hhuh.hhuh]
05　ヨネ：　　　　[.hhhihh .hhhihh]
06→ユキ：　でも子どもさんが喜ばれるでしょう?
07　ヨネ：　喜びますよ::.
08　ユキ：　ね:.
09　ヨネ：　で::あのえさを:(.)あのやるのは:
10　ユキ：　ええ.
11→ヨネ：　子どものつとめなの.なってます.
12→ユキ：　uhhuhhuhhuh　え↑::えらい.
13　ヨネ：　hheh

事例 (15) の 02 行目までユキはバスジャックの人質になったある特定の小学生について話している。しかしながら 04 行目の「であと子どもっていうのはやっぱりちょっとのことでもう.」という発言の中の「子ども」はその特定の小学生のことでなく、一般的に成長段階における「子ども」ということで使われている。それに対し事例 (16) の 06 行目と 11 行目で使われている「子ども」はヨネを母親と捉えた時の家族の中の「子ども」のことである。これは 06 行目でユキが「子ども」でなく「子どもさん」と丁寧に言っていることからもその子どもが一般的に言う子どもではなくヨネの子どもを指していることがわかる。しかしながら、12 行目のユキの「え↑::えらい.」というコメントから、ユキはその子どもがヨネの子どもであるということと同時に、成長段階における「子ども」というカテゴリーに属する者でもある(「子ども」なのに金魚のえさをあげるという役割を担うのはえらいという)ことに志向していることがわかるだろう。

　以上のように日常会話の中ではカテゴリー化された言葉が頻繁に使われ、それらの言葉の使用と解釈は私たちが持っている常識や文化背景と非常に密接に結びついている。

3. まとめ

　この章ではまず場所と人の言及について解説し、その後成員カテゴリーという概念の紹介をした。

　場所に言及する際にも人に言及する際にも、話し手は「この受け手」、会話の「この時点」、「この場所」、「この状況」を考慮して相互理解を達成することを最優先としたデザインをするものであることを示した。

　また、場所や人の言及と成員カテゴリーの使用はそれぞれ異なる実践であることを示した上で成員カテゴリー化装置について紹介した。実際の会話において成員カテゴリー化装置はその会話参加者たちの常識に基づいて利用される。よって私たちがカテゴリー分析を行う際には、そのカテゴリー使用に関する解釈が会話参加者自身の常識への依存、そしてそれを反映した行為に

よって示されているものであることを分析を通して立証する必要がある。

──────── 課　題 ────────

　日常会話の中で人や場所に言及している事例をできるだけ多く集めよう。この章で述べられていることを踏まえて、参加者がどのようなことに志向してそのような言及の仕方をしているのか考察してみよう。

注
1　この他者修復開始が単に聞き取りの問題を提示しているだけでなく意外性も示している理由の1つとして、11行目の時点ではアヤが01行目から続いているある人物についての報告が続いており、12行目のマイの「で誰ですか」という質問はやや唐突でアヤには何を尋ねているのか即座にはわかりにくかったことが挙げられるであろう。
2　しかしながら、14行目のマイの発話は、アヤのその想定に抵抗し、名前を用いるのが受け手に合わせたデザインであることを主張しているのだ。
3　その意味では、会話分析は、前者の「相互行為を組織するための手続き」の解明については、かなりの発展を見せていると言えよう。そうした手続きが後者の「文化的知識体系」とどう関連しているのか、そして、「文化的知識体系」はどのようなものなのか、という問題については、まだこれから取り組む課題であるし、そうした問題は、恐らくは、会話分析という枠を超えて、隣接領域と共に方法論を模索し、追究すべき壮大なテーマであろう。
4　ちなみに「日本人向けではない香水のにおい」という表現は日本人（特に女性）の間で香水の話をする時に時折使う表現のようだ。筆者も香水の話を時折する日本人（の女性）の1人としてこの表現を使ったり聞いたりしたことがあるし、このにおいがどういうものかなんとなく理解することができる。すなわち、多くの香水をつける日本人が暗黙に了解していること、いわゆる「常識」として理解できる表現だと思われる。

第8章 相互行為と文法

　英語の会話データを基に会話分析の初期の研究が明らかにした基本的な会話の仕組みは、これまでの章でみてきたように日本語の会話でも（他の多くの言語でも）同様に作動することが確認されている。しかし言語特有の形態統語的な特徴や、話し言葉特有の語彙や語彙素が、その言語における独特な行為の組み立て方に反映していることもわかってきた。会話分析の手法を取り入れて言語を研究するというのはどういうことか、相互行為の中で捉える「文法」とは何なのか。日本語の発話の組み立て方を語順に注目して観察しながら、従来の言語学の関心を相互行為的視点で追求することにより何が明らかになるのかをこの章では論じる。

1. 会話の「文法」とは何か

　伝統的な言語学では、「文法」というのはその言語の話し手の脳の中にある文の組み立て方の規則で、話者はその規則に基づいて文を生成し、音声を媒体にする場合は音韻論的規則に従い、最終的に産出された文は、今度はその受け手の脳の中で同じ規則に照らし合わせて理解されるとしてきた。しかし、会話分析の手法を用いて、自然会話を録音し、そのデータを繰り返し丁寧に観察することを通して明らかになったのは、実際に自然に生じた発話は、形式主義の言語学で使われる創作による「文」とはだいぶ違っているだけでなく、いわゆる教科書的な「文法」では説明できない、複雑な様相を呈しているということだ。

例えば実際の会話では、2人の会話者が協働的に1つの「文」を産出したり、「文」が途中で途切れたりすることもある。またこれまでは認知的限界や単なるエラーと思われてきた言い淀みや、発話の際の「乱れ」と見做されてきた発話途中の言い直しなどが、実は相互行為上は無意味ではなく、社会生活の基盤である相互行為の秩序に志向していることもわかってきた（第5章の修復を参照のこと）。

そして何より会話分析が明らかにしたことは、発話は前の順番が作り出す制約や、また受け手の反応など、産出の過程においても刻々と変わる状況に反応しながら産出されるということだ。最終的に産出された発話の形は、個人の頭の中で作られたものではなく、相互行為の産物なのである。言語をそのように捉えると、「文法」はもはや「命題」を表すための、発話を統制する単一の自律したシステムではない。会話分析がそこに見い出す「文法」は、相互行為の秩序を維持し、相互行為を促進するために利用できる、社会的な協働作業の実践を可能にするシステムなのである。

会話分析の知見に影響を受けた言語学者が、それが"生息する場(habitat)"、つまり自然な日常の会話において用いられる文法を観察し始めた90年代以降、「文法」は静的な規則ではなく、相互行為を達成するため、その場の問題に対処するための資源の1つであり、その時の環境に適応しながら出現し、また、話し手の認知の仕方や相互行為の実践の仕方に影響すると捉えられるようになった (Ford, 1993; Couper-Kuhlen and Selting, 1996; Selting and Couper-Kuhlen, 2001; Fox, 1996; Ochs, Schegloff and Thompson, 1996)。相互行為言語学 (Interactional Linguistics) と呼ばれるこのアプローチの下、様々な言語において相互行為のためにどのように言語資源が用いられているのかが明らかにされている[1]。行為を構成するための資源は私たちが発話の組み立てに参照する「文法」だけではない。プロソディやイントネーションなどの音韻的な要素、ジェスチャーもその1つである。そして呼気音や吸気音も次に来るものを投射する要素となりうる。また順番と順番の間、あるいは順番内の隙間も「今何が起こっているか」を会話参与者自身が判断する重要な要素となりうる。

以下、発話が実際にどのように組み立てられているかを相互行為の中で観察しながら、状況の諸要素に敏感に反応する会話の「文法」とは何なのかを見ていこう。

2. 発話産出の実践(プラクティス)

2.1. 投射

　第3章でみてきたとおり、順番を構成する単位 TCU は、それがどのような形で、どのような行為となるのか、受け手が予測できる構造を持っている。発話の最終的な形を予測させるという性質は、順番交替をスムーズに行う上で重要な問題であり、これを**投射**（projection）と呼ぶ。日本語文法では発話の構成上中核となることが多い動詞や形容詞の語幹に活用語尾や否定形などの形態素がさらに付き、そしてまたその後に発話者のスタンスを示す「ね」や「よ」などの**相互行為詞**[2]などの要素が付加される。日本語と英語を比較すると、日本語の場合は基本的には主要部が最後にくる構造上、発話の全容を把握する投射が比較的遅れる (Tanaka, 1999; Fox, Hayashi and Jesperson, 1996; Hayashi, 2003a)。このような統語的な差異は実践の差異となって現れることになる。例えば英語では "Are you gonna be there all e:vening." という発話の "Are you" という部分を聞いただけで現行の行為が「質問」であり、そして yes-no タイプの質問であることが投射可能である。しかし同じく「質問」をしている次の日本語の例と比べてほしい。

（1）　やっちゃんはハムとかさ，ああゆうもの食べ□□

「食べ-」まで聞いてもその後は「ない」、「たい」、「る」など、どの活用語尾が来るか、その後さらに「の（下がり調子）」、「の（上がり調子）」、「ね」、「よ」、「か」、「な」（あるいはそれらの組み合わせ）などが続く可能性があり、最後まで待たないと、その発話が何の行為を行っているのか確定できない。作成したトランスクリプトをみていると忘れがちになることだが、発話は漸

次的に生成される。行為を明確にするためにも、順番交替をスムーズに行うためにも、話し手とその受け手の双方にとって投射が早い時点で可能になるのは利点となる。

　だからといって日本語の発話を理解するのは英語より難しいということも、英語より順番交替で問題が起こることが多いということもない。日本語には最後まで待たなくても最終的に形になる「行為」が予測できるような会話の産出の仕方がある。これからみていくそのようなやり方が、相互行為の組織に関わる「文法」の一例なのである。

2.2.　発話を区切るための資源

　発話全体が最終的にどのような形になるのか、どんな行為を形成するのかを予測するのに、日本語話者の受け手は最後の最後まで何の手がかりもなく待たなければいけないわけではない。話し手はTCUの最後に至る前に、様々な手段で投射する。例えば次の例をみてほしい。

（２）［m&H 12:00］
((Mは最近ロサンゼルス来たHに、ここでは何がおいしいかをいろいろ教えている。この前でコリアタウンの焼肉が話題になっていて、そのトピックがちょうど終わったところである。))
01　　M：あとはどこ:がえ-　いいかな:
02　　　　(0.4)
03→H：え，そのさ↑韓国のお豆腐っていう話は噂を耳にしたんだけど,
04　　M：うん.
05　　H：それって何?お-　に-　日本のお豆腐と同じなの?

　01行目でMは次に何について紹介するべきか、考えていることを公にしている。03行目から始まる順番でHはまず「え」と言って、この前にMから提供された情報について、自分の理解がまだ不十分であることに「たった今」気付いたことを示す(Hayashi, 2009)。Mがすでに次のトピックに移る

準備をしている状況で、関連質問により前のトピックに戻そうとするHにとって、このように「今気が付いた」ことを示すのは、「なぜ質問が今ここで為されなければならないのか」の説明なのである。続いてHは質問を産出する際に「その」の後に「さ」をつけて、分断された「その」がより目立つようにデザインしていることに注目してほしい。指示詞「その」の後には通常は名詞が続く。統語的には「その韓国のお豆腐っていう話」が意味的にまとまった句を形成する。しかしHは「さ」を差し挟んで「その」を際立たせることにより、TCUの全体が現れるよりもずっと前に「これから何かについて言及しようとしているが、それはすでに会話に出てきたことで、しかも自分はMほどはよく知らないことについてである」ということを、よりはっきり認識可能にしている。行為として認識可能なターンの一部にすぎない「そのさ」だけでは第4章でみてきた連鎖を生み出す行為は完成しないが、「前に出てきたものについて言及する」という動きをよりはっきりさせておくことができ、それによってその後に続いて達成されるべき行為の方向性を示唆することができる。Mが次のトピックを考えていることが公になっているこの時点で、その動きを阻止しようとするならば、前述したような動きを示すことにより、早めにそれを知らせるにこしたことはない。「その」の後にすぐに「さ」をつけて区切ったのは、このような動きを示すことが相互行為上意味のある最小単位になりうるからである。これは従来の「名詞句」という「意味のまとまり」という括りではなく、「相互行為上意味のある単位」という捉え方が相互行為の「文法」では必要だということだ (Morita, 2008)。

　事例(2)の03行目では「そのさ」と「韓国」は間を感じることなく続けて産出されているが、相互行為詞「さ」がその区切りを作る資源となっている。また第3章の5ですでに論じた「あいづち」が観察される場所で、発話をはっきりと区切りながら、しかし音調や文法的には発話が継続することを示しながら発話が産出されている様子をみた。このような区切りを入れることを可能にする方法を分析することで、日本語の会話におけるより細かい発話の単位の相互行為上の働きを理解することができる[3]。

3. 行為連鎖の位置により異なる役割を果たす文法

3.1. 発話を組み立てる資源としての語順

　会話の産出の過程をビデオデータで詳細に観察した Goodwin (1979) は、発話が産出される過程で、その場の会話の参加者の誰と視線が合うのかによって、またその場の会話の参加者の中で誰がどのような形で受け止めるのかによって、その発話がその受け手にとって価値のあるものになるようにデザインを変えながら、発話の形が漸次的に形成される様子を明らかにした。発話はその瞬間の環境の問題に敏感に反応しながら、他の参加者との協働作業によって作られる。つまり発話というものは、はじめに「命題」があって、話し手の脳内で組み立てられ、どのような長さにするか予め話し手が決められるようなものではない。発話の組み立ての出発点は、その前に何が起こっているか、である。このことをまずは押さえておこう。

　次の発話をみてほしい。この会話は上記事例(2)の後に起こったもので、M が最近ロサンゼルスに来てまた日が浅い H に、おいしい食べ物をいろいろ紹介している。特にコリアタウンで食べるべきいくつかの料理を紹介し、ここでは刺身ビビンバという食べ物がおいしいという話をしたところである（トランスクリプト内の数字は発話とジェスチャーや視線の動きとの重なりを示している）。

(3) [H&M 13:19]
01　M: おいし:[い.
02　H: 　　　　[^{1}ふ:::::[[:::::::::::::::ん?]]
　　　　　　　^{1}((視線をテーブルの上に落とす))^1
03　M: 　　　　　　　　　[[すっごいおいしい.^{2}もうまぜまぜ]]して.
　　　　　　　　　　　　　　　　　　　　^{2}((混ぜる動作))
04　H: いいよ ^{3}ね:::,=ごはんがおいしくってね::,この街ってね:?
　　　　　　^{3}((前のめりになりつつ目の前のテーブルに手をのばす))
05　M: [うん.特に韓国料理屋のごはんってもちもちしてるんだよね?
　　　[((テーブルの上の食べ物をちぎる))

トランスクリプトをみると、いくつものことに気がつく。まずなぜ02行目でHは「ふーん」をこんなに長く（3.8秒！）伸ばしているのか。03行目でMはなぜ（すでに01行目で発した）「おいしい」という単語を繰り返しているのか。04行目のHの発話はなぜこんな語順になっているのか。これらの問いには、刻々と変化するその場その場の状況を見なければ答えることはできない。

　この発話の直前で、Mはコリアタウンの刺身ビビンバのおいしさについて力説していた。Mがそのおいしさをさらに強調し、締めくくったのが01行目である。しかしちょうどこの01行目の発話の間に、Hの目線はMとHの間におかれた食べ物に移る。そして「ふーん」という反応を、徐々に上げるイントネーションで長く引き延ばし始める。目線はその間ずっと下方の食べ物に注がれている。「ふーん」は発話を受け止めたことは表示するが、それ以上のことはしていない。しかし、この「ふーん」は通常より長々と伸ばされており、Hはここですぐに順番を終わらせようとはしていないことが理解可能になる。Hのこの02行目の順番の産出の仕方と視線から、Hは順番交替のタイミングが予測できないような形で反応のターンを構成しており、Mの前の発話に反応しているだけではないらしいことがわかる。そこでMは刺身ビビンバのおいしさを更に強調し（「すっごいおいしい」）、ジェスチャーも交えて食べ方の詳細も付け加え、より具体的な反応を引き出すように直前の自分のターンの終了部をやり直す。つまり、Mもまた03行目の順番を、何らかの新たな行為を開始するターンではなく、その前のターンのやり直しであるようにデザインしている。Hの逸脱的な振る舞いに対し、Mは自分の順番の後でどのような反応が期待されているかがより明確になるように、先の自分のターンをやり直しているのである。

　しかしMがやり直しを開始しても、Hは「ふーん」を伸ばし続けており、自分が今やっていることを続行する。そしてMのこのやり直しが終わるやいなや、Hは04行目の発話を開始すると同時に食べ物に向かって体を前傾し始める。つまりHは02行目で「ふーん」を長く引き伸ばしながら、04行目の行為の開始のタイミングを見計らっていたということがわかる。

Mが刺身ビビンバのおいしさについて、「おいしい」から「すっごいおいしい」と程度を引き上げた表現を用いて評価し、混ぜるジェスチャーまでつけて具体的な食べ方まで示すことによってより詳細な描写をした03行目の順番の後では、Hがこれまでの情報を有益なものとして受け取ったこと、またその情報にはMの肯定的な評価が入っているので、それに同意を示すことが優先される位置である(4章の優先組織の項を参照のこと)。このような状況では、もはや「ふーん」という反応だけでは不十分であろう。ここでHは視線をMに戻すことなく、食べ物を見続けたまま自分がどうそれを受け止めたのかのかを示す発話を開始する。しかし、Hは、Mの刺身ビビンバに対する評価に対してではなく、これまでのMの語り全体に対して反応する。つまりHは話題を切り上げているのだ。それをしているのが04行目の発話である。ここでHは、Mの直前の発話で取り上げられていること、つまり刺身ビビンバについては何も反応しないことを目立たせることなく、直前の順番に反応しているように見せながら話題を切り上げることを遂行しているのだ。

　04行目の発話が産出される様子を詳しくみてみよう。この発話を開始する前に、Hの視線はすでに下方の食べ物に向けられており、Mのこれまでの語り全体に対する反応を産出すると同時にHは食べ物を取るという作業も開始する。つまり2つの作業をHは同時に進行することになる。しかし食べ物を取るという作業を開始するには、これまで深く椅子に腰掛けMの方に向いていた対話の姿勢を解除しなければならない。Hはこの体勢をとるために「ふーん」を長く伸ばしてタイミングを合せていたのである。「この街ってね:?」が言い終わるとき、Hは完全におつまみをとる作業の真っただ中である(図1)。

　Goodwin(1979)は、「発話者の視線は発話の受け手となる相手と会わなければならない」という規範があることを示した。発話者は発話の最初から最後まで受け手と視線を合わせているわけではないが、発話の終了間際に次の話者に視線を向けることは、話者の交替がスムーズに行われるため利用可能な手段である。この場合Hは食べ物をとるという行為を行うために、発話

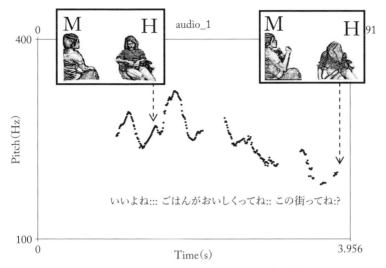

図1　Hの発話のイントネーションと身体の移動

の完了時にMに視線を向けることができないことが予測できている。ここでHはまず「いいよね」の部分を産出することにより、これまでMによって語られたことを評価することをとりあえず、何はともあれ、しているのだということを表明する。本来発話の最後部分にくるのが普通である「いいよね」を下を向いて食べ物を取る動作の開始と同時に産出し始めた結果、「規範的な語順で構成していればここで視線が合うべきだが、現発話行為ではそれはない」ことを前もって表示してしまうのである。つまり、有標的な語順で産出することにより、Hは、視線と発話の連動に関わる規範を一時的に逸脱することを順番の最初に公にしているのだ。

「いいよね」という評価は、とりあえず、この場で適切となる行為ではあるが、「いいよね」だけでは（通常は発話の最後に付加されて発話者のスタンスを構築する相互行為詞「よ」と「ね」を伴ってはいるが）、この位置においては「何がいいのか」が明確にはわからずTCUの完結可能な点に至ったようには聞こえない。つまりここで順番交替が起こるようにはデザインされていない。「いいよね:::,ごはんがおいしくってね::」まで産出した時点では何が「いいのか」が述べられ、一旦完結可能になるが、まだ「ごはんが

おいしい」というのは韓国料理についてなのか、Mが紹介した店についてなのか、刺身ビビンバのことなのかわからない。最後の「この街って」まで聞いてはじめて、このターンにおいて成し遂げられる「行為」は「これまでの話を総合したこの街の食のレベルの評価」であることが理解されるのである。このような語順での文の産出により、出だしは直前のMの発話に対して適切な次の行為を産出しているように見せながら、実は直前の発話に特定的に反応しているわけではなく、最後に来て話題を収束させていることがわかるように発話を組み立てているのだ。しかもこのターンは図1に示したように、イントネーションも徐々に下がっていく1つのまとまったTCUを形成しているので、語順が逸脱的であっても発話を聞いてみると、どこにもMが入り込む余地はないように産出されている。そして04行目の発話の最後の時点でおつまみを取る最中であることは、「食べる」という活動を優先したために、視線も合わせられず、このような語順になってしまったというふうに見せることができるのである。Hが「いいよね」という評価を実現する核心部分の発話と同時に身体の前傾を開始すること、Mと視線を合わせる必要がないようにターンを構築すること、また発話全体として行っている行為が見えにくいように構築していること、これらは全て無関係ではないのだ。「ふ::::::::::::::::::ん?」と順番を長く伸ばしている間、それまでの対話の姿勢は維持しつつもHの視線はすでに食べ物に向けられていた。そして自分の逸脱した語順の発話が、食べ物を取るためであることをわかるような形にするために、完全に身体的な配置を崩し、前傾を始めることができる体勢を整え、発話と同時に身体的に離脱しながらトピックを終了する連鎖の開始を遂行する。「いいよね」という最終的な到達地点を先にもってきてしまうことにより、身体的には離れていくように見えても、現行の行為は前の連鎖の連続であることを可能な限り早い時期に明らかにしている。そしてその行為は「よ」をつけることにより（視線は合わなくても）最終的にはMによって受け止められるべきものであり（Morita, 2012）、「ね」によって（身体的にはそう見えなくても）「協調」について志向している（森田, 2008）ことを明示している。このように、Hは、Mが刺身ビビンバについて

さらに話を展開しようとしていることに抵抗し、トピックを収束させようとしているのだが、それをあからさまに非同調的にやるのではなく、少なくとも表面的にはMの直前のターンを受け止めつつそれに反応しているかのように、実に巧妙にターンを構築しているのだ。

この例は日本語は語順がフレキシブルであるというよりは（それは他の言語と比べて相対的にそうなのかもしれないが）、むしろどのような語順で産出されるのかは発話連鎖の環境や相互行為の状況に影響され、また日本語の規範的な語順を逸脱的に用いることが、その場の問題に対処するための資源として利用できることを示している。このような語順で産出できることは、相互行為達成のために人々が利用できる資源であり、日本語における相互行為の「文法」である。そしてそれは今そこで起きている状況においてのみ理解が可能な文法（positionally sensitive grammar; Schegloff, 1996d: 110）なのである。

4. 実践（プラクティス）としての文法

伝統的な言語学のアプローチでは、「文法」研究の単位は常に「文」であり、「文」には「命題」があり、それがどのような構造で表されるかが問題であった。相互行為言語学では発話の構造を、それがどのような行為の実践（practice）のためのデザインなのかを問う。つまりその発話が「何を意味しているか」ではなく「何をしているか」が分析の関心となる。日本語では主語―目的語―述語という語順が規範的であると見做されているが、実際にどのような語順になっているかを調べると、事例(3)でみたように規範的な文法でいうところの「述部」が初めにくるケースも非常に多く観察される。表される「命題」は規範的な語順に戻せば同じかもしれない。しかしなぜそのような形で産出したのかという問いの答えは出て来ない。会話分析で繰り返し問われる「なぜ、今、その形で？」という問いは、その会話が起こった環境を観察し、会話者たちが志向している秩序をみつけることによって答えることができる。

事例 (3) でみたような発話はまた日本語特有の構造が、発話の産出に与える制約を浮き彫りにする。日本語では発話の最後(日本語では「述語」にあたる部分が来やすい)に相互行為詞(Morita, 2005)や、受け手に働きかける表現(例えば「〜でしょう」や「〜じゃない」など)がつくことにより、「行為」のタイプが明らかになる。しかしこのように述部をあえて先にもってきてしまうことにより、どのような行為を産出しようとしているかを先に明らかにしてしまうこともできるのである。ただしこのようなやり方は有標的になるため、通常志向されるべき秩序を守れないが、そうしなければならない相互行為上の事情があることも示唆される。

「述部を先に産出する」という方法は、しかし「産出する行為のタイプを先に明らかにする」だけではない。この「文法」がどのように利用できるか、別の例をみていこう。

(4)　［M&H 32: 19–］
((MとHはアメリカの中部の日系のレストランで出される寿司の質の低さを批判している。))
01　M: そういう:ものがお寿司だと:世間の人が思ってるかと思うと
02　　　 腹がたつね. な[んか.
03　H:　　　　　　　　 [うんうんうんうん.
04　M: まち[がった形でお寿[司を, 紹介して, みたいな感じ.
05　H:　　 [そう:　　　　 [なんか,
06→H: いんじゃん, アメリカ人でさ, 魚嫌いだとか言ってさ,
07　　⇒あんたおいしい魚食べたことないからそんなこというん
08　　　 でしょ<とか思うもん.

Mはアメリカの和食のレベルの低さを批判し(01–02 行)、Hはそれに同意する。この後Hは次の順番を取ろうとするが(05 行目)、Mが先に次の順番を取ってしまい、Hが入りこもうとしてもMは発話を続行するのでHはなかなか順番が取れない。そこでMの発話がTRPに至ると、06 行目でH

はまず「いんじゃん」(いるじゃん)を先に産出する。主語がないのでもちろん「いんじゃん」だけでは発話は完了しないが、Hは明らかに何かが「いる」という具体例を提示しようとしており、Mが言ったことに対して、自分は具体例を提示できるほどにそのことを理解し、かつ単にMに同意しているのではなく、Mとは独立的にその事態についての知識があることを主張している。しかも「～じゃん」という表現はそのような自分の意見を述べるにあたり、相手の同意を確信しているような表現である。このような文末表現により、現行の発話が強い主張であることを先に提示することは、それに続いてその主張しようとする内容を明らかにすることが強く投射されるため、少なくともその内容の輪郭が現れるまでは、相手が順番をとることは適切な行為ではない。05行目で順番を取ることに成功しなかったHは、Mの主張の後で、次に意見を述べるのは自分であるということをまず先に主張し、その後主語の「アメリカ人で」とそれを限定する「魚嫌いだとか言ってさ」を産出して発話を完成させる。Hの順番は複数の引用を含む長い発話になっているが、このような語順での産出は、ある程度の発話スペースを確保するにも有効である。

　述部が先にくる例をもう1つ見てみよう。

(5)　[T&N]
((呼び出し音))
01　T: はいたけだで[す.
02　N: 　　　　　[あ 忙しいとこご[[めんね?
03　T: 　　　　　　　　　　　　　[[ああ いえいえ.
04　N: あのさ,きのうどうもありが[とね:?
05　T: 　　　　　　　　　　　　[ああ,い:[え-
06→N: 　　　　　　　　　　　　　　　　[わぁいいって
07→　　ゆってるじゃな:いあた[しいつでも:::::::]
08　T: 　　　　　　　　　　　[いやいや,行こうと思ったら]さ,
09　　 おやじがあーんた10日近く寝込まれちゃって.

02行目でNは電話をとった相手を確認もせず、自分でも名乗りもせず、すぐに電話の用件に入ろうとしている。04行目でNが前日のTの行為へのお礼をまず述べる。Tの05行目の発話は「ああ」の部分でNがなぜ電話をしてきたかその理由がわかったことを示し、「い:えｰ」で直ちに「お礼を言われるほどのことではない」ことを言おうとしていると思われる。そこにNが割り込むように、やや大きめの音量で次の順番を開始して、事前に阻止することは(06行目)、Tのしようしている行為をすぐに理解したことを示すと同時に、自分がそれを言わせないようにしていることを公にする[4]。それによってさらにTに感謝していることが表明できる。そこでこの語順である。ここでNは「するのはいつでもいいと言っていた依頼をTがすぐにしてくれた」ことを、自分が「いつでもいい」と言っていたことだけを強調する形でやや感情的なイントネーションで述べている。その後のTの発話から、TはNのところになかなか行けなかった事情があったことがわかる。Nが「いつでもいいと言っていたこと」をまず主張することは、Tがそれにもかかわらずしてくれたこと、つまりTの行為がそれだけ特筆すべきことだったことをここでは表している。この発話も主語―述語という規範的な語順ではない。しかしそれぞれのセグメントの間に途切れはなく、イントネーションはだんだんと下降しながら1つのまとまった発話として産出されている。「いいってゆってるじゃな:い」という述部だけの有標的な形でこの部分を先に出してしまうことで、まず自分の今していること、つまりTの親切なふるまいに対してNが恐縮していることを表明することが、今ここで直ちに為されなければならない性質のものであることを示しているのである。

　この2つの例から、いわゆる「述部」にあたる部分が先に来たからといって、そのような語順で実現されている発話について、「常にXという行為をしている」と一般化することはできないことがわかる。他の文法的な要素を研究していてそのような一般化ができる場合もあるが、少なくとも述語部分を先に産出するという実践(プラクティス)は、この章でみた3つの例では、いずれもその順番で何をしようとしているのかを最初に明らかにするという共通点がある

ものの、そのような構造によって達成された行為も、連鎖の環境もまったく別のものである。そして、それぞれの状況において、述部を先に産出することによって相互行為的に何が達成されているのかも異なる。(3)は視線の問題に対する戦略でもあり、トピックを収束させるために評価の対象が最後までわからないようにする方法でもあった。(4)は強い主張があることを始めに提示し、順番取りの競争が行われている状況で自分の順番のスペースを確保するため、(5)は相手が言おうとしていることを言わせないように遮り、さらに自分の「恐縮していることの表明」の緊急性を強調していた。いずれにしても、このような逸脱的な語順は Schegloff(1996d: 110)のいう、「行為が行われるその場の、行為連鎖のつながりと構成の仕方に敏感に反応する文法」(positionally sensitive grammar)として、日本語話者に利用可能な資源であるということは少なくとも明らかだ[5]。つまり述部を先に産出することによって、行為の性格を最初に明らかにしてその行為の達成をより確実なものとすると同時に、その行為を今ここで直ちに産出する緊急性を強調することができる、そういうシステムが日本語にはあるということである。そして、そうした緊急性は、例えば発話の受け手に視線を向ける、であるとか、相手が卑下したり遠慮したりしようとしているときは、それを遮ることで相手の面子を保つ、といったような社会的な配慮への志向によって生じたものであることも観察できる。それは、発話行為を産出し、完結する間に会話参加者が直面し、対処する必要がある相互行為上の問題である。そして、この「述部を先に産出する」というプラクティスは、私たちが無標とみなす規範的な発話の組み立て方に照らし合せて、ある組み立て方が逸脱的であるからこそ、会話の参加者が(そして分析する私たちも)そこにある「なぜ今ここでそれを?」の問いに対する答えとして理解可能になるのである。相互行為言語学は、発話の命題を分析していてもみえてこない会話の参加者が直面する状況を浮かび上がらせ、それに対する参加者たちの実際の対処の方法、つまり、「人々の方法」を「文法」を通して分析するのである。

5. 会話分析的アプローチによる言語研究の姿勢

　この章でみてきたように会話分析の方法論を言語の分析に取り入れるということは、分析の根拠は常に「会話の参加者自身がそれにどう志向しているか」に拠るということになる。そのためにはターゲットとなる言語形式だけをみるのではなく、その前後で何が起こっているのかを分析しなければならない。

　そして形式と機能の結びつきについて考察するときも、「この形式が使われるときはこういう意味になる」といった静的な規則としてまとめてしまわないことが重要だ（言語学ではしばしばみられることだが）。その形式に対する観察可能な参加者の志向から立ち上がってみえてくるパターンを捉え、相互行為を組織する上で、その言語資源を使って何が達成されるのかを、連鎖組織が展開する中でまず観察しなければならない。

　相互行為言語学ではある言語形式に注目し、その形式がどのように会話者に利用されるかを調べるとき、まずは例を集めるのだが、その際に特定の行為連鎖上の位置（例えば質問の終わり部分であるとか、修復の開始部分であるとか）に限定すると、分析がしやすいかもしれない。次にそこで一般化できた何らかの記述が、他の行為連鎖でもあてはまるかどうかをみる。初めから特定の言語形式に雑駁な「意味」を結びつけてしまうと、それにあてはまらない例を「例外」として（それを「例外」とする根拠なしに）除外してしまう恐れがある。またいろいろな場所での使われ方を、その言語形式の「意味」や「機能」として羅列することが果たして有効な方法かも吟味する必要があるだろう。なぜならある言語形式が別の行為連鎖上の場所で使われれば、当然環境に依存してその機能は違ってくるからである[6]。

　またその形式が、相互行為上の何かを達成していると主張するときに、その形式だけが単独でその仕事をしているのか考慮する必要がある。これまでみたように発話を構成するものは言語だけに限らないからである。順番と順番の間あるいは順番の内部に作られる隙間、次の順番が始まるタイミング、呼気、吸気音、目線、ありとあらゆるものが社会的相互行為を構成する上で

無視できない要素なのである。自然会話データを「文法」の研究に使うとき、精緻化を重ねたトランスクリプトを参照しながら音声を何度も聞き、ビデオ画像もチェックしなければならないのは、このためである。しかし実際に会話の参加者が何に志向しているのか、相互行為で起こっていることだけをその分析の根拠とした実証的な「文法」研究は、誰の目にも明らかに客観的で説得力のあるものとなるはずだ。

6. まとめ

　会話分析と言語学の幸福な出会いにより生まれた相互行為言語学は、言語が相互行為によりどのように具現化され、また言語の統語形態的制約が相互行為のパターンをどのように形づくっているのかを研究する領域である。会話に頻繁に現れる形態や文法的構造に始めに注目し、それらが果たす相互行為上の役割を分析するのか、会話分析の最も基本的な分析のプロセスに従って、ある会話のセグメントを詳細に分析するうちに、たまたま起こった小さな気付きから出発し、そのふるまいが特定の言語資源に帰するものなのかを探求するのか、アプローチの方法は様々だ。いずれの方法からも言語資源と相互行為に関する優れた研究が生まれている。

---------- 課　題 ----------

1. 本章で扱ったような、1つのまとまった順番で述部（＋「ね」や「よ」など通常は発話の最後に来るような要素）が先に来る形で産出されている（本章の例（4）のような）発話例を集めてみよう。そのような形式により、相互行為的に何が達成されているか、どのような環境で生起しているのか、なぜその位置でそうする必要があるのかを分析してみよう。
2. 「何らかの発話に対する応答の冒頭」など、相互行為上の特定の環境において、「えーと」という表現が使われている例を集めてみよう。自分

たちの分析を、先行研究(例、高木・森田, 2015 など)と比較してみよう。

注

1. 言語学の変遷と相互行為言語学までの流れについては Schegloff, Ochs and Thompson (1996)、岩崎・大野 (2007) に詳しい。
2. 従来「ね」、「さ」、「よ」などは「文末につき、文を完成させる」と考えられ、「終助詞」と呼ばれてきたが、実際の発話の構成を観察すると、そもそも伝統文法でいうところの「文」という用語はほとんど使えないことからも、Morita (2005)、森田 (2007) などでは、相互行為において注目すべきまとまりを区切る「相互行為詞」という用語を提唱している。
3. 西阪 (2008) はこのような区切りの場所を「反応機会場」と呼び、相互行為上の問題の焦点となりうることを詳しく論じている。
4. 発話が「何をしているか」は「文法」だけでなく、順番と順番の間の隙間の置き方も深く関わっている。03 行目と 05 行目の発話は前の順番が終わるのを待たずに早めに産出されている。「謝ること」や「感謝を表明すること」は、社会的な立場の認識に直接関わるデリケートな問題である。このような状況では「最後まで言わせない」ことによって、そのような行為が不要であることだとしていることを見せているのである。
5. 述語が前にくる語順に注目したその他の研究として、Tanaka (2005) は隣接ペアの第 2 部分 (4 章を参照のこと) において、優先的な反応 (4 章の優先組織の節を参照のこと) の場合に、述語が先行し、その他の要素が最小限度につけられるということを観察している。高木 (2014) もこの現象について、1) その順番の受け手による理解に志向しているために述語の後にその他の要素が付加される場合と、2) 直前の発話との関わりに志向するために述語がとりあえず先に産出される場合の 2 つに分け、いわゆる「後置」現象が相互行為上の手だてとなりうることを分析している。
6. このような手順で筆者は相互行為詞「ね」、「さ」、「よ」について分析した (Morita, 2005, 2012)。

第9章 教室内相互行為―制度的場面の分析

　近年の会話分析研究では家族や友人との日常会話に限らず、「授業」や「診察」、「会議」など、何らかの明確な目的達成のために社会的組織で行われる相互行為の分析が頻繁に行われている。そのような制度的場面においても、言葉のやりとりはその制度場面における相互行為の目的（例えば法廷において証言をする、診療を受ける、著名人にインタビューするなど）を果たすために非常に重要な役割を持つ。よって、その制度的場面において参加者がいかにして様々な目的を達成するのかを検証するのには会話分析の手法を用いた分析が実に有益である。この章ではまず、制度的場面は会話分析研究においていかにして分析されるのか、その留意点を述べる。その後、制度的場面の一例である教室における相互行為を取り上げ、教室内相互行為の会話分析的研究の展開について解説していく。

1. 制度的場面の相互行為

　これまで会話分析研究で明らかにされた順番交替（Sacks, Schegloff and Jefferson, 1974）、連鎖組織（e.g. Schegloff, 2007b）、修復の組織（Schegloff, Jefferson and Sacks, 1977）などの場面や文脈に縛られない会話のメカニズムは第一言語話者間の日常会話の検証から見出されたものであるが、その後の多くの研究によってこのような会話の基本的組織は、実に幅広い社会的場面の相互行為で実践されていることが発見されている。いかなる社会的接触場面においても、質問には返答が続き、依頼の後は受け入れまたは拒否が起こ

り、評価の後には同意または非同意が続くことが志向される (Zimmerman and Boden, 1991)。よって第4章でみたような連鎖の組織(隣接ペア、挿入連鎖など)は法廷における相互行為、ニュースインタビュー、救急要請の電話会話、医療現場における会話などを含む様々な制度的場面でも起こるものであり (e.g. Maynard, 1991; Maynard and Wilson, 1980; Wilson, 1991)、また、5章で見た修復組織について言えば自己修復の優先性は教室場面におけるやりとりでも (e.g. McHoul, 1990)、第二言語会話でも観察されるのである (e.g. Hosoda, 2000, 2006; Kurhila, 2005)。

　また、いかなる発話も特定の受け手に合わせてデザインされるものであるから(第7章参照)、制度的場面においても、話者はその時の受け手が誰で、どのような制度的場面における発話であるのかを考慮して発話をデザインする。よって、とりわけ制度的場面では、参加者自身がはっきりと発話の中で社会的コンテクスト(例えば診療所、教室、法廷など)の関連性に志向することもあるのである。会話分析でも社会的コンテクストは会話における重要な要素とみなされるが、参加者自身が相互行為の中でその関連性を示さない限り、分析者はそのような外的背景を用いて参加者の行為に関しての憶測や推測をすることを控えることは、第7章ですでに述べた。会話参加者がある特定の社会的コンテクストが相互行為に関連性があるものとしてふるまう時に、はじめてそのコンテクストがその相互行為に大きな影響を与えると捉えられるのである (Schegloff, 1991)。つまり、それぞれの制度的場面における背景(例えば、医者と患者、救急の電話をする人とそれに応対する人、インタビューをする人とインタビューを受ける人、先生と生徒、等の相互行為における役割)があらかじめ存在するものとして分析するのでなく、彼らが会話していく中でそれらの制度的役割がどのようにして構築され、引き合いに出され、取り扱われていくのかについて検証するのである。相互行為参加者のアイデンティティや属性(医者、患者、先生、生徒等)を考察する際には、分析者はそのアイデンティティや属性をもともと存在するものとして様々な行為の説明に利用するのでなく、参加者自身が会話の中のその瞬時に自分、会話相手、または話の中で言及している人のアイデンティティや属性にどの

ように志向しているのか(またはいないのか)を詳細な観察を通して検証するのだ。

　制度性の相互行為への関連性を観察するためには日常会話の組織を参照することが不可欠となる。前述のように、日常会話の検証によって文脈に縛られない会話を組織する一般的な手続きが明らかにされている。それらのメカニズムは様々な他のタイプの相互行為の組織にも関わっていることが示されており、制度的場面における相互行為の特徴は日常会話を引き合いに出さずには検証できない(Zimmerman and Boden, 1991)。これまでの研究は日常会話の組織を参照することを通して、制度的場面で行われる相互行為の様々な特徴や参加者自身の社会的コンテクストへの志向を明らかにしてきた。制度的場面の特徴は順番交替、相互行為の全体的構造、連鎖組織、ターンのデザイン、語彙の選択など様々な相互行為の側面で観察されてきている(Drew and Heritage, 1992; Heritage and Clayman, 2010)。例えば日常会話においては話す話題や話す順番は前もって決まっていないが、ニュースインタビューや法廷などの制度的場面においては、参加者が話すべき話題や話すべき順番が前もって決められているのである。また、語彙の選択を例に挙げると、英語の日常会話においては「質問−応答」の連鎖に続く第3順番で「oh」という表現が頻繁に使われるが、多くの制度的場面の会話では「質問」への「応答」を受け止める反応として「oh」という表現は控えられる。英語の「oh」という表現は本来、何か新しい知識や情報が取得されたことを示し、質問者(つまりohを発した人)が純粋に答を知らずに情報入手の目的で質問をしたことを示すものである。もし医療場面において患者の症状を質問した医者が患者の応答に対して「oh」という表現を使って反応したとすると、患者の症状が医者さえも知らなかった稀で深刻なもののように聞こえてしまったり、医者が自らを無知で経験のない医者のように見せてしまったりする可能性があるのである。また、法廷において検事や弁護士は自分自身のためでなく裁判官や陪審員に聞かせて彼等の評価や判断を促すために証人等に質問をする。よって、証人等から積極的に応答を引き出すことはするが、その応答を評価するような表現は控えるのである。前述のように「oh」とい

う表現は応答が目新しいもの、予期できなかったものであるという評価を含むため、この表現の使用を避けるのである(第4章1.6 も参照)。

　これらの制度的場面の特徴を相互行為内で実現することにより、参加者は、(1)その相互行為の目的とその目的に結びついたアイデンティティ、(2)その制度的場面で会話参加者が「できること」「していいこと」の制約、および(3)その会話が行われている制度的場面特有の手続きや解釈の枠組みに対する志向を公にするのである (Drew and Heritage, 1992; Heritage and Clayman, 2010)。こういった参加者の志向を精査することによりそれぞれの制度的場面の特徴がみえてくるのである。

　以下では制度的場面の1つである教室場面を取り上げ会話分析研究の教室における相互行為分析への応用の可能性について検討していく。そのために教室というコンテクストをどのように捉えるべきか、教室における相互行為に特有のプラクティスはいかなるところで観察可能なのか、会話分析は教室における学習を記述することに適しているのか、などを考察する。また、ここでは教室の中でも特に語学教室に注目して論じていく。

2. 教室における相互行為

2.1. 教室における相互行為の会話分析

　1970年代後半からエスノメソドロジーの手法を用いた教室内相互行為の研究がみられるようになり (McHoul, 1978, 1990; Macbeth, 1990; Mehan, 1979)、1990年代後半からは会話分析の手法を用いた教室内相互行為の分析研究が数多く発表され始めた (e.g. Hellermann, 2007, 2008; Hellermann and Doehler, 2010; Markee, 2000; Mori, 2003, 2004; Olsher, 2004; Waring, 2008, 2009)。

　過去の日常会話の研究から得られた結果との比較検証を通して、教室内相互行為の会話分析研究は多くの教室における相互行為に特有の性質を明らかにしてきた。これらの研究で検証された相互行為の側面は多様であり(学習タスクの開始、アイデンティティの構築、口頭評価など)、参加者の相互行

為への参加パターンも (グループやペアでの相互行為、クラス全体での相互行為など) 様々であるが、これらの研究はすべて相互行為参加者の視点から観察を進めているという点で共通している。参加者は相互行為を通して何らかの活動を達成し、相互理解の構築を通して彼等自身の視点を示していると考える。前述したように、会話分析では参加者のアイデンティティや社会的文脈などの背景は参加者自身の相互行為における発話やその他のふるまいを通して公になるものであると捉える (e.g. Schegloff, 1992a, 1992b)。よって会話分析研究では社会的背景のような外因的要素を分析以前に予め想定することを避ける。

会話分析を教室内相互行為の分析に用いることにはいくつかの重要な利点がある。会話分析では会話参加者の発話というものは、その会話に参加する者たちの間で相互行為を通して協働的に構築されるものであるとみなす。よって会話分析を教育相互行為の分析に用いる最も重要な利点の1つは、会話分析の手法を用いることによって私たち観察者は2人以上の参加者の間で起こる学習の過程を観察することができることである (Markee and Kasper, 2004)。例えば、教室での質問と応答の連鎖において学習者の応答はその学習者のその質問に対する理解を公に示しているし、教師の第3順番の発話はその教師がその学習者の応答をどのように理解・解釈したかを示していると考えられる。このように会話分析は教室という学習の現場における相互行為を観察検証するのにも有効な手法であると考えられるのである。

2.2. 教室というコンテクスト

前述のように制度的場面における相互行為に特有の性質は参加者のやりとりそのものから明らかにされるものであり、教室内相互行為も例外ではない。では教室内相互行為はどんな特性を持っているのだろうか。次の事例をみてほしい。

(1) ［MK July 2008: 09: 11–10: 08］
01　AT:　okay nex°t° what's this. ((AT が自分の目に手をあてる))

```
02  S1:   e:ye.=
03  S2:   =eye.
04  Ss:   [eye ((数名が口々に))
05  AT:   [very- ve:ry good. okay. e:yes.
06  All:  e:yes.
07  AT:   e:yes.
08  ALL:  e:yes.
09        (0.5)
10  AT:   okay. e:yes.
11  ALL:  e:yes.
12  AT:   o::kay. what's this?
13  ALL:  e:yes.
14  AT:   ve::ry good.
15        (1.0)
16  AT:   m::: next. (.) what's this. ((自分の耳に手をあてる))
17  S1:   ea:=
18  S2:   みみ?
19  Ss:   みみ ((口々に))
20  AT:   みみ? みみ? how do [you say mi-
21  S3:                      [EAR
22  AT:   ear. ((S3を指さす)) ve:ry good.
```

上記の抜粋を見れば誰しもこの相互行為が教師と学習者の相互行為、もっと正確にいうと第二言語または外国語としての英語の教室における相互行為で、ATと記されているのが教師、S1、S2、S3、Ss(不特定の複数の学習者を指す)と記されているのが学習者、ALLと記されているのがその場にいる相互行為参加者全員であるということが容易にわかるであろう。従来型の教室内相互行為は、教師の働きかけ、学習者の応答、教師の学習者の応答に対するフィードバックの**3段階談話(triadic exchange)**で構成されている。この3段階談話をMehan (1979)は**IRE (initiation-response-evaluation)**、Sinclair and Coulthard (1975) は IRF (initiation-response-feedback)、McHoul (1978) は QAC (question-answer-comment) と称している。上記の抜粋にあてはめてみると、教師による働きかけは 01 行目、05 行目、07 行目、10 行目、12 行目、16 行目、および 20 行目にみられる。そのうち 01 行目、12 行目、16 行目、20 行目は質問である。しかしながらこの事例における質問は日常会話における質問とその性質がかなり異なっている。2.3 で詳しく述べるが、日常会話における質問と応答の連鎖では質問者の知識に変化が起こるが、教室会話の質問と応答の連鎖では質問者の知識の変化が起こらない。これはこれらの質問が「**答えのわかっている質問（known-answer question）**」であるからであり、教師が答えを知っているということは質問者である教師の第 3 順番の発話に明らかに示されている（第 4 章の 1.7 も参照）。05 行目、12 行目、14 行目、22 行目で教師は学習者の応答の正しさを評価するフィードバックをしており、このフィードバックによって発話連鎖を終えているのである (Hosoda and Aline, 2010b, 2010c; Waring, 2008)。このように、教師主導の従来型教室というコンテクストは、答えのわかっている質問の繰り返しや、教師による質問や指示 (Initiation)、学習者による応答 (Response)、教師による評価 (Evaluation) (IRE, Mehan, 1979) といった 3 段階談話への志向によって生み出されているのである。

　上記の事例にみられるように、従来型の教室内相互行為の主要な特徴は特有の連鎖組織である。しかしながら 3 段階談話は多くの教科で未だに一般的であるものの、現在では「典型的な」教室なるものは存在しないと言われている (Howard, 2010)[1]。その理由の 1 つに教室内相互行為におけるそれぞれの発話はそれぞれの文脈に敏感な特徴を持っていることが挙げられる。主に答えのわかっている質問の繰り返しである従来型の教室であっても、教師が問う質問のそれぞれが新しい独特の連鎖環境を創り上げ、学習者の応答もそれぞれ特有の相互行為の軌道を生み出して教師の第 3 順番におけるフィードバックにつながっている。さらに、教師による第 3 順番は多岐に渡る行為を執り行う (Lee, 2007)。したがって、「教室場面」という包括的な言葉は便宜的なラベルに過ぎず、その場面で行われる相互行為は実に多様で複雑な

ものである。

　それでは私たちは制度的場面、特に教室というコンテクストをどのように取り扱うべきなのであろうか。その疑問に対する答えの1つとして、Hosoda and Aline (2013) は Seedhouse が提案した3つのレベルのコンテクスト (Seedhouse, 2004, 2010; Seedhouse and Richards, 2009) を発展させ、制度的場面を観察する際に考慮するべき5つのレベルのコンテクストを提唱している。その5つのレベルとは(1)ミクロのコンテクスト (the micro context)、(2)サブバラエティのコンテクスト (the sub-variety context)、(3)制度的場面内のコンテクスト (the intra-institutional context)、(4)制度的場面間のコンテクスト (the inter-institutional context)、および(5)相互行為のコンテクスト (the talk-in-interaction context)である。図1はそれらのコンテクストを図式化したものである。

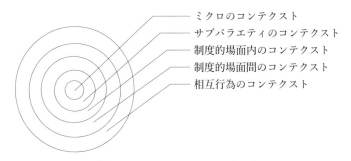

図1　5つのレベルのコンテクスト

　会話分析の研究では、通常ある特定の例のミクロのコンテクストを詳細に渡って観察することから始める。このレベルの検証における焦点は、その1つの事例特有の性質の究明である。つまりここでは1つの事例のコンテクストに敏感な特色を取り扱うのである。いかなる発話もその発話直前のコンテクストによって形作られ、その発話はその発話に続くコンテクストを創り上げる。例(1)を例に挙げると、同じ教師がほぼ同様の質問を何度もしているのにもかかわらず、学習者の応答やその応答に対する教師のコメントはそれぞれ異なっている。よって、このレベルでの分析の焦点は異質性 (heterogeneity)（Seedhouse, 2010: 19）、つまりコンテクストによって異なる相互行為の方向性であり、その異質性に注目して個々の事例の特色を詳細に渡って記述していくのである。

　サブバラエティのコンテクストはミクロのコンテクストよりも広範囲のコンテクストを取り扱う。個々のサブバラエティのコンテクストは独自の相互行為目的と相互行為構造を持っている。例えば、単語と文法の習得が目的でその目的に沿って相互行為も組織されている語学教室を観察する際には、その教室で行われていることが他の同じような相互行為の目的を持つ教室、つまり単語と文法の習得を重視した他の語学教室と共通点があるか否かを検証する。

　制度的場面内コンテクストではさらに広い範囲のコンテクストを観察する。ここで大切なのは、その制度的場面で行われたやりとりだからといって必ずしもその制度的場面のコンテクストが相互行為参加者のやりとりに関連性があるとは限らないということだ。というのは、そのコンテクストの関連性は参加者自身がそのやりとりの中で築き上げるものであるからだ。ある特定の制度的場面において、参加者がその制度的場面のコンテクストとは関連性のないことに志向した発話をすることもある。例えば Waring（2013）は語学教室の中で学習者が語学学習者というアイデンティティでなくロックミュージックの愛好家であるとか1児の親であるといったようなアイデンティティに志向した発話をする例を挙げている。先に述べたミクロのコンテクストを検証する際とは逆に制度的場面内のコンテクストを観察する際には、制度的場面内の共通性、つまり、同質性（homogeneity）に焦点を当てる。つまり、例えばある特定の語学教室（ある1つの授業またはクラス）という場面を観察する際には他の語学教室の場面といかなる共通点があるかどうかを検証することにより、語学教室という制度的場面の包括的な特徴の把握をめざすのである。

　制度的場面間のコンテクストを観察する際には、ある特定の制度的場面で行われる相互行為とまた別の制度的場面で行われた相互行為と共通の特徴があるのか、それがどのような特徴であるのかを検証する。例えば、先に例に

挙げたように、ニュースインタビュー、法廷、診療所などの制度的場面における英語相互行為において共通の特徴の1つは「oh」という発話の不在である (Drew and Heritage, 1992; Heritage and Clayman, 2010)。また別の例を挙げると、多くの制度的場面の相互行為における順番交替の特徴の1つは誰が質問を行ってだれが返答するのかということがあらかじめ決まっているということである (Atkinson and Drew, 1979; Greatbatch, 1988)。さらに、「答えのわかっている質問」をするやり方は法廷 (Levinson, 1992)、警察における取調べ (Stokoe and Edwards, 2008, 2010)、政治的討論 (Reynolds, 2011)、教室 (Margutti, 2010) など多くの制度的場面における相互行為で似通っており、質問者は答えがわかっている質問をその後の議論を論理的に進めていくための道具として利用する。

　相互行為のコンテクストは制度的場面間のコンテクストをも包含する最も広いレベルのコンテクストである。Sacks, Schegloff and Jefferson (1974) が提唱したように、(第一言語の) 日常会話は基本形であって、その他のタイプの相互行為は日常会話の組織の仕方のある側面に変形が加えられたものとして捉えることができる。よって、相互行為のコンテクストを観察する際には、その制度的場面の相互行為において、日常会話の組織と共通点があるかどうかが検討される。言い換えれば、このレベルを考察する際に分析者はある制度的場面の相互行為にみられる特徴が一般性を持つものなのかあるいはその制度的場面の相互行為特有のものなのかを考察するということである。例を挙げると、上記のように隣接ペアはいかなるタイプの相互行為にもみられるだろう[2]。質問の後には答えが来るし、依頼の後には受容か拒否が続く。もう少し特定的な特徴についてもみてみよう。Koshik (2002) によれば、教室に観られる**デザイン上不完全な発話 (designedly incomplete utterance)** (事例 (2) で詳しく取り上げる) と日常会話にみられる言葉探しや発話の**先取り完了 (anticipatory completion)** の間には多くの共通点があるが、教室で起こるデザイン上不完全な発話は教育上の目的を持つ、という意味で両者には異なる点がある。このように、日常会話という相互行為の基本的組織を参照することで、ある特定の制度的場面における相互行為の一般性と特異性が見え

てくるのである。

　以上のように、教室というコンテクストを観察する際にはある1つの事例をミクロのレベルで観察してそこで行われている手続きを見出すことから始め、他の似通った教室場面、教室場面一般、他の制度的場面、さらには日常会話でも同じような手続きがみられるのか否かを検証することにより、教室内相互行為にみられるある手続きがどのレベルで特有なものといえるのか、または相互行為を組織する手続きとして一般的なものであるのかを解明できるのである。

2.3. 教室内相互行為における質問と応答

　教室内相互行為、特に語学教室の相互行為は比較的最近になって大きな変革を成し遂げた。Norm Chomsky の提言した言語能力 (Chomsky, 1965) への反発と Dell Hymes の唱えたコミュニケーション能力 (Hymes, 1972) の影響から、コミュニケーションの練習を重視した新しい教授法「コミュニカティブアプローチ」(e.g. Finocchiaro and Brumfit, 1983) が 1970 年後半から 1980 年代前半にかけて導入された。コミュニカティブアプローチの導入により、タスク達成を目的とした学習者同士の相互行為を中心とした語学教室が増えた。しかしながらそれだからといってすべての語学教室がコミュニカティブアプローチに飛びついたわけではない。現在でも学習者の習熟度レベルや教室環境などによっては従来型の教師中心の教室が広く存在している。例えば全くの初級外国語教育の教室においては自由にその外国語を用いて学習者同士で話させることは不可能であるため、教師が中心になってとり行う相互行為のパターンが一般的である。前述のように、従来型の語学教室では、教師は学習者が特定の表現や語彙を習得しているかどうか確かめるために3段階談話を答えのわかっている質問で開始する。

　このような答えのわかっている質問は多くの制度的場面の相互行為で観察される (e.g. Freed and Ehrlich, 2010; Heritage and Clayman, 2010)。そのような質問と応答の連鎖では、その制度的場面の専門領域の知識を持ち熟練している参加者が相互行為を管理する特権を持っており、知識や経験の乏しい参

加者には連鎖を開始する機会がほとんどない (Drew and Heritage, 1992)。従来型の教室の場合には教室内におけるその教科の熟練者は教師のみであり、教師がトピックや発話の順番配分など相互行為に関するほとんど全ての権限を持っている (Erickson, 2004)。

　どんな文脈であっても質問には応答が続くことが期待されるが、質問の本質はその相互行為の目的によって異なる。例えば、初級の語学教室では目標言語の簡単な口語表現や基本的な文法と語彙の学習が目的となるため、教師は学習者がそれらの表現や語彙を覚えているかどうかを確かめるためしばしば答えのわかっている質問をする。語学教室における目立った特徴の1つは目標言語による発話が相互行為の手段であると共に、発話を産出すること自体が相互行為の目的でもあるということだ (Seedhouse, 2004)。したがって教師が予めはっきりとは答えがわかっていない質問(例えば、「週末は何をしましたか？」「今日の朝食は何を食べましたか？」など)をしても、その質問を通して教師は情報を求めているだけでなく、少なくともある程度は、学習者の目標言語の産出をチェックしているのである。

　教師の質問に対して学習者の返答が遅れることはよくあることであり、学習者の返答を引き出すために、教師は学習者の現在の習熟度レベルに合わせて単純化した質問をする。そのような単純化は通常「スキャッフォルディング (scaffolding)」(Wood, Bruner and Ross, 1976) と呼ばれる[3]。従来型の教室では、教師による質問が非常に大切な役目を持つため、教師は学習者のレベルやその時の文脈に合わせて質問デザインを選択する。教師の質問デザインの種類は英語の教室を例にとれば主にWH型の質問、yesかnoで答える極性疑問文、二者選択質問、不完全文などである (Koshik, 2002, 2005; Lerner, 1995; Margutti, 2006, 2010)。上で触れた、Koshik (2002) がデザイン上不完全な発話と呼んでいる発話では、学習者が返答ですべきことは教師が敢えて産出を保留した最後の1、2語を埋めるだけであるため、学習者から返答を得られる可能性が他の質問デザインに比べてかなり高いといえる。よって、教師はこのようなデザインの質問[4]を、他のデザインの質問が学習者の返答を得ることに失敗した後にすることが多い。下記が一例である。

(2) [CIRC: Simon, Lerner, 1995: 120]
```
01  Teacher: You have on here (2.2) "the doorknob was locked."
02           That's using "doorknob" in a sentence, but I want
03           the definition, =what is ah doorknob? (0.2) Ah
04→          doorknob is Doorknob IS
05           (0.6) ((teacher pantomimes the use of a
                 doorknob))
06  J:       a whe=a little [wheel
07  Dan:                    [to open- (.) the door.
08           :
09  Teacher: Okay, well don't fall into the trap of giving me
10           sentences.I want definitions.
```

03 行目で教師は最初に WH 型の質問「ドアノブって何？（what is ah doorknob?）」をするが学習者がその質問に返答しないとすぐに不完全発話による質問を「あ、ドアノブは、ドアノブは（Ah doorknob is Doorknob IS）」と「ドアノブは」を 2 度繰り返す形でする。つまり、教師は WH 型の最初の質問で学習者の返答を得られないとすぐに不完全発話を用いた質問で学習者の返答を追及するのである。この例でみられるように、教師がどのようなデザインの質問をするかによって、学習者の返答のし易さが変わるのである。前の質問で学習者の返答が得られなかったり、返答を得ても満足のいくものではなかったりした場合には、教師はその文脈や状況を考慮した上で自分のめざしている教育目標に学習者が達するにはどのような助けをしたらよいのかその時その場で判断して質問をデザインし直すのである（Heritage and Heritage, 2013）。

　教師による学習者の返答の追及には学習者の抱える問題の源を教師がどのように判断したかが反映されている。語学教室の場合、学習者が返答をしなかったり十分な返答をしなかったりした場合には、教師はその原因は学習者が目標言語を十分に習得していないことにあると捉える場合が多い。

Hosoda（2014）は、小学校での英語授業の分析を通して語学教師は学習者の返答の不在を(a)学習者が教師の質問を理解していないため、(b)学習者が返答に含まれるべき語彙を覚えていないため、または(c)学習者が返答に含まれるべき文法項目を習得していないため、であるとすることが多いと報告している。下記の例では、教師の返答の追及の仕方に、学習者の返答の不在が教師の質問を理解しなかったためであるとの教師の判断が反映されている。

（3）　［Fukushima: 01: 35–02: 07］
((VTは(外国人)教師、S1は指名された学習者、S2はS1の前に座っている学習者である。))
01　VT: hello.
02　S1: °hello°
03　VT: h(h):i. h::i.
04　S1: °hi°
05　VT: okay. what day is it today.
06　　　 what day is it today.
07　　　 (0.5)
08→VT: day day day.
09　S2: °°it's [monday°° ((S1に向けて))
10　S1: 　　　[it's (.) monday.
11　VT: it's MONday. oh|h|kay that's good. yey.
　　VT: 　　　　　　　 |((拍手))
　　Ss: 　　　　　　　 |((拍手))
12　VT: okay. h:i, ((次の学習者に向けて))

01行目から04行目にかけて教師と指名した学習者(S1)に向けてあいさつを交わし、05行目で教師は答えのわかっている質問「what day is it today.」をする。話者交替が可能な場所に至った後、教師は同じ質問を繰り返す。しかしながら学習者はすぐに返答をしない。すると0.5秒ほど待った後に教師は学習者に手がかり(clue)(McHoul, 1990)を与える。McHoulによれば、手が

かりを与えることは学習者が正しい答えに少しずつ近づくようにするための教師の試みである。08 行目で教師は"day"という質問の軸となる言葉を繰り返すことにより学習者に手がかりを与える。質問の軸となる言葉を繰り返すことにより、教師は返答の欠如は学習者が発話行為(質問)を認識できなかったのではなく、質問に使われていた特定の言葉をよく認識または聞き取ることができなかったせいであり、その言葉を繰り返すことで学習者の理解は推進されるとの判断を表面化している。教師による手がかりの産出は 10 行目で S1 の返答につながる。すると教師は S1 の返答を繰り返しと言語的および非言語的手段によるプラスの評価 (Hosoda and Aline, 2010a, 2010b) によって受け入れる。

　語学教師は学習者の返答の不在を学習者が返答に含まれるべき語彙を産出することができないためであるとすることもある。下記が一例である。この例では、教師が『はらぺこあおむし』の物語を英語で読み聞かせた後に学習者にその話の内容に関する質問をしている。

(4)　[Kagoshima 25: 10–17]
((VTは外国人教師、JTは日本人担任教師S1は指名された学習者、S2とS3は指名されていない学習者である。))
01　VT: on Thursday,| wh↑at did he eat.
　　　　　　　　　　|((数人の学習者達が手を上げ始める))
02　VT: ((腕をのばしてS1を指名する))
03　S2: stRA:wberry
04　S3: strawberry::
05　　　 (.)
06→JT: °日本語でもいいよ°　((S1に向けて))
07　S1: strawberry
08　VT: ye:s, very good, he ate (.) strawberries.
09　Ss: strawberries

01 行目で外国人教師は青虫が木曜日に何を食べたか尋ねる。この質問に対

して数人の学習者たちが手を挙げ、外国人教師はそのうちの1人であるS1を指名する。その他の生徒は手をおろすことによってS1が指名されたことへの理解を示す。S2とS3は手をおろす際に答えを言うが、外国人教師も日本人教師も指名されていない学習者によるこれらの返答には注意を向けずにS1による返答を待つ。しかしながらS1がすぐには返答しないため、06行目で日本人教師は「日本語でもいいよ」とS1に向けて小さな声で言う。日本人教師によるこの発話は、S1の返答の遅れはS1が返答を英語で行うことが困難であるために生じたもので日本語であればS1は返答できるであろう、という解釈が示される。ところがこの解釈に反して07行目でS1は日本語でなく英語で返答を行う[5]。その返答を受けて外国人教師は「ye:s, very good,」とプラスの評価を行う。

　教師がある特定の文型を使って返答をするように学習者を導く質問を行って学習者の返答が遅れた場合には、教師はその返答の遅れは学習者がその特定の文型の産出に困難があるためと解釈することがある。

（5）　[Makoto Dec. 13: 2: 11–14]
((VTは(外国人)教師、S2が指名された学習者である。))
01　VT:　((S2に向けて)) how are you.
02　　　　(.)
03→VT:　I:'m=
04　S2:　=I:'m fine.

上記の抜粋の前にこのクラスでは「How are you? I'm ～」のクラス全体での口頭練習を行った。01行目で教師はS2に向けて「how are you.」という質問をする。その質問に対してS2がすぐには返答しないと、教師は「I:'m」と発して不完全発話の質問をする。するとそれに続いてすぐにS2は「I:'m fine.」と言って返答をする。この口頭練習の主な目的は学習者に「I'm ～」という文型を産出させることであるので、学習者が本当にfineであるのか、tiredであるのか、hungryであるのかなどは二の次である。その意味ではこ

の例における「how are you?」という質問も一種の答えのわかっている質問でこの質問の目的は学習者がある特定の文型(ここでは I'm 〜)を産出できるかどうかを確かめることであるといえるであろう。答えのわかっている質問が学習者の事実内容の知識を確かめるために用いられる他の教科の教室と違って、語学教室では答えのわかっている質問が目標言語の構造や語彙が習得されているかどうかを確かめるために用いられる (White and Lightbrown, 1984)。目標文型を産出して学習者の返答を促すことで、教師は学習者が返答に組み入れられるべき目標文型を十分に習得していないとの解釈を公に示している。

　以上のように、語学教室では教師は多くの場合学習者の返答の遅延や欠如を学習者の目標言語能力不足のためと解釈する。これは第一言語の日常会話の場合と大きく異なる。第一言語の日常会話の場合には、返答の遅延や欠如は質問者によって非同意の前触れや返答することへの抵抗とみなされることが多いのである。

　従来型の教室内相互行為のもう 1 つの特筆すべき特徴は、相互行為の進行性よりも指名された話者が返答することがしばしば優先される点である (Hosoda and Aline, 2013)。教師はこの優先性への志向を指名した学習者からの返答を繰り返し追及することで示し、また指名された学習者以外の学習者も返答を控えたり指名された学習者に「オフレコ」で助け舟を出したりすることでこの優先性に志向する。もちろん例外もある。上記例 (4) のように指名された学習者以外の学習者が返答してしまうことも稀にある。しかしながらそのような場合には、たいていの場合、教師は指名されていない学習者からの返答を取り扱わない。この優先性は Stivers (2001) によって観察された日常会話や小児科の病院における相互行為と異なる。日常会話や小児科の病院における相互行為では、選択された者が(すぐに)応答できなければ、答えを知っている他の会話参加者が応答して会話を進行させる。しかしながらそれだからといって従来型の教室内相互行為が指名された者が答えることの優先性が観察される唯一のコンテクストであるわけではない。多くの制度的場面の相互行為、特に法廷における相互行為では、教室内相互行為と同様に

相互行為の進行性よりも指名された者が応答することが優先される。よってどちらが優先されるのかはその相互行為の目的によるのである。教室内相互行為の主要目的の1つは教師が返答するように指名した特定の学習者が教師が教えたことを理解しているかどうかを確かめることにあるため、指名された学習者が返答することが相互行為の進行性よりも優先されるのである。

　以上のように教室内相互行為における質問と応答を観察してみると教室というコンテクストの特徴がみえてくる。それに加えて、次に紹介するように質問と応答に続く第3順番にも教室というコンテクストの特徴が強くみられる。

2.4. 教室内相互行為における第3順番

　過去10年以上に渡って、3段階談話における教師による第3順番の発話の豊かさが注目されてきた。現在までの研究で学習者の第2順番（応答）のあとに起こる教師による第3順番は単なるフィードバックや評価を与える以上の役目をしていることがわかった。Lee (2007) は教師の第3順番がどのような行為をするかは学習者が第2順番でどのような発話をするかによるもので、第3順番はその直前のやりとりに再度働きかけて方向付けするものであると論じている。そしてLeeは第3順番が成し遂げる様々な教授的行為（学習者が返答するのに苦労している質問を噛み砕くこと、教育目標に向けての方向付け、学習者が望ましい返答をできるようにするためのヒントの提供、教室マネージメント等）を挙げている。

　教師は第3順番で学習者の返答をリピートすることがよくあるが、そのリピートも音調やイントネーションによって様々な役割を持つことが報告されている。Hellermann (2003) は教師による第3順番での学習者の返答のリピートは返答に対するプラスの評価として発される場合とマイナスの評価として発される場合には音調が違うことを発見した。Hellermannによれば、リピートが中間音調で発された場合には教師は学習者の返答を一部認めたことを示し、低音調で発された場合には教師は学習者の返答を全面的に認めたことを示すとのことだ。

また、Walsh (2013) は教員養成の面から、教師が第3順番の発話を学習者の返答を適切な答えに導くためにうまく利用することが大切だと論じている。Walsh は、第3順番において学習者の返答を単に受け入れるのでなく、言い換えたり要約したり拡張したりして学習者が本当に言いたいことをはっきり言えるよう助けることが教師の重要な役割であると主張している。

　さらに Macbeth (2000, 2011) は優先組織の面から教師の第3順番について考察した。Macbeth が指摘したのは、教師の第3順番の発話には、日常会話と同様の優先組織への志向がみられるということである。日常会話と同じように、教室内相互行為においても第3順番においてプラスの評価はすぐに発され、訂正などのマイナスの評価は通常遅れを伴うのである。

　加えて、教師の第3順番の発話が連鎖を拡張する役目を持つか否かは学習者の返答の適切さによって異なる（第4章の1.7も参照）。学習者の適切でない返答に対する教師の第3順番の発話は教師が適切であると認める返答に学習者が至るまで拡張する役目を持つが、学習者が適切な返答をした場合には教師の第3順番の発話はその質問と返答の連鎖を閉じて次の連鎖に進む役割をする。下記の事例(6)では教師の第3順番におけるプラスの評価が質問と返答の連鎖を終了している。この例は小学校2年生の英語のクラスからのものである。

（6）　［Kagoshima 2nd, 09: 11–18］
((小学校2年生の英語のクラス。VTは外国人教師、Sは学習者である。))
```
01→VT: Wh↑at's the wea↑ther like (1.0) on Tu[esday:.
02  S1:                                      [Tuesday.
03  VT: Wh↑at's the weather like?
04  S:  Snow[y
05  Ss:     [Sno:wy:
06→VT: Very good. It's (.) snowy.
07  Ss: It's (.) snowy
08→VT  Kay. Wh↑at's the weather like on (2.0) Fri:day?
```

01行目で教師は答えのわかっている質問「Wh↑at's the wea↑ther like (1.0) on Tuesday:.」をし、学習者が「Snowy」という返答を04行目と05行目でする。その返答に対し、教師が第3順番である06行目ですぐにプラスの評価として「Very good.」を発し、それに続いてすぐに次の連鎖に移っている。次の連鎖では教師は「It's (.) snowy.」と言って学習者のリピートを促し、学習者がリピートをすると、第3順番で教師が「Kay.」と学習者のリピートを受け入れて次の質問に移行している。事例(6)とは対照的に、下記の例(7)では学習者の不適切な返答が連鎖の拡張につながる。この抜粋の直前にこのクラスでは英語学習用ビデオを視聴し、この抜粋では教師がそのビデオの内容について学習者に質問している。

(7) [Atsugi 4th, 14:22-15:08]
((小学校4年生の英語のクラス。JTは日本人担任教師、Sは学習者である。))
01　　JT:　ここがheadだよね:¿あとはなんか言ってたね:. Head ando,
02　　Ss:　shoulder
03　　JT:　う:ん. あとは:?
04　　Ss:　°toe°
05→JT:　toe?
06　　Ss:　°knee°
07→JT:　knee?
08　　Ss:　/z/
09　　JT:　/z/. なんで /z/ なぜだろうね. knees.
10　　S:　kneeが2本っていう意味.
11　　JT:　そうね. ふたつだからね. kneeってどこちなみに.
12　　Ss:　ひざ.
13→JT:　う:ん. ひざとあとはどこ押さえた:?

02行目の学習者の返答を03行目で教師は「う:ん」と言って受け入れて次の質問に移行し「あとは:?」と尋ねる。04行目で学習者たちが「°toe°」と返答すると05行目で教師はその返答を上昇イントネーションで繰り返

す。教師のこの第3順番における発話を学習者たちは自分たちの答えが受け入れられなかったものと捉えて06行目で別の解答候補を挙げて「°knee°」と発話する。しかしながら教師がこの返答も「knee?」と上昇イントネーションで繰り返すと学習者たちは再び自分たちの答が不適切であったと解釈して次の順番で自分たちの以前の解答を改定して「/z/」と発話する。このように、従来型の教室場面であっても教師が学習者の返答に対してはっきりと「no」と否定することはあまりない(Seedhouse, 1997)。また、学習者の返答に対して修復自体を行うのでなく修復の開始のみを行うことにより質問と返答の連鎖を拡張することが多いのである。このように、学習者の不適切な返答に続く教師の第3順番の発話は連鎖を拡張する役目を果たすということが観察できる。上記の例の場合、03行目と13行目にみられるように教師が「う:ん.」と言って学習者の返答を受け入れた場合のみ次の連鎖に移行している。

　事例(6)で教師がどのようにして連鎖を閉じているか注目してほしい。教師はその連鎖を「very good」(06行目)や「Kay.」(08行目)で終わらせている。日常会話や他の制度的場面の相互行為と同様教室内相互行為でも下降イントネーションで発される評価や順番をそれだけで構成する「okay」はトピックの移行に先立つ(Beach, 1993; Jefferson, 1993)ことが観察されているが、教師の第3順番におけるこのような短い発話も連鎖を終了させるという役割を果たすのである。また事例(7)の03行目と13行目でみられる「う:ん.」も英語の「yes.」と同様にトピックの移行に結びついていることがわかる(Jefferson, 1984a)。

　事例(7)で示されているように、学習者の返答の正しさは教師の第3順番の発話を通して教室にいるすべての者にとって公のものとなり、学習者たちは協働で正しい解答に到達することが可能となる。学習者は教室内相互行為の中で教師の第3順番の発話をどのように解釈するべきなのか、そして教師の期待する答えにたどり着くには返答をいかにして調整したり改訂すればよいのかを学んでいく。したがって教師の第3順番の発話は学習者たちにとって自分たちが次にどのような行為をすべきなのかを決定する大切な指標

なのである。つまり、教師の第3順番は、その後の教室内相互行為の方向付けをし、教室における学習の質は教師が第3順番の発話をいかにデザインして学習者の学びを推進するかの瞬時の決断にかかっていると言っても過言ではないだろう。

まとめると、過去の研究は教師の第3順番の発話が教育上重要な役割を果たすことを立証しており、教師が第3順番でいかなる行為をするかを会話分析の手法を通して詳細にわたって検証することは教師が教室でどのような教育を達成しているかを理解するために大いに役立つといえるであろう。

2.5. 会話分析で「学習」を示せるか

会話分析はその時その場のみの相互行為を検証するのに役立つという印象が強いが、実は長期にわたる発達を観察するのにも適している。会話分析では行為に焦点を当てて相互行為を検証するため、人々の相互行為能力がいかにして出現するのかを見出すのにも適しているのだ。第二言語教育の分野では、会話分析を第二言語学習の検証に用いることへの薦め(Hall, 2004; Kasper, 1997, 2004; Mori and Markee, 2009)に応えて、近年第二言語学習者の相互行為への参加パターンの変化を検証する研究が多くみられるようになってきた。これらの研究は一回のクラスの中での変化を検証した研究と、長期にわたる変化を観察した研究に分けられる。まず、一回のクラスの中での変化を検証した研究として Mondada and Doehler (2004) が挙げられる。Mondada と Doehler は第二言語としてのフランス語の教室における学習者の相互行為を分析し、学習者が学習タスクへの取り組み中に直面した問題を協働で解釈して徐々に解決していく様子を記述した。Mondada と Doehler は、このような学習者の解釈と解決は学習の場面を浮き彫りにし、そのような場面の観察は私たちが学習とは何かを理解するのに役立つと論じた。

長期にわたる学習者の変化を追った研究としては、まず Hellermann の2006年の研究を挙げておこう。Hellermann (2006) は2人の第二言語としての英語(ESL)学習者を30週に渡って観察し、この2人の学習者の相互行為への参加パターンが周辺的参加から本格的参加に変化する様子を記述した。

そしてそれに続く研究として Hellerman (2007) は 18 か月から 27 か月に渡るデータを分析し、ESL 学習者が学習者間タスクの開始部分でいかにして教室内相互行為のプラクティスを自らの発話に取り入れるようになったかを示した。同様に、Young and Miller (2004) も長期に渡る学習者の相互行為への参加パターンの変化を検証した。Young と Miller は ESL ライティングのセッションを検証し、学習者が 4 回のセッションの中ではじめは不慣れであった多岐にわたるライティングの学習活動にいかにして積極的に参加するようになったかを記述した。

　第二言語学習ではないが職業的な学習を長期的に観察した会話分析研究も発表されている。Nguyen (2006, 2008) は 2 人の見習いの薬剤師が 8 週間の間に相互行為的レパートリーを発展させていく模様を描写した。Nguyen の 2006 年の研究は 1 人の見習い薬剤師が顧客と友好的な関係を保ちながら専門的な主張をするための相互行為的資源を行使できるようになる過程を示したものであり、2008 年の研究はもう 1 人の見習い薬剤師が研究期間中に顧客との相談のための相互行為の組み立て、順序づけ、そして行為間移行をよりスムーズに行えるようになる様子を描写した。

　一方、第二言語教室における見習い教師の学習を長期的に検証した会話分析研究としては Hosoda and Aline (2010a) が挙げられる。著者等は、2 人の小学校英語の大学生サポーターが 19 か月余りの間に教師としての役割、特に学習者への指示および評価の仕方を、いかにして学んでいくかを記述した。

　ここまでに紹介した研究が示すように、会話分析は学習者のやりとりへの関与や参加パターン、さらには言語的資源やプラクティスの使用が相互行為を行っていく中でどのように変化していくかを明らかにするのに非常に有益な研究法である。しかしながらここで最後に 1 つ留意しておいてほしい点がある。会話分析研究が捉える「学習」は、他の第二言語習得研究が検証しようとしている「学習」とは性質が異なるということだ。会話分析による第二言語研究は、個人の頭の中で何かが「学習された」ということを仮定して検証しようとするものでなく、「熟達」をめざす活動が行われる場面（代表的なのが教室場面）でその活動がいかにして展開されるのかを詳細に捉えよう

とするものだ。言語(および非言語)的資源の使い方が各段階においてどのように変化していくかは記述できるが、頭の中でどのような変化が起きて何をどのように習得しているかは特定することは難しく、また特定することを目的ともしていない。それでも会話分析は、「学習」という活動として捉えられる場面における学習者の短期間および長期間の熟達の過程を、そのふるまいを詳細に記述することによって深く理解するのに非常に役立つ研究方法であり、今後もさらに多くの会話分析研究が学習の現場を記述し検証することが期待される。

3. まとめ

この章では、制度的場面の相互行為を会話分析の立場からいかにして捉えられるのか、その留意点を述べた後に教室内相互行為の会話分析に焦点をおいて解説してきた。

制度的場面の相互行為を会話分析の手法で分析する際に最も重要なことは、社会的コンテクストは会話における重要な要素ではあるが、参加者自身が相互行為の中でその関連性に志向しない限り、分析者はそのような外的背景を用いて参加者の行為に関しての憶測や推測をすることを控えるということである。これまで他の章でも繰り返し述べてきたが、いかなる場面の相互行為を検証する際も分析者は参加者自身が相互行為のその瞬間にどのような規範に志向してどのように相互行為を構築しているかということを常に焦点とすることが必須である。

また、教室内相互行為に注目して解説していったが、ここで紹介しきれなかった教室内相互行為の側面はまだ数多くある。例えば、この章では特に従来型の、教師が中心となって授業が進められるタイプの教室における相互行為について述べたが、最近では学習者が中心となってすすめられる教室も多い。学習者がグループでタスクを進める形で行われるようなタイプの授業の相互行為の研究としては Hellermann and Doehler (2010)、Mondada and Doehler (2004)、Pochon-Berger (2011) などが挙げられるので、それらを参

考にしてほしい。また、世界各国で教室内相互行為の会話分析研究は現在目覚ましい発展を遂げているので、この分野に興味がある読者のみなさんはこの章に挙げた文献だけでなく、これから発表される数多くの研究にも注目していってほしい。

課題

自分か知り合いの教えている、または受けている語学の授業をビデオ録画してみよう。その授業の少なくとも10分間のトランスクリプトを作り、この章で学んだことを念頭に置いて次の点を観察しよう（ビデオ録画する際には必ず事前に録画の許可をとること）。

1. 「教室」というコンテクストはその相互行為の中でどのように顕在化しているだろうか。
2. 教師の質問はどのようにデザインされているだろうか。
3. 教師はどのような第3順番の発話を行って、その発話はどのような役目をもっているのだろうか。学習者の第2順番での発話もよく観察して記述してみよう。

注

1 教師の話す時間が長すぎて学習者の話す時間が限られる、教師による規制が強すぎて学習者が知識を構築ができない、などの3段階談話に対する批判（Allwright and Bailey, 1991; Ellis, 1994）を受けて、最近の語学教育では学習者の相互行為への参加を促進するよりコミュニカティブな相互行為のパターン（学習者間の相互行為の促進、学習者から教師への質問の促進など）が推進されている（e.g. Cazden, 2001; Jacknick, 2011; Nystrand, Wu, Gamoran, Zeiser, and Long, 2003）。
2 ただし「講演」「演説」などは、隣接ペアを用いないのが無標である。

3 スキャッフォルディングは学習者が問題を解決するのを助け、学習者が本来他者の力を借りずにできる以上のタスクを達成するのに役立つとされている。
4 デザイン上不完全な発話は文法的には質問の形をとらないが、教育場面でこの発話の行っている行為は「質問」であることから、教育場面の会話分析においては一般的にこのタイプの発話を質問の一種としている。
5 したがってここでいう教師の解釈は発話に現れた教師の解釈ということであり、それがいつも正しいとはかぎらない。

参考文献

Allwright, Richard, and Kathleen Bailey K.（1991）*Focus on the Language Classroom: An Introduction to Classroom Research for Language Teachers*. Cambridge: Cambridge University Press.
Atkinson, Maxwell J.（1984）Public Speaking and Audience Responses: Some Techniques for Inviting Applause. In Maxwell J. Atkinson and John Heritage（eds.）*Structures of Social Action*, pp. 370–409. Cambridge: Cambridge University Press.
Atkinson, Maxwell J. and Paul Drew.（1979）*Order in the Court: The Organization of Verbal Interaction in Judicial Settings*. London: Macmillan.
Atkinson, Maxell J. and John Heritage.（eds.）（1984）*Structures of Social Action*. Cambridge: Cambridge University Press.
Beach, Wayne, A.（1993）Transitional Regularities for "Casual" "Okay" Usages. *Journal of Pragmatics* 19: pp. 325–352.
Brown, James D.（1988）*Understanding Research in Second Language Learning*. Cambridge: Cambridge University Press.
Cazden, Courtney B.（2001）*Classroom Discourse*. Portsmouth, NH: Heinemann.
Chomsky, Noam.（1965）*Aspects of the Theory of Syntax*. Cambridge, MA: MIT Press.
Clayman, Steven E. and Virginia Gill T.（2012）Conversation Analysis. In James P. Gee and Michael Handford（eds.）*Routledge Handbook of Discourse Analysis*, pp. 120–134. London: Routledge.
Couper-Kuhlen, Elizabeth and Margaret Selting.（eds.）（1996）*Prosody in Conversation: Interactional Studies*. Cambridge: Cambridge University Press.
Davis, Cathy.（1992）Validity and Reliability in Qualitative Research on Second Language Acquisition and Teaching. *TESOL Quarterly* 26: pp. 605–608.
Davis, Cathy.（1995）Qualitative Theory and Methods in Applied Linguistic Research. *TESOL Quarterly* 29: pp. 427–453.
Drew, Paul.（1997）'Open' Class Repair Initiators in Response to Sequential Sources of Troubles in Conversation. *Journal of Pragmatics* 28: pp. 69–101.
Drew, Paul and John Heritage.（1992）Analyzing Talk at Work: An Introduction. In Paul Drew and John Heritage（eds.）*Talk at Work*, pp. 3–65. Cambridge: Cambridge University Press.

Ellis, Rod. (1994) *The Study of Second Language Acquisition*. New York: Oxford University Press.

Edge, Julian and Keith Richards. (1998) May I See Your Warrant, Please?: Justifying Outcomes in Qualitative Research. *Applied Linguistics* 19: pp. 334–356.

Erickson, Fredrick. (2004) *Talk and Social Theory*. Cambridge: Polity Press.

Finocchiaro, Mary and Christopher Brumfit. (1983) *The Functional-Notional Approach: From Theory to Practice*. New York: Oxford University Press.

Freed, Alice. E. and Susan Ehrlich. (2010) *Why Do You Ask?* Oxford: Oxford University Press.

Ford, Cecila. (1993) *Grammar in Interaction: Adverbial Clauses in American English*. Cambridge: Cambridge University Press.

Ford, Cecilia E., Barbara Fox A. and Sandra Thompson A. (1996) Practices in the Construction of Turns: The 'TCU' Revisited, *Pragmatics* 6: pp. 427–454.

Ford, Cecilia E. and Sandra Thompson A. (1996) Interactional Units in Conversation: Syntactic, Intonational, and Pragmatic Resources for the Management of Turns. In Elinor Ochs, Emanuel. A. Schegloff and Sandra A. Thompson (eds.) *Interaction and Grammar*, pp. 134–184. Cambridge: Cambridge University Press.

Fox, Barbara. (1996) *Studies in Anaphora*. Amsterdam: John Benjamins.

Fox, Barbara, Makoto Hayashi, and Robert Jasperson. (1996) Resource and Repair: A Cross-Linguistic Study of Syntax and Repair. In Elinor Ochs, Emanuel A. Schegloff and Sandra A. Thompson (eds.) *Interaction and Grammar*, pp. 185–237. Cambridge, Cambridge University Press.

Garfinkel, Harold. (1967) *Studies in Ethnomethodology*. Cambridge: Polity Press.

Goffman, Erving. (1959) *The Presentation of Self in Everyday Life*. New York: Doubleday Anchor.

Goffman, Erving. (1967) *Interaction Ritual: Essay on Face-to-Face Behavior*. New York: Doubleday Anchor.

Goffman, Erving. (1971) *Relations in Public*. New York: Basic Books.

Goffman, Erving. (1981) *Forms of Talk*. Pennsylvania: University of Pennsylvania Press.

Goffman, Erving. (1983) The Interaction Order. *American Sociological Review* 48: pp. 1–17.

Goodwin, Charles. (1979) The Interactive Construction of a Sentence in Natural Conversation. G. Psathas (ed.) *Everyday Language: Studies in Ethnomethodology*, pp. 97–121. New York: Irvington Publishers.

Goodwin, Charles. (1981) *Conversational Organization: Interaction Between Speakers and Hearers*. New York: Academic Press.

Goodwin, Charles. (1984) Notes on Story Structure and the Organization of Participation.

In Maxwell J. Atkinson and John Heritage (eds.) *Structures of Social Action*, pp. 225–246. Cambridge: Cambridge University Press.

Goodwin, Charles. (1987) Unilateral Departure. In Graham Button and John R. E. Lee (eds.) *Talk and Social Organisation*, pp. 206–216. Clevedon, England: Multilingual Matters.

Goodwin, Charles. (2000) Action and Embodiment within Situated Human Interaction. *Journal of Pragmatics* 32(10): pp. 1489–1522.

Greatbatch, David. (1988) A Turn-Taking System for British News Interviews. *Language in Society* 17: pp. 401–430.

Hall, Joan K. (2004) Language Learning as an Interactional Achievement. *Modern Language Journal* 88: pp. 607–612.

Have, Paul ten. (1999) *Doing Conversation Analysis*. London: Sage.

Hayashi, Makoto. (2003a) *Joint Utterance Construction in Japanese Conversation*. Amsterdam/Philadelphia: John Benjamins.

Hayashi, Makoto. (2003b) Language and Body as Resources for Collaborative Action: A Study of Word Searches in Japanese Conversation. *Research on Language and Social interaction* 36: pp. 109–141.

Hayashi, Makoto. (2004) Projection and Grammar: Notes on the 'Action-Projecting' Use of the Distal Demonstrative *Are* in Japanese. *Journal of Pragmatics* 36: pp. 1337–1374.

Hayashi, Makoto. (2009) Marking a 'Noticing of Departure' in Talk: *Eh*-prefaced Turns in Japanese Conversation. *Journal of Pragmatics* 41(10): pp. 2100–2129.

Hayashi, Makoto and Kaoru Hayano. (2013) Proffering Insertable Elements: A Study of Other-initiated Repair in Japanese. In Makoto Hayashi, Geoffrey Raymond and Jack Sidnell (eds.) *Conversational Repair and Human Understanding*, pp. 293–321. Cambridge: Cambridge University Press.

Hayashi, Makoto, Yuri Hosoda, and Ikuyo Morimoto. (2019) Tte Yuu Ka as a Repair Preface in Japanese. *Research on Language and Social Interaction* 52: 104–123.

Heath, Cristian. (1986) *Body Movement and Speech in Medical Interaction*. Cambridge: Cambridge University Press.

Hellermann, John. (2003) The Interactive Work of Prosody in the IRF Exchange: Teacher Repetition in Feedback Moves. *Language in Society* 32: pp. 79–104.

Hellermann, John. (2006) Classroom Interactive Practices for Developing L2 Literacy: A Microethnographic Study of Two Beginning Adult Learners of English. *Applied Linguistics* 27: pp. 377–404.

Hellermann, John. (2007) The Development of Practices for Action in Classroom Dyadic Interaction: Focus on Task Openings. *The Modern Language Journal* 91: pp. 83–96.

Hellermann, John. (2008) *Social Actions for Classroom Language Learning*. Clevedon: Multilingual Matters.

Hellermann, John and Simona Doehler P. (2010) On the Contingent Nature of Language-Learning Tasks. *Classroom Discourse* 1: pp. 25–45.

Heritage, John. (1984) *Garfinkel and Ethnomethodology*. Cambridge: Polity Press.

Heritage, John. (1989) Current Developments in Conversation Analysis. In Roger Derek and Peter Bull (eds.) *Qualitative Analysis: Issues of Theory and Method*, pp. 161–182. London: Sage.

Heritage, John. (1998) Oh-prefaced Responses to Inquiry. *Language in Society* 27: pp. 291–334.

Heritage, John. (2007) Intersubjectivity and Progressivity in Person (and Place) Reference. In Nicholas J. Enfield and Tanya Stivers (eds.) *Person Reference in Interaction*, pp. 255–280. Cambridge: Cambridge University Press.

Heritage, John. (2012a) The Epistemic Engine: Sequence Organization and Territories of Knowledge, *Research on Language and Social Interaction* 45: pp. 30–52.

Heritage, John. (2012b) Epistemics in Action: Action Formation and Territories of Knowledge, *Research on Language and Social Interaction* 45: pp. 1–29.

Heritage, John and Steven Clayman E. (2010) *Talk in Action*. Malden, MA: Wiley-Blackwell.

Heritage, Margaret and John Heritage. (2013) Teacher Questioning: The Epicenter of Instruction and Assessment. *Applied Measurement in Education* 26: pp. 176–190.

Hosoda, Yuri. (2000) Other-repair in Japanese Conversations between Nonnative and Native Speakers. *Issues in Applied Linguistics* 11: pp. 39–65.

Hosoda, Yuri. (2002) *Analyzing Japanese Native-Nonnative Speaker Conversation: Categories, Other-Repair, and Production Delay*. Unpublished Doctoral Dissertation, Temple University.

Hosoda, Yuri. (2006) Repair and Relevance of Differential Language Expertise in Second Language Conversations. *Applied Linguistics* 27: pp. 25–50.

Hosoda, Yuri. (2014) Missing Response after Teacher Question in Primary School English as a Foreign Language Classes. *Linguistics and Education* 1: pp. 1–16.

Hosoda, Yuri and David Aline. (2005) *Orientation to No-Gap Transition in an Educational Setting: English Classes in Japanese Elementary Schools*. Paper Presented at Ninth International Pragmatics Conference, Riva del Garda, Italy.

Hosoda, Yuri and David Aline. (2010a) Learning to Be a Teacher: Development of EFL Teacher Trainee Interactional Practices. *JALT Journal* 32: pp. 119–147.

Hosoda, Yuri and David Aline. (2010b) Positions and Actions of Classroom Specific

Applause. *Pragmatics* 20: pp. 133–148.

Hosoda, Yuri and David Aline. (2010c) Teacher Deployment of Applause in Interactional Assessments of L2 Learners. In Gabriel Kasper, Hanh thi Nguyen, DinaYoshimi R. and Jim K. Yoshioka（eds.）*Pragmatics and Language Learning 12*: pp. 255–276. Honolulu, HI: University of Hawai'i National Foreign Language Resource Center.

Hosoda, Yuri and David Aline. (2013) Two Preferences in Question-Answer Sequences in Language Classroom Context. *Classroom Discourse* 4: pp. 63–88.

Howard, Amanda. (2010) Is There Such a Thing as a Typical Language Lesson? *Classroom Discourse* 1: pp. 82–100.

Hutchby, Ian and Robin Wooffitt. (1998) *Conversation Analysis*. Malden, MA: Blackwell.

Hymes, Dell. (1972) On Communicative Competence. In John B. Pride and Janet Holmes（eds.）*Sociolinguistics: Selected Readings*, pp. 269–93. Harmondsworth: Penguin.

Ishida, Midori. (2006) Interactional Competence and the Use of Modal Expressions in Decision-Making Activities: CA for Understanding Microgenesis of Pragmatic Competence. In Kathleen Bardovi-Harlig, Cesar Félix-Brasdefer and Alwiya S. Omar（eds.）*Pragmatics and Language Learning Vol. 11*: pp. 55–79. Honolulu, HI: University of Hawai'i National Foreign Language Resource Center.

Jacknick, Christine M. (2011) 'But This Is Writing': Post-Expansion in Student-Initiated Sequences. *Novitas-ROYAL* 5: pp. 39–54.

Jefferson, Gail. (1978) Sequential Aspects of Storytelling in Conversation. In Jim Schenkein（ed.）*Studies in the Organization of Conversational Interaction*, pp. 219–248. New York: Academic Press.

Jefferson, Gail. (1984a) Notes on a Systematic Deployment of the Acknowledgement Tokens 'Yeah' and 'Mmhm'. *Paper in Linguistics* 17: pp. 197–216.

Jefferson, Gail. (1984b) Notes on Some Orderlinesses of Overlap Onset. In V. D'Urso and P. Leonardi（eds.）*Discoure Analysis and Natural Rhetoric*, pp. 11–38. Padua, Italy: Cleup Editore.

Jefferson, Gail. (1985) An Exercise in the Transcription and Analysis of Laughter. In Teun Van Dijk（ed.）*Handbook of Discourse Analysis, Vol. 3: Discourse and Dialogue*, pp. 25–34. London: Academic Press.

Jefferson, Gail. (1993) Caveat Speaker: Preliminary Notes on Recipient Topic-Shift Implicature. *Research on Language and Social Interaction* 26: pp. 1–30.

Kana, Suzuki. (2010) *Other Initiated Repair in Japanese: Accomplishing Mutual Understanding in Conversation*. 学位論文. 神戸大学.

Kasper, Gabriele. (1997) "A" Stands for Acquisition: A Response to Firth and Wagner. *Modern Language Journal* 81: pp. 307–312.

Kasper, Gabriele. (2004) Participant Orientations in German Conversation-for-Learning. *Modern Language Journal* 88: pp. 551–567.

Koike, Chisato. (2005) An Analysis of Shifts in Participation Roles in Japanese Storytelling in Terms of Prosody, Gaze, and Body Movements. *Proceedings of the Annual Meeting of the Berkeley Linguistics Society*, pp. 381–392.

Koshik, Irene. (2002) Designedly Incomplete Utterances: A Pedagogical Practice for Eliciting Knowledge Displays in Error Correction Sequences. *Research on Language and Social Interaction* 5: pp. 277–309.

Koshik, Irene. (2005) *Beyond Rhetorical Questions*. Amsterdam: John Benjamins.

Kurhila, Salla. (2005) *Second Language Interaction*. Amsterdam: John Benjamins.

Kushida, Shuya. (2015) Using Names for Referring without Claiming Shared Knowledge: Name-Quoting Descriptors in Japanese. *Research on Language and Social Interaction* 48: pp. 230–251.

Labov, William. (1972) *Language in the Inner City: Studies in the Black English Vernacular*. Philadelphia: University of Pennsylvania Press.

Lee, Yo-An. (2007) Third Turn Position in Teacher Talk: Contingency and the Work of Teaching. *Journal of Pragmatics* 39: pp. 180–206.

Lepper, Georgia. (2000) *Categories in Text and Talk*. London: Sage.

Lerner, Gene H. (1991) On the Syntax of Sentences-in-Progress. *Language in Society* 20: pp. 441–458.

Lerner, Gene H. (1992) Assisted Story Telling: Deploying Shared Knowledge as a Practical Matter. *Qualitative Sociology* 15: pp. 247–271.

Lerner, Gene H. (1993) Collectivities in Action: Establishing the Relevance of Conjoined Participation in Conversation. *Text* 13(2): pp. 213–245.

Lerner, Gene H. (1995) Turn Design and the Organization of Participation in Instructional Activities. *Discourse Processes* 19: pp. 111–131.

Lerner, Gene H. (1996) On the "Semi-Permeable" Character of Grammatical Units in Conversation: Conditional Entry into the Turn Space of Another Speaker. In Elinor Ochs, Emanuel A. Schegloff and Sandra A. Thompson (eds.) *Interaction and Grammar*, pp. 238–276. Cambridge: Cambridge University Press.

Lerner, Gene H. and Tomoyo Takagi. (1999) On the Place of Linguistic Resources in the Organization of Talk-in-Interaction: A Co-Investigation of English and Japanese Grammatical Practices. *Journal of Pragmatics* 31(1): pp. 49–75.

Levinson, Stephen C. (1992) Activity Types and Language. In Paul Drew and John Heritage (eds.) *Talk at Work*, pp. 66–100. Cambridge: Cambridge University Press.

Lincoln, Yvonna S. and Egon Guba G. (1985) *Naturalistic Inquiry*. Newbury Park, CA:

Sage.
Macbeth, Douglas. (1990) Classroom Order as Practical Action: The Making and Un-Making of a Quiet Reproach. *British Journal of Sociology of Education* 11: pp. 189–214.
Macbeth, Douglas. (2000) Classrooms as Installations: Direct Instruction in the Early Grades. In Stephen K. Hester and David Francis (eds.) *Local Educational Order*, pp. 21–71. Amsterdam: John Benjamins.
Macbeth, Douglas. (2011) Understanding Understanding as an Instructional Matter. *Journal of Pragmatics* 43: pp. 438–451.
Mandelbaum, Jennifer. (1987) Couples Sharing Stories. *Communication Quarterly 35*: pp. 144–170.
Margutti, Piera. (2006) "Are You Human Beings?" Order and Knowledge Construction through Questioning in Primary Classroom Interaction. *Linguistics and Education* 7: pp. 313–346.
Margutti, Piera. (2010) On Designedly Incomplete Utterances: What Counts as Learning for Teachers and Students in Primary Classroom Interaction. *Research on Language and Social Interaction* 43: pp. 315–345.
Markee, Numa. (2000) *Conversation Analysis*. Mahwah, NJ: Erlbaum.
Markee, Numa and Gabriele Kasper. (2004) Classroom Talks: An Introduction. *The Modern Language Journal* 88: pp. 491–500.
Maxwell, Joseph A. (1996) *Qualitative Research Design: An Interactive Approach*. Newbury Park, CA: Sage.
Maynard, Douglas W. (1991) The Perspective-Display Series and the Delivery and Receipt of Diagnostic News. In Deirdre Boden and Don H. Zimmerman (eds.) *Talk and Social Structure*, pp. 164–192. Cambridge: Polity Press.
Maynard, Douglas W. and Thomas Wilson P. (1980) On the Reification of Social Structure. In Scott G. McNall and Garry N. Howe (eds.) *Current Perspectives in Social Theory, Vol. 1*, pp. 287–322. Greenwich, CT: JAI Press.
McHoul, Alec W. (1978) The Organization of Turns at Formal Talk in the Classroom. *Language in Society* 7: pp. 183–213.
McHoul, Alec W. (1990) The Organization of Repair in Classroom Talk. *Language in Society* 19: pp. 349–377.
Mehan, Hugh. (1979) *Learning Lessons: Social Organization in the Classroom*. Cambridge, MA: Harvard University Press.
Moerman, Michael. (1988) *Talking Culture: Ethnography and Conversation Analysis*. Cambridge: Cambridge University Press.

Moerman, Michael and Harvey Sacks. (1971/1988) On "Understanding" in the Analysis of Natural Conversation. In Michael Morman (ed.) *Talking Culture: Ethnography and Conversation Analysis*, pp. 180–186. Cambridge: Cambridge University Press.

Mondada, Lorenza and Simona Doehler P. (2004) Second Language Acquisition as Situated Practice: Task Accomplishment in the French Second Language Classroom. *The Modern Language Journal* 88: pp. 501–518.

Mori, Junko. (1999) *Negotiating Agreement and Disagreement in Japanese: Connective Expressions and Turn Construction*. Amsterdam: John Benjamins.

Mori, Junko. (2003) The Construction of Interculturality: A Study of Initial Encounters between Japanese and American Students. *Research on Language and Social Interaction* 36: pp. 143–184.

Mori, Junko. (2004) Negotiating Sequential Boundaries and Leaning Opportunities: A Case from a Japanese Language Classroom. *Modern Language Journal* 88: pp. 536–550.

Mori, Junko and Numa Markee. (2009) Language Learning, Cognition, and Interactional Practices: An Introduction. *International Review of Applied Linguistics* 47: pp. 1–9.

Morita, Emi. (2005) *Negotiation of Contingent Talk: The Japanese Interactional Particles Ne and Sa*. Amsterdam: John Benjamins.

Morita, Emi. (2008) Highlighted Moves Within an Action: Segmented Talk in Japanese Conversation. *Discourse Studies* 10 (4): pp. 517–541.

Morita, Emi. (2012) "This Talk Needs to be Registered": The Metapragmatic Meaning of the Japanese Interactional Particle *Yo*. *Journal of Pragmatics* 44 (13): pp. 1721–1742.

Nguyen, Hanh thi. (2006) Constructing 'Expertness': A Novice Pharmacist's Development of Interactional Competence in Patient Consultations. *Communication and Medicine* 3: pp. 147–160.

Nguyen, Hanh thi. (2008) Sequential Organization as Local and Longitudinal Achievement. *Text and Talk* 28: pp. 501–528.

Nishikawa, Reiko. (2011) *Formulation of Experience in Japanese Conversational Storytelling: Minimalism and Elaboration as Resource for Mutual Reflexivity*. Unpublished Doctoral Dissertation. University of Hawai'i at Manoa.

Nunan, David. (1992) *Research Methods in Language Learning*. Cambridge: Cambridge University Press.

Nystrand, Martin, Lawrence Wu L., Adam Gamoran, Susie Zeiser and Daniel Long A. (2003) Questions in Time: Investigating the Structure and Dynamics of Unfolding Classroom Discourse. *Discourse Processes* 35: pp. 135–198.

Ochs, Elinor, Emanuel Schegloff A. and Sandra Thompson A. (1996) *Interaction and*

Grammar. Cambridge: Cambridge University Press.

Olsher, David. (2004) Talk and Gesture: The Embodied Completion of Sequential Actions in Spoken Interaction. In Rod Gardner and Johannes Wagner (eds.) *Second Language Conversations*, pp. 221–245. London: Continuum.

Psathas, George. (1995) *Conversation Analysis: The Study of Talk-in-Interaction*. Thousand Oaks, CA: Sage.

Pochon-Berger, Evelyne. (2011) A Participant's Perspective on Tasks: From Task Instruction, through Pre-Task Planning, to Task Accomplishment. *Novitas-ROYAL* 5 (1): pp. 71–90.

Pomerantz, Anita M. (1984) Agreeing and Disagreeing with Assessments: Some Features of Preferred/Dispreferred Turn Shapes. In Maxwell J. Atkinson, and John Heritage (eds.) *Structures of Social Action: Studies in Conversation Analysis,* pp. 57–101. Cambridge: Cambridge University Press.

Raymond, Geoffrey. (2003) Grammar and Social Organization: Yes/No Interrogatives and the Structure of Responding. *American Sociological Review* 68: pp. 939–967.

Reynolds, Edward. (2011) Enticing a Challengeable in Arguments: Sequence, Epistemics and Preference Organization. *Pragmatics* 21: pp. 411–430.

Rossano, Federico. (2012) *Gaze Behavior in Face-to-Face Interaction*. Unpublished PhD Dissertation, Max Planck Institute for Psycholinguistics, Nijmegen, The Netherlands.

Rossano, Federico. (2013) Gaze in Conversation. In Jack Sidnell and Tanya Stivers (eds.) *The Handbook of Conversation Analysis*, pp. 308–329. Malden, MA: Blackwell.

Sacks, Harvey. (1972a) An Initial Investigation of the Usability of Conversational Data for Doing Sociology. In David N. Sudnow (ed.) *Studies in Social Interaction*, pp. 31–74. New York: Free Press.

Sacks, Harvey. (1972b) On the Analyzability of Stories by Children. In John Gumperz and Dell Hymes (eds.) *Directions in Sociolinguistics: The Ethnography of Communication*, pp. 325–345. New York: Holt, Rinehart and Winston.

Sacks, Harvey. (1974) An Analysis of the Course of a Joke's Telling in Conversation. In Richard Bauman and Joel Sherzer (eds.) *Exploration in the Ethnography of Speaking*, pp. 337–353. Cambridge: Cambridge University Press.

Sacks, Harvey. (1984) Notes on Methodology. In Maxwell J. Atkinson and John Heritage (eds.) *Structures of Social Action: Studies in Conversation Analysis,* pp. 21–27. Cambridge: Cambridge University Press.

Sacks, Harvey. (1987) On the Preferences for Agreement and Contiguity in Sequences in Conversation. In Button, Graham, J. R. E. Lee (eds.) *Talk and Social Organisation*, pp. 54–69. Clevedon: Multilingual Matters.

Sacks, Harvey. (1992) *Lectures on Conversation*. Oxford: Blackwell.

Sacks, Harvey and Emanuel Schegloff A. (1979) Two Preferences for Referring to Persons and Their Interaction. In George Psathas (ed.) *Everyday Language: Studies in Ethnomethodology*, pp. 15–21. New York: Irvington.

Sacks, Harvey, Emanuel Schegloff A. and Gail Jefferson. (1974) A Simplest Systematics for the Organization of Turn-Taking for Conversation. *Language* 50: pp. 696–735.

Schegloff, Emanuel A. (1968) Sequencing in Conversational Openings. *American Anthropology* 70: pp. 1075–1095.

Schegloff, Emanuel A. (1972) Notes on a Conversational Practice: Formulating Place. In David Sudnow (ed.) *Studies in Social Interaction*, pp. 75–119. New York: Free Press.

Schegloff, Emanuel A. (1979) Identification and Recognition in Telephone Conversation Openings. In George Psathas (ed.) *Everyday Language: Studies in Ethnomethodology*, pp. 23–78. New York: Irvington:

Schegloff, Emanuel A. (1980) Preliminaries to Preliminaries: "Can I ask you a question?". *Sociological Inquiry* 50: pp. 104–52.

Schegloff, Emanuel A. (1982) Discourse as an Interactional Achievement: Some Uses of "Uh huh" and Other Things that Come Between Sentences. In Deborah Tannen (ed.) *Analyzing Discourse: Text and Talk*. (Georgetown University Roundtable on Languages and Linguistics), pp. 71–93. Washington, D. C.: Georgetown University Press.

Schegloff, Emanuel A. (1991) Reflection on Talk and Social Structure. In Deirdre Boden and Don H. Zimmerman (eds.) *Talk and Social Structure*, pp. 44–70. Cambridge: Polity Press.

Schegloff, Emanel A. (1992a) In Another Context. In Alessandro Duranti and Charles Goodwin (eds.) *Rethinking Context*, pp. 191–227. Cambridge: Cambridge University Press.

Schegloff, Emanuel A. (1992b) On Talk and Its Institutional Occasions. In Paul Drew and John Heritage (eds.) *Talk at Work*, pp. 101–134. Cambridge: Cambridge University Press.

Schegloff, Emanuel A. (1992c) Repair After Next Turn: The Last Structurally Provided Defense of Intersubjectivity in Conversation. *American Journal of Sociology* 97: pp. 1295–1345.

Schegloff, Emanuel A. (1996a) Confirming Allusions: Toward an Empirical Account of Action. *American Journal of Sociology* 102: pp. 161–216.

Schegloff, Emanuel A. (1996b) Issues of Relevance for Discourse Analysis: Contingency in

Action, Interaction and Co-participant Context. In Edward H. Hovy and Donia R. Scott (eds.) *Computational and Conversational Discourse*, pp. 3–35. Berlin: Springer.

Schegloff, Emanuel A. (1996c) Some Practices for Referring to Persons in Talk-in-Interaction: A Partial Sketch of a Systematic. In Barbara A. Fox (ed.) *Studies in Anaphora*, pp. 437–485. Amsterdam: John Benjamins.

Schegloff, Emanuel A. (1996d) Turn Organization: One Intersection of Grammar and Interaction. In Elinor Ochs, Emanuel A. Schegloff and Sandra A. Thompson (eds.) *Interaction and Grammar*, pp. 52–133. Cambridge: Cambridge University Press.

Schegloff, Emanuel A. (1997) Third Turn Repair. In Gregory R. Guy, Ontario C. Feagin, Deborah Schiffrin and John Baugh (eds.) *Towards a Social Science of Language 2*, pp. 31–41. Amsterdam: John Benjamins.

Schegloff, Emanuel A. (2000a) Overlapping Talk and the Organization of Turn-Taking in Conversation. *Language in Society* 29: pp. 1–63.

Schegloff, Emanuel A. (2000b) When 'Others' Initiate Repair. *Applied Linguistics* 21: pp. 205–243.

Schegloff, Emanuel A. (2006a) A Tutorial on Membership Categorization. *Journal of Pragmatics* 39: pp. 462–482.

Schegloff, Emanuel A. (2006b) Interaction: The Infrastructure for Social Institutions, the Natural Ecological Niche for Language, and the Arena in Which Culture Is Enacted. In Nicholas J. Enfield and Stephen C. Levinson (eds.) *Roots of Human Sociality*, pp. 70–96. Oxford: Berg.

Schegloff, Emanuel A. (2007a) Categories in Action: Person Reference and Membership Categorization. *Discourse Studies* 9: pp. 433–461.

Schegloff, Emanuel A. (2007b) *Sequence Organization in Interaction: A Primer in Conversation Analysis*. Cambridge: Cambridge University Press.

Schegloff, Emanuel A. and Harvey Sacks. (1973) Opening up Closings, *Semiotica* 8: pp. 289–327.

Schegloff, Emanuel A., Gail Jefferson and Harvey Sacks. (1977) Preference for Self-Correction in the Organization of Repair in Conversation. *Language* 53: pp. 361–382.

Schegloff, Emanuel A., Elinor Ochs and Sandra Thompson A. (1996) Introduction. In Elinor Ochs, Emanuel A. Schegloff and Sandra Thompson A. (eds.) *Interaction and Grammar*. pp. 1–51. Cambridge: Cambridge University Press.

Schiffrin, Deborah. (1994) *Approaches to Discourse.* Cambridge, Massachusetts: Blackwell Publishers.

Seedhouse, Paul. (1997) The Case of the Missing 'No': The Relationship between Pedagogy and Interaction. *Language Learning* 47: pp. 547–583.

Seedhouse, Paul. (2004) *The Interactional Architecture of the Language Classroom: A Conversation Analysis Perspective.* Malden, MA: Blackwell

Seedhouse, Paul. (2010) Locusts, Snowflakes and Recasts: Complexity Theory and Spoken Interaction. *Classroom Discourse* 1: pp. 4–24.

Seedhouse, Paul and Keith Richards (2009) Describing and Analyzing Institutional Varieties of Interaction. In Hugo Bowles and Paul Seedhouse (eds.) *Conversation Analysis and Language for Specific Purposes*, pp. 17–36. Bern: Peter Lang.

Selting, Margret and Elizabeth Couper-Kuhlen. (eds.) (2001) *Studies in Interactional Linguistics.* Amsterdam: John Benjamins.

Sinclair, John M. and Malcolm Coulthard. (1975) *Towards an Analysis of Discourse.* Oxford: Oxford University Press.

Stivers, Tanya. (2001) Negotiating Who Presents the Problem: Next Speaker Selection in Pediatric Encounters. *Journal of Communication* 51: pp. 1–31.

Stivers, Tanya. (2007) Alternative Recognitionals in Person Reference. In Nicholas J. Enfield and Tanya Stivers (eds.) *Person Reference in Interaction*, pp. 73–96. Cambridge: Cambridge University Press.

Stivers, Tanya, N. J. Enfield, Penelope Brown, Christina Englert, Makoto Hayashi, Trine Heinemann, Gertie Hoymann, Federico Rossano, JanUniBi de Ruiter, Kyung-Eun Yoon, Stephen Levinson C. (2009) Universals and Cultural Variation in Turn-Taking in Conversation. *Proceedings of the National Academy of Sciences* 106 (26): pp. 10587–10592

Stivers, Tanya and Federico Rossano. (2010) Mobilizing Response, *Research on Language and Social Interaction* 43(1): pp. 3–31.

Stokoe, Elizabeth and Derek Edwards. (2008) 'Did You Have Permission to Smash Your Neighbour's Door?' Silly Questions and Their Answers in Police-Suspect Interrogations. *Discourse Studies* 10: pp. 89–111.

Stokoe, Elizabeth and Derek Edwards. (2010) Asking Ostensibly Silly Questions in Police-Suspect Interrogations. In Alice F. Freed and Susan Ehrlich (eds.) *Why Do You Ask?: The Function of Questions in Institutional Discourse*, pp. 108–132. Oxford: Oxford University Press.

Suzuki, Kana. (2010) *Other Initiated Repair in Japanese: Accomplishing Mutual Understanding in Conversation.* Unpublished Doctoral Dissertation. University of Kobe.

Tanaka, Hiroko. (1999) *Turn-taking in Japanese Conversation: A Study in Grammar and Interaction.* Amsterdam: John Benjamins.

Tanaka, Hiroko. (2005) Grammar and the "Timing" of Social Action: Word Order and Preference Organization in Japanese. *Language in Society* 34 (3): 389–430.

ten Have, Paul. (1999) *Doing Conversation Analysis*. London: Sage.
Thompson, Sandra A., Barbara Fox and Elizabeth Couper-Kuhlen. (2015) *Grammar in Everyday Talk: Building Responsive Actions*. Cambridge: Cambrige University Press.
Walsh, Steve. (2013) *Classroom Discourse and Teacher Development*. Edinburgh: Edinburgh University Press.
Waring, Hansun Z. (2008) Using Explicit Positive Assessment in the Language Classroom: IRF, Feedback, and Language Opportunities. *Modern Language Journal* 92: pp. 577–594.
Waring, Hansun Z. (2009) Moving Out of IRF (Initiation-Response-Feedback): A Single Case Analysis. *Language Learning* 59: pp. 796–824.
Waring, Hansun Z. (2013) Doing Being Playful in the Second Language Classroom. *Applied Linguistics* 34: pp. 191–210.
White, Joanna and Patsy Lightbrown M. (1984) Asking and Answering in ESL Classes. *Canadian Modern Language Review 40*: pp. 228–244.
Wilson, Tohmas P. (1991) Social Structure and the Sequential Organization. In Deirdre Boden and Don H. Zimmerman (eds.) *Talk and Social Structure*, pp. 22–43. Cambridge: Polity Press.
Wood, David, Jerome Bruner S. and Gail Ross. (1976) The Role of Tutoring in Problem Solving. *Journal of Child Psychology and Psychiatry* 17: pp. 89–100.
Young, Richard F. and Elizabeth Miller R. (2004) Learning as Changing Participation: Discourse Roles in ESL Writing Conferences. *The Modern Language Journal* 88: pp. 519–535.
Zimmerman, Don H. and Deirdre Boden. (1991) Structure-in-Action: An Introduction. In Deidre Boden and Don H. Zimmerman (eds.) *Talk and Social Structure*, pp. 3–21. Cambridge: Polity Press.

岩崎勝一・大野剛(2007)「会話研究から拓かれる文法の世界」『言語』36(3): pp. 24–29. 大修館書店.
串田秀也(2006a)「会話分析の方法と論理―談話データの「質的」分析における妥当性と信頼性―」伝康晴・田中ゆかり編『講座社会言語科学6 方法』ひつじ書房.
串田秀也(2006b)『相互行為秩序と会話分析―「話し手」と「共‐成員性」をめぐる参加の組織化―』世界思想社.
串田秀也・林誠(2015)「WH質問への抵抗―感動詞「いや」の相互行為上の働き―」友定賢治編『感動詞の言語学』ひつじ書房.
串田秀也・好井裕明(2010)『エスノメソドロジーを学ぶ人のために』世界思想社.
H. サックス・E. A. シェグロフ・G. ジェファーソン(2010)『会話分析基本論集―順番

交替と修復の組織―』西阪仰訳. 世界思想社.
高木智世 (2008)「相互行為を整序する手続きとしての受け手の反応―治療的面接場面で用いられる『はい』をめぐって―」『社会言語科学』10(2): pp. 55–69. 社会言語科学会.
高木智世 (2014)「発話順番構築における連続性と漸進性―日本語日常会話における「後置」現象をめぐって―」日本英文学会第 86 回全国大会シンポジア第 11 部門「今ここ」の相互行為の中でとらえる文法と文化.
高木智世・森田笑 (2015)「「ええと」によって開始される応答」『社会言語科学』18(2): pp. 93–110. 社会言語科学会.
戸江哲理 (2008)「糸口質問連鎖」『社会言語科学』10(2): pp. 135–145. 社会言語科学会.
西川玲子 (2013)「「出来事」が「ストーリー」になるとき」佐藤彰・秦かおり編『ナラティブ研究の最前線―人は語ることで何をなすのか―』pp. 65–84. ひつじ書房.
西阪仰 (1999)「会話分析の練習―相互行為の資源としての言いよどみ―」好井裕明・山田富秋・西阪仰編『会話分析への招待』pp. 71–100. 世界思想社.
西阪仰 (2008)「発言順番内において分散する文―相互行為の焦点としての反応機会場―」『社会言語科学』10(2): pp. 83–95. 社会言語科学会.
林誠 (2005)「「文」内におけるインターアクション」串田秀也・定延利之・伝康晴 (編)『活動としての文と発話』pp. 1–26. ひつじ書房.
林誠 (2008)「相互行為の資源としての投射と文法―指示詞「あれ」の行為投射的用法をめぐって―」『社会言語科学』10(2): pp. 16–28. 社会言語科学会.
前田泰樹・水川喜文・岡田光弘編 (2007)『ワードマップ　エスノメソドロジー』新曜社.
森田笑 (2007)「終助詞・間投助詞の区別は必要か―「ね」や「さ」の会話における機能―」『言語』36(3): pp. 44–52. 大修館書店.
森田笑 (2008)「相互行為における協調の問題―相互行為助詞「ね」が明示するもの―」『社会言語科学』10(2): pp. 42–54. 社会言語科学会.
好井裕明・山田富秋・西阪仰編 (1999)『会話分析への招待』世界思想社.
若松美記子・細田由利 (2003)「相互行為・文法・予測可能性―「ていうか」の分析を例にして―」『語用論研究』5: pp. 31–43. 日本語用論学会.

付録A　転写のための記号一覧

[　]	音の重なり	↑		音の急な上昇
=	発話の密着	↓		音の急な下降
(0.0)	沈黙・間合い(秒)	°	°	小さな音量
(.)	短い間合い	<	>	遅いスピードの発話
::	音の引き伸ばし	>	<	早いスピードの発話
.	語尾の音調が下がっている	¥	¥	笑い顔での発話
,	語尾の音調が少し上がって弾みがついている	#	#	かすれ声
		hh		呼気音
¿	語尾の音調がやや上がっている	.hh		吸気音
		(hh)		発話の中の笑い
?	語尾の音調が上がっている	(　)		聞き取りに問題のある発話(又は(…))
斜体	大きな音量			
<u>下線</u>	音の強調	((　))		転写する人のコメント

付録B　データ収集に際しての承諾書サンプル

　次頁は、あくまでも、授業活動や修士論文研究などのために日常会話データを収集することを想定して作成した承諾書の様式の一例である。大学の倫理委員会等で所定の様式があるならば、そちらを使用するべきであるし、このサンプルを参考にする場合には、倫理委員会の倫理規定を満たすように適宜加筆修正する必要がある。この承諾書は、協力者一人につき2枚用意し、一枚を協力者の手元に残し、もう一枚を調査者が保管するという形で利用する。承諾書は紛失・漏洩等のないよう厳重に管理する。

お願い

　私は《自分の所属》で《専攻名など》を専攻している《自分の氏名》と申します。この度、《修士論文／博士論文など》のテーマとして日本語日常会話における言語的・非言語的ふるまいについての研究を取り上げ、データ収録のご協力をお願いした次第です。ご協力に厚くお礼申し上げます。
　本研究は、《指導教員の所属・職位・氏名》の指導の下、《指導教員の苗字》研究室《修士論文／博士論文》研究活動として行なわれるものです。
　本研究は、会話などのことばのやりとりの構造を見ることを目的としており、決して、その内容や参加者の個性を見たり、評価的な判断を下したりするものではありません。
　録音・録画させていただいたデータ（録音・録画ファイルなど）は、簡単なタイトル（例えば「アルバイト」「誕生日」など）だけで管理され、ご協力いただいた方の実名が第三者に知られることは一切ありません。分析のために音声情報を文字化し、逐語録を作成しますが、固有名詞等はすべて変更し、個人が特定されないように配慮いたします。データファイル・逐語録ファイルが保存されているパソコンや媒体は、すべて、パスワードでロックされています。また、個人を特定できるような箇所が、授業や学術論文、学会発表において公表されることも一切ありません。
　ご質問等がございましたら、《自分の氏名》もしくは指導教員の《指導教員の氏名》までご遠慮なくご連絡下さいませ。参加された会話の録音データの提供をご承認いただけます場合には、下記承諾書に自筆署名下さいますようお願い申し上げます。
　ご協力に重ねて感謝申し上げます。

　　　　　　　　　　　　　　　　　　　　　　　　　　　　　年　　　月　　　日

　　　　　　　　《自分の所属組織名》
　　　　　　　　《直筆で署名》

　　　　　　　　連絡先：
　　　　　　　　《自分の連絡先》

　　　　　　　　《指導教員の連絡先》

～～～～～～～～～～～～～～～～～～～～～～～～～～～～～～～～～～

承　諾　書

　私が参加した会話のデータについて、匿名性とプライバシーを厳守すること、及び、純粋に研究の為に使用することを条件に、音声・映像データと逐語録（会話を文字に書き起こしたもの）を分析して研究会・学会・学術論文等で発表することを許可します。なお、上記の条件に従う限り、データ使用に際してその都度私に許可を得る必要はありません。

　　　　　　　　　　　　　　　　　　　　　　　　　　　　　年　　　月　　　日

　自筆署名　　　　　　　　　　　　　　　　住所《所属など必要に応じて》：

索引

A

action projection 118
adjacency pair 96
anticipatory completion 77, 322

B

blocking 114, 118, 164, 165

C

category-bound activities 285
collaborative completion 77
composition 95, 164
conditional relevance 100
confirmabilily 44
contiguity 148
continuer 82
credibility 43

D

dependability 41
designedly incomplete utterance 322
deviant case analysis 39

E

embedded correction 227
epistemic stance 145
epistemic status 145

F

first pair part (FPP) 97
fourth position repair 197, 199, 213
framing 192

G

gap 80
go-ahead 114, 118

H

hedging 114, 180

I

increment 55
inquiry audits 42
insert expansion 109
insert sequence 125
interaction order 3
Interactional Linguistics 46, 296
interactional unit 87
interrupt 72
interruption 74
intersubjectivity 194
initiation-response-evaluation (IRE) 319

K

known-answer question 319

L

lapse 82

M

marked 152
membership categorization device (MCD) 280

minimization   272

N

negative observation   100
non-conforming response   169
non-recognitional form   272
noticeable silence   80

O

objectivity   44
observer's paradox   25
open-class repair initiator   207
other-initiated repair   187
other-repair   187

P

pause   79
position   95, 164, 194
positionally sensitive grammar   305, 309
possible completion point   53, 98
post-expansion   109
post-first   125
pre-announcement   116
pre-expansion   109
preference organization   148
pre-invitation   116
preliminary to preliminary (pre-pre)   83, 118, 120
pre-offer   137
pre-request   116
pre-second   125
pre-telling   116
projection   297

R

recipient design   265
recognitional form   272
relevance rule   100

reliability   41
repair   183
rush-through   56

S

second pair part (SPP)   97
self-initiated repair   186
self-repair   187
sense-making procedures   4
sequence closing third (SCT)   134, 135, 136, 137, 138, 143, 144
silence   79
spouse talk   244
+ SPP   149, 150, 157, 163, 169
− SPP   149, 150, 157, 158, 169
standardized relational pair   285
story preface   237

T

telling   116, 180
the consistency rule   282
the economy rule   282
third position repair   194
third turn repair   193
transferability   43
transition relevance place (TRP)   53, 60, 66, 67, 70, 71, 74, 79, 80
triadic exchange   318
trouble source   185
try-marker   276
turn   194
turn constructional unit (TCU)   53, 55, 56, 57, 58, 59, 66, 67, 68, 71, 72, 73, 74, 75, 76, 77, 78, 79, 80, 81, 82, 83, 84, 85, 86, 87, 88, 105, 168
type-conforming response   169, 243
type-specific pre-sequence   116

索引　357

U

unit type　52
unmarked　152
unmotivated observation　6

V

validity　43

あ

あいづち　71, 82, 84, 85, 86, 87

い

位置　95, 164, 194
一貫性のルール　282
逸脱事例分析　39, 40, 42, 43
一般的先行連鎖　123

う

受け手に合わせたデザイン　265
受け手に合わせたデザインの優先性　272
埋め込み訂正　227

お

オーバーラップ　71

か

外部信頼性　42
外部妥当性　43, 44
確実性　41
確証性　44
重なり　71
語り　116, 180
カテゴリーに結びついた行動　285
完結可能な点　53, 98
観察者の逆説　25

間主観性　194

き

規範　100
基本連鎖　110, 113, 115, 116
客観性　44, 45
休止　79
協調　304
協働的完了　77
切れ目　80

け

経済性のルール　282
継続子　82, 84, 85
研究監査　42
言及の最短化　272
現象　21
顕著な間合い　80

こ

行為投射用法　219
行為予告発話　118, 120
交差する優先性　163, 168
後続拡張　109, 180
答えのわかっている質問　322, 323, 319
コレクション　38, 39

さ

最小限の後続拡張　134, 141, 142
先取り完了　322
3段階談話　318
3番目の順番での修復　193

し

志向　6
自己開始自己修復　187
自己開始修復　186, 200

自己開始他者修復　188
自己修復　187
自己修復の優先性　216
自然発生的な会話　23
修復　183, 187
順番　49, 194
順番構成単位　14, 53, 105
順番交替　14
順番交替システム　49, 50
順番の移行に適切な場所　14, 53, 66
条件付けられた適切性　100
信憑性　43
信頼性　41, 42

せ

成員カテゴリー　279
成員カテゴリー化装置　280
先行拡張　109, 110
先行連鎖　110, 112, 113, 114, 115, 116, 117, 171

そ

相互行為言語学　46, 296
相互行為詞　297, 312
相互行為秩序　3
相互行為的な単位　87
相互行為の社会言語学　11
挿入拡張　109, 124
挿入連鎖　125

た

第1部分　97
第3の位置での修復　103, 194, 196
第2の物語　254, 262
第2部分　97
タイプ　98
タイプ一致型応答　169, 244
タイプ特定的先行連鎖　116
第4の位置での修復　197, 199, 213

他者開始自己修復　188
他者開始修復　181, 187, 206
他者開始他者修復　189
他者修復　187
妥当性　43
単位タイプ　52
談話分析　10

ち

中断　82

て

データセッション　45
適切性のルール　100, 101
デザイン上不完全な発話　322, 324
転用可能性　43

と

投射　297
道理にかなった手続き　4
トークン　98
トライマーカー　276
トランスクリプト　26, 27

な

内部信頼性　42
内部妥当性　43

に

認識可能な言及法　272
認識的スタンス　145
認識的ステータス　145
認識不能な言及法　272

ね

「ね」　304

は

配偶者トーク　244
発話　7
反応機会場　87, 312

ひ

非一致型応答　169
否定疑問形　161
非優先的応答　155, 156
非優先的反応　151, 154, 159, 161, 162, 165
標準的に関係付けられたペア　285

ふ

プレ–プレ　83, 86, 118, 120, 121, 122
プレ依頼　116
プレ語り　116
プレ告知　116
プレ誘い　116
プレセカンド　125, 130, 131, 133, 156

ほ

ポストファースト　125, 126, 127, 128, 129, 130, 156, 157, 160

ま

間合い　71, 79

む

無限定の質問　207
無標　152

も

物語　229
物語を語る　229, 237, 244, 256, 259, 261
物語の前置き　237, 238, 239, 240, 241, 246, 262
問題源　185

ゆ

優先性　149
優先性の交差　165, 167
優先組織　148, 149
優先的応答　158
優先的反応　151, 154, 155, 161, 162, 163, 165
有標　152

よ

予期的完了　77

り

隣接性　98
隣接ペア　15, 96, 99, 100, 103, 104, 106, 107

れ

連続性　148

わ

枠づけ　192

著者紹介

高木智世(たかぎ　ともよ)

カリフォルニア大学サンタバーバラ校大学院博士課程修了、言語学博士(Ph.D)。
現在、筑波大学大学院　人文社会系　准教授。
〈主な著書・論文〉『女性医療の会話分析』(文化書房博文社、2008 年、共著)、「幼児と養育者の相互行為における間主観性の整序作業―修復連鎖にみる発話・身体・道具の重層的組織―」(『社会言語科学』第 14 巻 1 号、2011 年)、「相互行為を整序する手続きとしての受け手の反応―治療的面接場面で用いられる『はい』をめぐって―」(『社会言語科学』第 10 巻 2 号、2008 年)

細田由利(ほそだ　ゆり)

テンプル大学大学院博士課程修了、教育学博士(Ed.D)。
現在、神奈川大学大学院　外国語学研究科　兼　外国語学部国際文化交流学科　教授。
〈主な論文〉Repair and relevance of differential language expertise in second language conversations. *Applied Linguistics* 27, 25–50. (2006), Teacher deployment of 'oh' in known-answer question sequences. *Classroom Discourse* 7(1), 58–84. (2015), Doing being interrupted by noise as a resource in second language interaction. *Journal of Pragmatics,* 44, 54–70. (2012) (with Aline, D.)

森田笑(もりた　えみ)

カリフォルニア大学ロサンゼルス校大学院博士課程修了、応用言語学博士(Ph.D)。
現在、シンガポール国立大学人文社会学部日本研究学科　准教授。
〈主な著書・論文〉*Negotiation of Contingent Talk: The Japanese Interactional Particles Ne and Sa.* Amsterdam: John Benjamins Publishing. (2005), Japanese interactional partiles as a resource for stance building. *Journal of Pragmatics* 83, 91–103. (2015), "This talk needs to be registered": The metapragmatic meaning of the Japanese interactional particle yo. *Journal of Pragmatics* 44(13), 1721–1742. (2012)

会話分析の基礎

Basics of Conversation Analysis
TAKAGI Tomoyo, HOSODA Yuri and MORITA Emi

発行	2016 年 12 月 7 日　初版 1 刷
	2022 年 9 月 1 日　　　　3 刷
定価	3500 円＋税
著者	©高木智世・細田由利・森田笑
発行者	松本功
装丁者	渡部文
印刷・製本所	三美印刷株式会社
発行所	株式会社 ひつじ書房
	〒 112-0011 東京都文京区千石 2-1-2 大和ビル 2 階
	Tel.03-5319-4916　Fax.03-5319-4917
	郵便振替 00120-8-142852
	toiawase@hituzi.co.jp　https://www.hituzi.co.jp/
	ISBN978-4-89476-826-0

造本には充分注意しておりますが、落丁・乱丁などがございましたら、
小社かお買上げ書店にておとりかえいたします。ご意見、ご感想など、
小社までお寄せ下されば幸いです。